浙江省哲学社会科学规划后期资助课题（15HQZZ018）

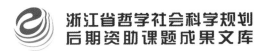

浙江省哲学社会科学规划
后期资助课题成果文库

中国资本回报率的提升机制及其动态演进

Zhongguo Ziben Huibaolü De Tisheng Jizhi
Jiqi Dongtai Yanjin

杨君 著

中国社会科学出版社

图书在版编目（CIP）数据

中国资本回报率的提升机制及其动态演进／杨君著．—北京：中国社会科学
出版社，2016.4

ISBN 978 - 7 - 5161 - 7959 - 8

Ⅰ.①中…　Ⅱ.①杨…　Ⅲ.①资本 - 回报率 - 研究 - 中国　Ⅳ.①F832.21

中国版本图书馆 CIP 数据核字（2016）第 070502 号

出 版 人	赵剑英	
责任编辑	宫京蕾	
责任校对	张学青	
责任印制	李寡寡	

出　　版	中国社会科学出版社	
社　　址	北京鼓楼西大街甲 158 号	
邮　　编	100720	
网　　址	http：//www.csspw.cn	
发 行 部	010 - 84083685	
门 市 部	010 - 84029450	
经　　销	新华书店及其他书店	

印刷装订	北京市兴怀印刷厂	
版　　次	2016 年 4 月第 1 版	
印　　次	2016 年 4 月第 1 次印刷	

开　　本	710 × 1000　1/16	
印　　张	15.5	
插　　页	2	
字　　数	235 千字	
定　　价	59.00 元	

凡购买中国社会科学出版社图书，如有质量问题请与本社营销中心联系调换
电话：010 - 84083683

前　　言

资本回报率不仅是微观企业的一个重要指标，也是国家经济增长中极其重要的宏观经济变量，因而一直是学术界持续关注的研究论题。然而学者对资本回报率的测度方法、影响因素及其变动机制等方面的研究至今仍存在着较大争议，有待进一步深入研究。

本书基于修正的资本回报率测度模型，对世界 46 个国家和中国区域的资本回报率进行了测度和比较分析，从资本深化和技术进步、人力资本及其溢出效应的视角对资本回报率提升的机理进行了刻画，并使用世界 46 个国家的数据进行了实证检验和比较分析。研究得出的结论如下：

1. 使用修正后的测度模型测度了中国和世界不同类型国家的资本回报率，并对测度结果进行了比较分析。使用劳动者报酬和企业营业盈余数据之间的比例关系将企业当年缴纳的间接税进行了分解，区分出间接税中企业承担的部分，从而修正了测度模型中资本回报变量的测度，提高了精确性；测度结果显示中国工业资本回报率在时间上呈"U"形趋势，且地区和行业差异较为明显；对不同类型国家进行测度的结果显示，发达国家总体的资本回报率最低，发展中国家次之，新兴经济体国家最高，中国在多数年份中的资本回报率都高于其他国家；发达国家资本回报率的差异较小，发展中国家则存在较大差异。

2. 推导了技术进步影响资本回报率提升的机理并得出了分解模型，进而从机理上刻画了资本回报率提升的动因。使用隐性生产函数并结合欧拉方程和希克斯要素偏向型技术进步对资本回报率的变动进行了分解，结果显示，技术进步、资本深化以及资本边际产出弹性是影响资本回报率提升的主要因素，且资本边际产出弹性是资本深化的乘数项，在一定程度上放大或缩小了资本深化的影响；对技术进步的类型进行细分后发现，中性的技术进步和劳动放大型的技术进步可以促进资本回报率的提升，而资本体现型的技术进步却降低了资本的回报率。

3. 运用修正后的人力资本模型更加准确地阐述了人力资本及其溢出效应对资本回报率的影响。本书对经典的人力资本模型进行了修正,增加了无技术水平工人这一变量,从而更加真实地刻画了资本回报率提升的机理。使用修正后的人力资本模型,并结合消费的效应函数,对经济的均衡状态进行了理论推导,结果显示,人力资本的提高能够促进资本回报率的提高,而人力资本外部性的存在,放大或缩小了人力资本变化对资本回报率的影响,无技术水平工人的增长能够促进资本回报率的上升。

4. 研究显示,技术进步促进了资本回报率的提高,资本深化却在不同类型国家有着不同的影响。资本深化在发达和发展中国家都降低了资本的回报率,而在新兴经济体国家却提高了资本的回报率。中国虽然属于新兴经济体国家,但中国资本边际产出关于资本的弹性却与新兴经济体国家的估算结果相反,反而与发达国家的结果相似,为负值,即中国的资本深化降低了资本的回报率。

5. 实证表明,人力资本对资本回报率的促进作用更具稳定性,人力资本的溢出效应和无技术水平工人在不同国家的影响差异也较大。人力资本在短期和长期一般都有着明显的促进作用。人力资本的溢出效应在发达国家的负向影响并不明显,在新兴经济体国家则有着明显的负向影响。新兴经济体国家单位资本存量所拥有的劳动力存在过于拥挤的现象,因此无技术水平工人的增长会降低资本的回报率,但在其他国家中,这种影响并不显著。

6. 中国实证结果显示,相对于无技术水平工人和人力资本的溢出效应,技术进步和人力资本的增长对保证中国资本回报率的稳定有着更重要的影响。中国发生的技术进步(包括人力资本的提升)提高了资本的边际产出,从而在一定程度上抵消了资本深化导致的资本回报率的下降,因此技术进步是中国资本回报率没有随投资率上升而下降的重要原因。对人力的投资能够促进资本回报率的提升,但具有一定的滞后期。从短期动态调整系数来看,对工人的投资在初期会增加企业成本,从而降低资本的回报率,但从长期均衡关系来看,不论是无技术水平工人的增长,还是技术工人人力资本的提升,均能显著提高资本的回报率。

7. 价值链低端生产对资本回报率的影响呈倒 V 型。在经济发展较为落后的西部,由于参与全球价值链的程度较弱,价值链低端生产对资本回报率的影响并不明显。而随着经济进一步融入全球化生产网络，如中部地区，价值链低端生产能够带来大量的资本和先进的技术，有利于资本回报率的提升。但过度依赖低端生产，也容易产生"低端锁定"困局，从而不利于产业结构的升级和资本回报率的提升。

基于上述研究结论，本书最后提出了相应的对策建议，如转变投资驱动的经济增长方式，注重技术进步对资本回报率的拉动作用，加大对科研的投入，发展高新技术产业；注重对人力资本的投入，着重提高劳动者的技术水平；制定相关政策和法律，降低人力资本的溢出效应，或使这种效应内部化；在融入全球价值链的同时，应大力进行技术研发和人力资本投资，以掌握价值链核心环节，实现价值链的高端攀升。

当然，由于水平所限，本书谬误之处在所难免，敬请批评指正！

杨　君

2015 年 9 月于杭州

目　　录

第一章

导　　论

第一节　研究背景及意义

资本回报率不仅对微观企业来说是一个重要的财务指标，对一个国家或地区而言，也是一个极其重要的宏观经济变量。它既决定了资本的收益，也在很大程度上引导了资本的流向，从而间接影响了一个国家或地区的经济发展，因此学术界对资本回报率的研究也越来越重视。早期的研究主要侧重于使用大量数据进行回归分析，进而测度资本的回报率（如Baumol and Heim，1970 等），这种方法对估计期间的长度有较高要求，且很难保证其科学性。近年来，学者开始使用非回归模型进行计算，但计算方法和计算结果仍存在较大争议。如世界银行的多份报告（Kuijs，2005；Kuijs and Hofman，2006）曾指出，近年来中国企业的盈利状况明显改善，资本回报率有了显著提高。但是 Shan（2006）和 Martin Wolf（2006）等发文对世行的观点提出了质疑，双方展开了一系列的论战，由此也引发了对资本回报率研究的热潮。

投资和经济增长又是相互影响的，在经济增长快的地区，其投资回报一般也比较高，从而能吸引更多的投资，更多的投资又进一步推动了经济的增长，所以投资流向往往引致和强化了区域经济增长的差异。于是落后地区面临一个重要的问题：如何让资本流入本地区？提高资本回报率也许是其中一个解决方法，但如何提高资本的回报率仍是这些国家和地区面临的重要难题，影响资本回报率的因素究竟有哪些？以往学者虽然对相关问题进行过研究，但缺乏系统的影响机理分析，更未形成统一的理论见解，因此无法回答落后地区面临的引资难题。总体上看，现有研究主要存在以下几个方面的不足：

1. 多数学者都注重资本回报率的测度方法和测度结果，对资本回报率提升的机制没有或较少涉及，且相关研究以静态研究为主，动态研究较少。

2. 缺乏同时考虑技术进步和资本积累两方面对资本回报率的影响，以往学者仅单独进行相关的实证研究，缺乏共同影响的机理分析。

3. 从人力资本方面的解释已有部分学者进行了研究，但同时考虑到人力资本溢出效应，并结合无技术水平工人影响的研究较少，更未形成统一的理论分析框架。

中国经济30多年来的高速发展主要是由投资深化所引致的，属于典型的投资推动型经济增长方式，2009年中国固定资产投资率已达到66%，远高于世界其他国家的水平。古典经济学理论认为，资本投资的边际收益是递减的，不断增长的投资会降低资本的收益，从而导致投资的降低。但中国经济30年来却一直处在高投资率的水平，没有任何下降的趋势，这说明中国的资本回报率可能并没有随投资的增长而下降。为什么中国在如此高的投资率情况下，资本回报率没有出现下降的情况？如何解释这一现象关系到中国经济能否持续健康发展的问题。

因此，构建资本回报率影响因素的理论分析框架，系统分析资本回报率影响因素的理论机理便成为了相关研究的尝试方向。因此，本书在以往学者研究的基础上，尝试对资本回报率的测度模型进行修正和完善，以期更准确地计算并比较世界各国资本回报率的差异。在此基础上，本书还尝试从资本深化和技术进步、人力资本及其溢出效应的视角，形成分析资本回报率影响因素的理论框架，并使用跨国数据进行了实证检验，进而探讨影响资本回报率的主要因素及其变动趋势。该项研究的主要意义在于：

其一，资本回报率是影响一国投资进而影响到经济发展的重要因素，随着经济的发展和投资的增长，构建资本回报率提升影响因素的理论分析框架，并在此基础上进行深入研究，便成了学术界的迫切需要。本书首先从资本深化和技术进步的视角对资本回报率的变动进行了分解，解释了资本深化和技术进步的影响机理，初步形成了该视角研究资本回报率提升的理论分析框架；接着修正了Lucas（1988）的人力资本模型，从人力资本及其溢出效应的视角分析了各因素对资本回报率的影响机理，并得出了三个理论命题，进而为后面的实证分析打下了坚实基础，也为后续研究提供了一个全新视角和理论借鉴。

其二，从资本深化、技术进步、人力资本等视角对资本回报率进行的理论和实证研究，能够解释资本回报率提升的内在机理，从而为面临经济发展转型的国家，特别是中国，提供理论上的指导和国际经验上的借鉴，从而为中国在高投资率的背景下，保持经济健康稳定发展提供政策支持，也为企业经营提供理论依据。另外，本书对资本回报率提升的影响因素进行了动态分析，解释了各影响因素的动态效应，为企业和政府在不同发展阶段实施差异化的政策提供了理论依据，从而为经济的可持续发展打下坚实基础。

第二节　研究方法

本书的研究涉及机理和实证部分，借鉴国内外的相关研究，并考虑到本研究的实际特点，本书主要采用的研究方法有：

1. 静态分析和动态分析相结合的方法。除了使用一般的静态回归分析外，为了体现各因素在不同时段对资本回报率影响的差异，本书在面板数据分析时，还使用了分时段的回归分析，对时间序列的分析，使用脉冲响应进行了动态检验，并与静态分析结果进行对比研究，以期获得更为全面的研究结果。

2. 计量回归分析法。在理论分析框架的基础上，笔者构建了相应的计量模型进行实证分析，实证分析主要采用的计量方法有：面板数据分析方法，如对发达国家、发展中和新兴经济体国家资本回报率影响因素的实证分析以及中国数据的实证分析；使用时间序列的协整检验估计资本边际产出的弹性，并在此基础上进行资本回报率增长率的分解；时间序列的动态分析模型，如脉冲响应法对资本回报率影响因素的动态检验。

3. 国际比较分析法。本书的研究对象为世界46个国家，根据经济发展程度，将其分为发达国家、发展中国家和新兴经济体国家分别进行研究。进行跨国比较分析，能够更好地判断不同类型国家资本回报率影响因素的差异，从而与中国的情况进行对比，为中国经济的发展提供经验借鉴。

4. 理论分析与实证分析相结合的办法。本书首先从机理上分析了资本回报率的影响因素，主要基于两个视角展开，一是资本深化和技术进步的视角，二是人力资本及其溢出效应的视角。在理论研究得出的分析框架上，本书使用了多国的数据进行了实证检验，以辅佐理论研究得出的结论，从而使本书的研究更加完善，得出结论更具说服力。

第三节　研究思路与框架

本书在以往学者研究的基础上，从两个层面归纳了资本回报率的测度模型，一是基于国民收入核算体系数据宏观的测度模型，一是基于企业数据微观的测度模型；在此基础上测度了世界 46 个国家和地区的资本回报率，并进行了比较分析，另对中国区域数据和分行业数据的资本回报率进行了测度比较；接着从资本深化和技术进步的视角对资本回报率的变动进行了分解，以了解资本深化和技术进步对资本回报率提升的影响，由于人力资本在生产中的重要性，本书在 Lucas（1988）人力资本模型基础上，进一步基于人力资本及其溢出效应的视角分析了资本回报率的影响因素；实证分析则分别基于机理分析得出的理论模型进行，实证分析的对象是世界 46 个国家，并分为发达国家、发展中国家和新兴经济体国家三大类分别进行实证研究，另外本书在实证部分，还对中国的情况进行了单独研究。

本书的主要章节安排如下：

第一章：导论。主要介绍了本书的研究背景、研究意义、研究思路和框架以及可能的创新点。

第二章：文献综述。主要回顾了以往学者对资本回报率的研究。本部分从资本回报率的内涵界定及其测度方法、资本回报率的影响因素和资本回报率的变动趋势三个方面进行了整理归纳，为下文的研究打下理论基础。

第三章：资本回报率测度模型的构建。主要介绍了资本回报率的测度方法及所使用的测度模型。本部分分别介绍了基于国民收入核算体系和企业微观数据的测度模型，从而为下文资本回报率的跨国比较和中国区域比较做好方法上的准备。

第四章：资本回报率的实证测度：基于跨国和跨地区的比较分析。该部分对世界 46 个国家的资本回报率进行了测度和比较分析，另外还对中国区域分行业的资本回报率进行了测度，以比较中国区域资本回报率的差异。

第五章：资本回报率提升机制的理论分析。该部分首先使用三种生产函数分别进行了理论推导，从而将资本回报率的变动分解为资本深化和技术进步两个部分，从而得出了基于资本深化和技术进步视角的资本回报率变动的理论机理，接着考虑人力资本的影响，基于 Lucas（1988）的人力资本模型，推导了人力资本及其溢出效应对资本回报率的影响机理。

第六章：资本回报率提升机制的实证分析：技术进步视角。该部分基于第五章中技术进步视角的理论进行实证研究。选取世界 46 个国家的面板数据进行总体的实证分析，并将 46 个国家分为发达国家、发展中国家和新兴经济体国家分别进行研究，最后使用中国时间序列数据进行了研究。

第七章：资本回报率提升机制的实证分析：人力资本视角。该部分基于第五章中人力资本视角的理论进行实证研究。具体的实证分析方法与第六章相似。

第八章：价值链低端生产是否限制了中国的资本回报率。这部分基于中国现状，对资本回报率的情况进行了进一步研究，分析了价值链低端生产对中国资本回报率的影响。

第九章：结论与政策建议。该部分对本书的理论和实证研究结论进行了归纳，在此基础上提出了相关的政策建议，并在最后指出了本书的不足之处和进一步努力的方向。

第二章

文 献 综 述

第一节 资本回报率的内涵界定及其测度方法

一 资本回报率的内涵界定

(一) 利润率内涵的界定

较早时期与资本回报率相关的研究是对利润率的研究，资本回报率、利润率和收益率等概念都可以用来反映资本的回报情况（北京大学中国经济研究中心（CCER），2007）。经济学之父亚当·斯密（1776）较早的对资本利润和利润率下了定义，他认为工人的劳动使原料增加了价值，这部分增加的价值由两个部分组成：一部分用于支付工人的工资，另一部分用于支付资本的利润，因此资本的利润是为了监督和组织某种劳动而取得的报酬。所以收入分配的方式决定了利润率的大小，工人工资和资本利润是相互矛盾的，利润的上升会导致工人工资的下降。约翰·穆勒（1848）对利润的定义和亚当·斯密的定义比较类似，他认为利润就是资本家在其支出的费用得到补偿之后的剩余部分，是有资本获得的收入。约翰·穆勒发展了亚当·斯密关于利润的学说，他指出资本家所获得的资本总利润必须符合三个目的：一是进行风险补偿，二是对节欲给予足够的补偿，三是对监督所需要的劳动进行补偿。

李嘉图（1815）也对利润率进行了界定，他是从物质形态和价值形态方面考察谷物生产的利润，他认为谷物的产出量减去投入的谷物量就是利润，利润和投入量之比即为谷物利润率。李嘉图（1817）又进一步完善了自己的利润率理论，他摒弃了从物质形态考察利润，而是以劳动价值学说为基础考察了利润率，即认为谷物价值的变动会影响工资的变动，进而影响到农业的利润以及社会的利润。李嘉图的利润率理论存在固有的缺陷，无法解释等量资本为何获得等量利润这一问题，而且对资本与劳动交换如何符合价值规律也无法解释。

马克思以平均利润和生产价格理论等理论解释了李嘉图理论所遇到的难题，他还对利润率进行了界定。马克思在《资本论》中有对利润的论述，他指出利润是剩余价值的转化形式，表现为商品价值超过其成本价格的部分。利润实质上是剩余价值，资本家购买的劳动力能够在生产过程中源源不断地创造出利润，但却在现象上表现为资本家全部预付资本所带来的增加额。剩余价值比上全部预付资本便是利润率。马克思批判了李嘉图学派关于"利润率的规律直接表现为剩余价值的规律"这一学说，并指出利润率的实质只不过是剩余价值率的一种转化形式，是资本家为了掩盖其剥削工人这一事实的工具。

（二）资本回报内涵的界定

20世纪中后期，经济学家开始利用计量回归模型来计算资本的回报率，如 Baumol、Heim（1970）对资本回报率的界定，就是建立在以大量数据为基础的回归分析之上，对资本和其收益进行回归分析，得出它们之间的回归系数，进而得出资本的回报率。Friend and Husic（1973）、Brealey（1976）、McFetridge（1978）则以 Baumol、Heim（1970）的研究为基础，在回归中加入控制变量，对资本回报率的界定进行了修正。也有一些学者对资本回报率进行了不同的界定，如，Feldstein（1977）认为资本的产出除以资本存量便是资本回报率，Feldstein and Poterha（1980）、Poterba（1997）则对 Feldstein（1977）的概念进行了修正，认为资本回报应是税前利润、净利息支出、财产税三者之和与资本存量的比值。

近年来，我国许多学者也开始使用资本回报率来研究资本的回报，北京大学中国经济研究中心（2007）对资本回报率的定义为：资本所取得的回报比上产生这些回报所使用的资本，所得结果便是资本回报率。而根据数据来源的不同，又有两类指标可以衡量资本回报率。一是来源于企业财务会计报表的数据，利润和净利润等可以作为资本回报的指标，资产和净资产等可以作为资本存量的指标，两者的比值则为资本回报率的测算数值。二是来源于国民收入账户统计体系中的数据，可以用营业盈余作为资本回报指标，固定资产存量为资本存量指标，两者比值即为资本回报率数值。该文把资本回报分解为资本所有者收益（即利润）和社会收益（即相关政府税收）两个部分，并对资本回报和资本存量度量指标进行细分，定义了九个资本回报率指标：权益净利润率、资产净利润率、固定资产净利润率、权益总利润率、资产总利润率、固定资产总利润率、权益总回报率、资产总回报率和固定资产总回报率。单豪杰、师博（2008）对资本回报率的定义与通过第一类指标界定的资本回报率类似，他们认为企业运用资本所获得的收入并不是资本的回报，还需扣除一系列的成本费用后，所剩余的部分才是资本的回报，会计意义上的资产总值、权益资本或是固定资产净值也不是计算资本回报率所需的资本指标，资本指标应是采用永续盘存法计算出来的资本存量。Bai Chong–En（2006）和孙文凯、肖耿等（2010）则使用第二类指标对资本回报率进行了界定和计算。

上述资本回报率的概念一般不考虑预期风险的影响，而在以经营风险为特点的银行业则使用另外一种回报率指标。银行在考核盈利指标时，与传统的资本回报率计算方法不同，银行一般使用根据风险调整后的资本回报率（RAROC，Risk–Adjusted Return On Capital）指标。因为传统的考核指标，如股权收益率（ROE）和资产收益率（ROA）没有考虑到风险因素，不符合银行经营风险的特点，所以在20世纪70年代，银行家信托集团（Banker's Trust Group）创立了RAROC这一指标，并由美洲银行（Bank of America）在20世纪90年代最早进行了实践。这一指标的核心思想是：在当期成本中加入未来可预计的风险损失，并对当期收益进行调整，即预期损失转化为当期成本，直接从收益中扣除，银行应为不可预期的风险做出资本储备，提取相应的经济资本，从而进一步确定资本的使用效率，银行经营所取得的收益必须与其所承担的风险直接相关，其中普遍采用的一种计算公式为：RAROC（风险调整后的资本回报率）＝（收益–预期损失）/经济资本。银行一般使用RAROC（风险调整后的资本回报率）相关的风险管理理论，合理确定贷款价格，提高业务运营和存贷款配置的效率，避免陷入无方向的被动之境。很多学者都对RAROC进行了研究，并进一步指出了其在银行业中的应用，如James、Zaik等人（1996）对如何应用该RAROC方法进行资本配置和绩效评估做了系统的研究，Ralph C. Kimball（1998）也论述了使用RAROC方法评价绩效的问题，并说明了实际操作中应注意的问题。

由上述文献可以看出，对资本回报率的界定上，首先是以亚当·斯密（1776）为代表的"利润率"，这一时期还没有出现资本回报率的概念，但是利润率在很大程度上可以反映资本回报率指标。近些年来，则有大量学者开始使用资本回报率这一概念，对其界定主要从微观和宏观层面进行，当然也有部分学者从回归的角度进行界定，但是这种界定方法没有考虑到资本使用的风险问题，为了更加合理的界定金融机构的资本回报率，大量学者便转向风险调整后的资本回报率的研究。

二　资本回报率的测度方法

（一）资本回报率测度方法的理论研究

以往学者对资本回报率计算方法的研究较为丰富，不同时期的学者采用的方法也有着较大差别，本书根据时间顺序和研究方法进行了归纳，主要有以下五个方面：

1. 以不变价为基础的回归分析模型

Baumol、Heim 等（1970）以会计盈余为基础，采用回归分析的方法，最早估算了资本回报率，即使用大量的样本数据建立企业的产出、投资资本之间的计量模型，进而进行回归分析，根据回归系数估算出资本回报率。该模型假设企业的投资回报率保持不变，投资从下一期开始获取持久的收益。为了使模型更加精确，Baumol、Heim 等在模型中还加入了控制风险的变量，模型中使用 risk 表示，另外，因为会计盈余本身可能存在着自然增长，这与投资是不相关的，因此需在模型中加入截距项，最终模型变为：

$$\sum_{t=1}^{n} \Delta E_t = \alpha_0 + r \sum_{t=0}^{n-1} (n-t)I_t + \alpha_1 risk/A + \xi$$

但是这个方法的缺陷也是比较明显的，估计模型不可避免地会遗漏一些变量，而这些变量对资本存量和产出产生影响的可能性是很大的，从而造成了估计系数有偏的问题（Friend and Husic，1973；Brealey 等，1976；McFetridge，1978）。Friend and Husic（1973）认为该模型还存在另外一个问题，即尺度效应没有得到控制，因此对模型进行了修正，使用估计期间内企业总资产的平均值 A 进行控制，则模型转变为：

$$\sum_{t=1}^{n} \Delta E_t/A = \alpha_0/A + r \sum_{t=0}^{n-1} (n-t)I_t/A + \alpha_1 risk/A + \xi/A$$

上述回归分析的模型仍然存在严重问题，因为为了获得可比较的样本，模型基本都是用不变价值投入和产出。为了克服上述模型的弊端，许多学者便放弃不变价格模型，转而采用市场价格以估算资本的回报率。

2. 以市场价值为基础的净现金流折现模型

Mueller and Reardon （1993） 最早利用市场价值计算了美国 1969—1988 年 699 家公司的投资回报。他们根据传统的净现金流折现模型，建立了资本回报率的计算模型。假设 I_t 是企业在 t 期的投资额，t 期的折现率为 i_t，I_t 在 t+j 期产生的现金流是 CF_{t+j}，I_t 在 t 期的现值是 PV_t，则：

$$PV_t = \sum_{j=1}^{\infty} \frac{CF_{t+j}}{(1 + i_t)^j}$$

进一步，如果企业可以源源不断地获取投资的收益，且投资回报率是一定的，且令其为 r_t，则：

$$PV_t = \frac{I_t r_t}{i_t}$$

令 $q_t = \dfrac{r_t}{i_t}$，此式表示投资回报和资本成本的比值，衡量的是企业资本投资的边际回报，该指标在反映企业的投资效率方面比托宾 q 更为有效（Mueller and Reardon，1993）。企业股东利益最大化的要求是 $q_t \geq 1$，只有这样，企业投资的回报才能够收回成本，并有额外利润回报，若 $q_t < 1$，企业的投资不但不能带来利润，还会让投资不断亏损。M_t 和 M_{t-1} 分别表示企业在 t 期末和 t 期初的市场价值，δ 是资产折旧率，u_t 是市场对企业价值估算的误差，则：

$$M_t = M_{t-1} + PV_t - \delta M_{t-1} + u_t$$
$$= M_{t-1} + q_t I_t - \delta M_{t-1} + u_t$$

对上式进行改写，为了消除尺度效应，方程两边同时除以企业 t 期初的市场价值，可得：

$$\frac{M_t - M_{t-1}}{M_{t-1}} = q_t \frac{I_t}{M_{t-1}} + \frac{u_t}{M_{t-1}} - \delta$$

根据上式可知，只需找出企业的市场价值、投资和折旧等数据，便可以求出该企业在一定时期内的投资回报和资本成本的比值 q_t。其中：

$M_t = KK_t + AK_t + RK_t + GK_t$

$I_t = \pi_t + D\,ep_t - D\,iv_t + \Delta D_t + \Delta E_t + R\&D_t + ADV_t$

KK_t 表示物质资本，公司的无形资本有：广告投入（AK_t）、R&D 投入（RK_t）、良好的信誉（GK_t），π_t 表示息税后利润，Dep_t 是折旧额，Div_t 是股息，ΔD_t 和 ΔE_t 表示使用债务和股权新募集的资金，R&D 表示研发支出，ADV 表示广告支出。

该方法在 Mueller and Yurtoglu（2000）以及 Klaus 等（2003，2004）的研究中得以进一步的应用和发展。Mueller and Yurtoglu（2000）对 38 个国家的上市公司进行了研究，主要分析了国家法律制度对资本回报率的影响。Klaus 等（2003，2004）利用该模型，并结合国家法律制度、公司管理和所有权结构分析了世界 61 个国家 19000 个公司的资本回报率。

3. 内部报酬率模型

Fama and French（1999）抛开与 Mueller and Reardon（1993）的计算思想，转而借鉴"内部报酬率（IRR）"这一思想。在剔除上市公司中的金融类公司后，将证券市场中的所有公司看作一个整体，即作为一个整体的投资项目，计算这个投资项目的期初市场价值之和，及对这个投资项目的净现金流量进行折现，并计算这个投资项目的期末市场价值的折现值（辛清泉等，2007），当前者等于后两者之和时，此时计算出的折现率便为投资的资本成本（r_v），即：

$$IV_0 = \sum_{t=1}^{T} \frac{X_t - I_t}{(1 + r_v)^t} + \sum_{t=1}^{T} \frac{FS_t - FBV_t}{(1 + r_v)^t} + \frac{TV_T}{(1 + r_v)^T}$$

另外，计算这个投资项目的期初会计账面价值之和，及这个投资项目的净现金流量的折现值与这个投资项目期末会计账面价值的折现值之和，如果两个"之和"相等，此时计算出的折现率便为投资回报率（r_e），即：

$$IC_0 = \sum_{t=1}^{T} \frac{X_t - I_t}{(1 + r_v)^t} + \sum_{t=1}^{T} \frac{FS_t - FBC_t}{(1 + r_c)^t} + \frac{TV_T}{(1 + r_v)^T}$$

其中，IV_0 是这个投资项目的期初市场价值之和，IC_0 是这个投资项目的期初会计账面价值之和，X_t 是第 t 年这个投资项目的现金收入之和（税后，但是包括利息和折旧），I_t 是第 t 年这个投资项目的总投资（净投资加折旧），FS_t 是第 t 年离开样本的公司期末市场价值之和，FBV_t 是第 t 年进入样本的公司期初市场价值之和，FBC_t 是第 t 年进入样本的公司期初会计账面价值之和，TV_T 是估计期间最后一期公司期末市场价值之和。

Alderson and Betker（2009）对这种估算方法进行了升级和拓展，并研究了 1980—2005 年间的高技术和通信行业的资本回报率。这种以"内部报酬率（IRR）"为基础的估算方法对估计期间的长度有较高要求，因为证券市场经常会受非经济因素的影响发生较大波动，如果估计期间较短，期末和期初的市场价值的差额会在很大程度上影响折现率的确定，此时的计算结果很难确保其科学性。

4. 非回归分析模型

上面的方法都是通过大量的数据进行复杂的运算来估计资本回报率的，Feldstein（1977）曾对美国国民储蓄进行过研究，在该研究中，他提出了一种比较直观的方法，用以测算资本收益率。这种方法较为直观简便，即资本的回报与资本存量之间的比值关系，资本的产出一般用税前利润与净利息支出的加总额表示，因为利润中的红利部分和未分配利润一般可认为是股东的最终收入部分，而债权人的收益则是利息部分，因此税前利润与净利息支出都是投资的回报，这种方法计算的是资产的社会收益率，具体的公式：

资本收益率 =（税前利润 + 净利息支出）/资本存量

后来很多学者都用这种方法进行了研究，如 Abel and Mankiw（1989）使用这种资本收益率的测算方法归纳了金匠法则。但是这种估算方法计算出的资本收益率低于真实的水平，因为资本的产出中漏掉了财产税，而财产税本质上可以看作是投资的收益（Feldstein and Poterba，1980；Feldstein，Poterba and Diek - Mireanx，1983；Poterba，1997），因此 Feldstein and Poterha（1980）和 Poterba（1997）计算资本收益率时，对原来的估算方法进行了修正。将财产税加入到资本的产出，具体的公式转变为：

资本收益率 =（税前利润 + 净利息支出 + 财产税）/资本存量

这种方法简便直观，易于理解，但是在收益部分并没有扣除税收和利息支出，因此计算出来的回报率偏高，应属于息税前资本回报率，仅能反映资本的总体回报情况，并不能很好地显示企业盈利能力。

近些年来，不少学者开始从微观和宏观两个方面去计算资本回报，这种方法和 Feldstein（1977）的方法类似，都是比较直观的估算方法。资本回报一般被定义为企业投入一定的资本进行运作而获得净收入，资本回报与资本的比值就是资本回报率，对于资本指标，有些学者使用资产总值、固定资产净值、所有者权益等指标，也有些学者使用每年的固定资产投资并结合折旧率进行重新估算，这种被称为以微观数据为基础计算的资本回报率。CCER"中国经济观察"研究组（2007）在计算中国资本回报率时便使用这种方法。他们认为资本总回报与相关变量的关系如下：

资本总回报 = 权益回报 + 社会回报

= 净利润 +（企业所得税 + 间接税中企业承担的部分 - 净补贴收入）

= 税前利润 + 间接税中企业承担的部分 - 净补贴收入

他们利用三个资本回报指标——净利润、总利润和总回报，三个资本存量指标——权益、资产和固定资产净值，根据资本回报率等于资本回报比上资本存量这一计算方法，得出九个资本回报率指标。

邵挺（2010）没有使用如此多的指标去衡量资本回报率，仅是使用企业的产出增加值（$VA(t)$）和资本量来计算我国工业企业的资本回报率，即：

$$r(t) = \frac{VA(t)}{P_K(t)K(t)} = \frac{(P_Y(t)Y(t) - C(t))}{P_K(t)K(t)}$$

其中 $Y(t)$ 为企业的产出，$P_Y(t)$ 为企业的产出品价格，$C(t)$ 为企业所有的投入品成本，$K(t)$ 为企业的资本存量，$P_K(t)$ 为资本价格。

还有一种计算是基于国民收入核算体系中营业盈余以及固定资产存量等指标，被称为以宏观数据为基础的资本回报率。Bai Chong - En（2006）、孙文凯和肖耿等（2010）分别采用这种方法对我国和世界其他国家的资本回报率进行了估算。但他们计算的基本假设是完全竞争的市场，如果竞争是不完全的，即存在垄断势力的情况下，资本可以获取一定的利润，则模型需要进一步的修正。存在不完全竞争的情况下，如果仍然使用完全竞争下的模型，计算出的资本回报率会被高估。Bai Chong - En（2006）仅指出了这种情况的确是存在的，且对资本回报率的结果会造成影响，但是他们的目的仅在于比较中国资本回报率随时间变化的情况，不完全竞争的存在不会对比较结果造成实质性影响，因此他们对资本回报率的计算仍使用完全竞争时的模型。

单豪杰、师博（2008）利用上述完全竞争下的模型对中国资本回报率进行了估算，但在具体计算中，又对模型进行了简化处理，不仅假定了资本品价格和产品价格相同，两者增长率也相同，还将公式中的分母假定为资本存量，分子为利税总额，因此这种计算其实就转化为以微观数据为基础的方法。

这两种计算方法各有优点和缺点，微观资本回报率的计算方法较为简单、直观，所需指标都比较方便地从统计资料上获取，企业财务月报可以提供最新的相关指标数据。但是这种方法存在几种计算指标，使用的指标不同，得出的结果也不同，甚至存在较大差别，因此指标的选取直接导致了计算结果的差异，也使得资本回报率的计算存在较大争议，这也是我国资本回报率争论的一大重点所在。宏观资本回报率数据便于对整个国民经济进行核算，而且各相关指标都根据价格指数进行调整，得出的资本回报率数据更加接近真实的宏观经济。但是这种方法也存在一定缺陷，一些数据无法直接观察到，只能使用间接的方法推导或估计，对计算结果也造成一定影响，如果存在不完全竞争，资本获得的垄断利润又无法直接观察。而且由于统计资料的不完善，用这种方法不易计算分行业或者更为细致的资本回报率。

5. 商业银行的 RAROC 指标法

商业银行常用的 RAROC 指标，其计算在形式上与 Feldstein（1977）提出的资本回报率的计算形式上比较相似，但是相关思想却有较大差别，是由美国银行家信托在 20 世纪 70 年代末开发而成，具体公式如下：

$$RAROC =（净收益－预期损失）/经济资本$$

$$RAROC =（收益－经营成本－预期损失）/经济资本$$

收益包括存贷款业务的收益和非存贷业务收益，经营成本是所有企业都必须面临的，银行业也不例外，预期损失可根据不同的风险类型进行计算，具体的计算指标有估计的违约概率、估计的违约损失率、违约风险值和期限，经济资本是银行承担风险所需的最低资本，即经济资本或非预期损失。在这种方法出现之后，许多学者（Merton and Perold，1993；Walter，2004；Guill，2004）均基于 RAROC 对金融机构的资本回报进行了研究，Zaik（1996）和 James（1996）还进一步完善了该方法，使其成为现代金融系统风险管理体系的核心，随后该方法还逐渐应用到了其他领域（Kurt Dew，2006；Marcel Prokopczuk，2007）。

对上述不同的计算方法进行分析可以看出，每种方法出现之后，都有许多学者对此进行批评和改进，进而出现更为完善的方法。但是每种计算方法都有自己的优缺点和适用范围，因此在计算资本回报率时，应根据不同的研究内容和数据样本，选择最为适合的方法，以使研究更加精确，更具说服力。

（二）资本回报率测度方法的实证研究

在不同的时期，学者测度资本回报率时所使用的模型也是有差异的，参照上文提到的资本回报率测度的理论研究，现将相关的实证研究综述如下。

以不变价为基础的回归分析模型是较早被西方学者采用的，Baumol、Heim 等（1970）就利用此模型对美国数据进行了研究，结果发现，在

1949—1963 年，美国公司的内部资金的再投资回报率大约在 3% 到 4.6%之间，这个计算结果与当时的资本成本和负债、权益的投资回报相比，明显偏低，一味追求企业规模的扩张是造成这一结果的重要原因之一。其他许多学者也利用该模型进行了相关研究，如 Whittington（1972）以英国公司为研究样本，认为他使用英国的数据和 Baumol、Heim 等（1970）使用美国的数据得到的结论具有相似性，但在相关细节上却有一定差别。中国学者辛清泉、林斌等（2007）也利用此模型估计了中国上市公司的资本回报率，研究发现，中国上市公司的资本投资回报率远低于资本的正常使用成本，仅为 2.6%，这在一定程度上反映了中国上市公司低下的投资收益率，这与中国上市公司的投资环境和股权结构有着较大关系。

为了避免以不变价为基础计算方法的种种缺陷，Mueller and Reardon（1993）最早采用以市场价值为基础的净现金流折现模型计算了美国1970—1988 年 699 家大型公司的投资回报，研究发现 1 美元的投资金带来了 34 美分的市场价值。Mueller and Yurtoglu（2000）则使用该模型对38 个国家的上市公司进行了研究，主要分析了国家法律制度对资本回报率的影响，他们的研究认为英美法系国家的公司表现平均好于大陆法系国家的公司。Klaus 等（2003，2004）利用该模型，并结合国家法律制度、公司管理和所有权结构分析了世界 61 个国家 19000 个公司的资本回报率，研究显示，英美法系国家的公司回报率至少和成本一样大，而大陆法系国家的公司获取的回报率小于其成本，这与 Mueller and Yurtoglu（2000）的研究类似。

Fama and French（1999）利用内部报酬率模型（IRR）估计了1950—1960 年之间美国上市公司的资本回报率，估计结果显示资本成本为5.95%，投资回报率则高于资本成本，为 7.38%，这印证了上述几位学者关于英美法系国家公司回报大于成本的研究结论。Alderson and Betker（2009）研究了 1980—2005 年间的高技术和通信行业的资本回报率，研究发现在 1990 年之前，企业的回报率较低，之后则有了很大增长。中国学者张峥、孟晓静等（2004）也采用了内部报酬率法（IRR）测度了 A股上市公司的资本回报率，发现由于上市公司的过度融资和股票二级市场的价格高估，使得其资本投资回报整体上看来高于资本成本，但综合投资业绩却整体上为负。

在 Feldstein（1977）提出使用非回归模型来计算资本的收益率之后，

一些学者也使用该方法进行了实证研究。Feldstein（1996）则用该模型测算的资本收益率，进而研究了美国建立一种完全积累的社会保障制度的效应。Hak K. Pyo（1999）使用 15 个 OECD 国家 1961—1995 年的数据进行了实证研究，结果发现，除日本和韩国外，其他国家的资本回报率趋于一致。

类似 Feldstein（1977）所提出的方法，曹跃群、张祖妞等（2009）和陈立泰、叶长华（2010）分别使用基于企业微观数据的方法对我国服务业和农业的资本回报率进行了估算；曹跃群、张祖妞等（2009）采用我国服务业 1978—2007 年的统计数据进行实证分析，并指出了影响服务业回报率的因素；陈立泰、叶长华（2010）则使用我国农业 1978—2007 年的时间序列数据进行了实证检验，结果发现，我国农业资本利润率在 1993 年之前是稳步上升的，然后开始出现一定的波动并有了一定程度的下降。CCER "中国经济观察" 研究组（2007）利用净利润和固定资产净值指标的计算方法也与之类似。张军（2002）、陈仲常和吴永球（2005）以及单豪杰和师博（2008）等许多中国学者都使用相似的方法对中国的资本回报率进行了实证研究。

企业的微观数据比较适合计算企业或者行业的资本回报率，但对整个国家或地区进行计算时，则应采用基于国民核算体系的宏观数据进行计算较为合适。Bai Chong‐En（2006）对中国数据的计算发现，尽管中国的投资率是比较高的，但却有着非常高的资本回报率，他的研究显示中国最近这些年的总资本回报率在 20% 左右。孙文凯、肖耿等（2010）则对中、美、日三国进行了比较研究，他们认为较高的投资回报率是中国吸引大量投资的原因，中国的回报率高于美国和日本等国家，且这种差距并未出现收敛的迹象。

有关资本回报率实证研究的资料是比较多样的，由于时代的限制以及研究对象的差异，不同学者之间也不可能采取完全一致的研究方法。根据以往的研究可以看出，早期的学者比较偏向应用大量数据进行回归分析以求出资本的平均回报率，这种方法使用起来比较复杂，因此后来的学者逐渐转向使用非回归的方法进行计算。

三　中国资本回报率测度的实证研究争论

关于中国资本回报率的测度问题，在国内外学术界引起过很大的争论，但该争论有着重要的意义。世界银行的多份报告（Kuijs，2005；Kuijs and Hofman，2006）曾指出，近年来中国企业的盈利状况明显改善，资本回报率有了显著提高。世界银行的报告通过统计数据计算了中国国有企业的资本回报率，结果发现中国国有企业的资本回报率有很大的提升，在1998年时仅为2%，但2005年已增加到了12.7%，非国有企业也有较大增长，7年增长了9.6个百分点，到2005年为16%。他们认为中国的高储蓄率主要是因为企业较高的留存和政府结余，企业利润的增长是中国储蓄增长的主要因素。接着 Shan（2006）发文对世行的观点提出了质疑，认为世界银行高估了中国企业的盈利水平，他认为世界银行使用的数据没有扣除所得税和投资收入，因此计算结果不可避免地高估了企业的利润；而且由于原材料涨价和中国普遍存在的产能过剩，企业的边际利润在持续下降，因此资本的回报率并不高，平均值为8%—9%，因此中国投资资金的主要来源是银行信贷，而不是企业利润。随后世行两位专家 Kuijs and Hofman（2006）撰文反驳，认为世行只是证明中国企业利润状况有了较大改善，使用的数据并不影响研究结果，双方由此展开了一系列论战。

Martin Wolf（2006）也发表文章支持世行的观点，他认为中国国有企业虽然行动迟缓，但确实获得了巨额利润，因此主张中国采取措施发放国有企业的红利，以降低企业的过剩储蓄。世界银行中国及蒙古局局长杜大伟（2006）对中国120个城市的12000多家企业进行了调查，调查结果在一定程度上支持了世行的观点。结果显示，外资企业在中国有着最高的投资回报率，为22%，私营企业次之，投资回报率为19%，如此高的回报率，在世界其他国家也是不多见的。白重恩、谢长泰等（2007）的研究结果也基本支持世行认为中国存在较高资本回报的结论。他们的研究结果显示中国的资本回报率大致分为三个阶段，在1979—1992年为第一阶段，回报率为25%，1998年之后为第三阶段，回报率基本维持在20%附近，两者之间则为第二阶段，回报率在20%左右。由于中国市场化水平的提高，不同企业资本回报率的差距在逐渐缩小。CCER"中国经济观察"研究组（2007）也比较了中国不同类型企业的资本回报率水平，他们以1993—2005年的净资产税前利润率作为比较的指标，结果显示私营企业最高，国有企业最低，私营企业平均回报率为13.86%，三资企业次之，为9.44%，国有企业最低，仅为7.62%，这与世行的计算结果十分吻合。

但 Stephen S. Roach（2006）却支持 Shan 的观点，认为世行支持数据可靠性低，观点难以服人。这场争论的主要内容在于，Shan 质疑世行分析所依据的数据不可靠和世行的结论与若干事实或主流判断不符，而世行则认为他们的关注点在于企业利润的宏观意义，关于投资回报率的分析仅仅是一个不重要的旁证，完全不影响他们的主要结论。

也有一些学者对中国上市公司的资本回报率进行了研究，借助 Fama and French（1999）的模型，使用中国 1990—2001 年 A 股上市公司的数据，张峥、孟晓静等（2004）度量了资本成本并计算了投资回报，结果显示，虽然资本成本看似低于资本回报，但流通股东却只获得了负的综合投资收益。他们认为被严重高估的股票价格是造成这一问题的重要原因，另外盲目追求高融资也是罪魁祸首之一。辛清泉、林斌等（2007）则使用 1999—2004 年数据，计算了中国上市公司的资本投资回报率，研究发现，中国上市公司的资本投资回报率仅为 2.6%，并且，资本投资回报率远低于资本成本，说明中国上市公司的投资效率相当低劣。这些研究结果似乎并不支持世行的研究结果。

在上述争论愈演愈烈之际，北京大学和清华大学分别发布中国资本回报率的研究报告，随着这两份研究报告的出现，对中国资本回报率的争论也逐渐平息。北京大学中国经济研究中心（CCER）（2007）使用的 2004 年中国经济普查前的数据进行研究，主要研究年销售收入在 500 万元以上的规模企业。研究结果显示，改革开放以来，中国资本回报率总体上是先降后升，企业资本回报率在 1998 年为 2.2%，处最低水平，接着开始上升，到 2005 年已增加到 12.6%，扣除所得税后的回报率约为 10%。清华大学教授白重恩（2007）的研究显示中国目前的投资回报率约为 20%，在扣除产出税和所得税后的资本回报率在 10% 左右，而且有很强的稳定性和持续性。因为世行的结论是基于税前的统计数据，Shan 和北大、清华的报告都是使用税后的统计数据，且北大和清华关于中国税后资本回报率 10% 的结论与 Shan 的 8%—9% 的结论接近，而世行的数据扣除所得税后，也基本与此吻合，因此关于中国资本回报率的争论，主要是由于双方使用的统计数据存在差别，再扣除这种统计差别之后，双方结果基本一致。但是单伟建等人在争论的同时，从投资回报的角度对中国经济的微观基础进行了进一步研究，对理解中国的资本运行更为重要，而世界银行只是通过调查表和统计数据对中国的经济形势进行判断，对理解中国经济的帮助并不大（羽良，2007）。

中国资本回报率的高低能够引起如此大的争议，主要是因为资本回报率包含了更深层次的经济含义和政策导向。近年来，中国经济持续的高速增长与较高的投资率是紧密相连的，中国资本回报率是高还是低，关乎了中国经济是否过热，以及未来应该采取何种政策去引导经济发展。因此这一争议对理解中国经济运行有着重要的参考作用。

第二节　资本回报率变动趋势

一　资本回报率变动趋势的理论研究

早期的研究很少涉及资本回报率，大多数学者都是研究利润率的变动趋势。亚当·斯密（1776）认为不同行业的利润率存在差别，但是这种差别并不是稳定的，资本的竞争会导致行业利润的平均化，最终在整个社会范围内形成一个一般比率或平均比率，且竞争使行业利润率有降低的趋势。大卫·李嘉图（1817）继承并发展了亚当·斯密的理论，他认为"商品的全部价值仅分成两个部分：一部分构成资本利润；另一部分构成劳动工资"、"工资上涨不会提高商品价格，但必然会降低利润"，他也认为行业利润率有平均化的趋势和利润率存在降低的趋势。约翰·穆勒（1848）进一步发展了斯密和李嘉图关于利润率的理论，并肯定了李嘉图"利润率取决于工资"的观点，关于利润率变动的趋势，他也有着类似的看法，他认为资本会在利润率不相同的行业间流动，因此不同行业的利润期望值在长期上不会差别太大，虽然存在波动，但最终会趋向于一个相同的平均值。

马克思在《资本论》中引入资本有机构成的概念，阐述了利润平均化的机制，在这种大生产的条件下，各个生产部门都有着不同的资本有机构成，且资本周转速度也不尽相同，资本有机构成的高低决定了企业利润率的高低，周转速度的快慢也是影响利润率的重要因素，资本有机构成高利润率就高，周转速度快利润率也相应提高，反之，利润率就低。由于资本逐利的本质，利润率低的部门的资本会逐渐离开，利润率高的部门的资本会逐渐增加，直到各个部门形成平均利润率的时候，资本运动才会停止，同时，马克思也认为行业利润有下降的趋势，其原因是资本有机构成的不断提高。

但是西方一些学者却有着和马克思不同的看法，如 Moszkowska（1929），他认为如果实际工资不变，劳动生产率提高到一定程度时，利润率将会提高，Shibata（1934）和 Samuelson（1957）也有类似的观点。Okishio（1961）对资本主义竞争条件下技术变革导致平均利润率上升的理论进行了一般性证明，这个结论也被称为"置盐定理"。Shaikh（1978）指出"置盐定理"的模型中未包含"固定资本"，而在马克思的论述中，随着技术变革，固定资本的使用量越来越大，这是有机构成提高的真正原因，而这也正是置盐的模型所缺少的。面对 Shaikh 的批评，Roemer（1979）给出了包含固定资本的"置盐定理"的一般性证明，但是这一证明也存在很多问题，本质上并没有超越置盐。他认为如果真实工资不变，技术创新不会使利润率下降，如果真实工资提高，均衡利润率则有可能下降。由上述文献可以看出，西方学者与马克思的争论，主要是解释利润率的下降的原因是什么，马克思认为是资本有机构成提高造成的利润率下降，而西方学者则认为是实际工资提高导致的利润下降。

学者对资本回报率变动趋势的争论主要源于研究内容的差异，由于学者所处时代、国别和社会政治制度等方面存在差异，他们研究的对象存在较大差别，所用的研究方法和数据等也是存在差异的，且不同学者所处的社会政治制度差异也对学者的研究目的造成一定的影响，因此研究的结论出现争论也是不可避免的。

二　资本回报率变动趋势的实证研究

现代经济学家对利润平均化的趋势存在一定争论，郑志国（2001）对国内外一些行业进行了实证研究，结果显示行业利润率不但没有平均化的现象，反而有不断扩大的趋势。他认为利润率的平均化不是无条件的，至少有四个隐含条件：第一，资本的流动是自由的，没有进出行业的障碍；第二，信息是充分的，投资者可以准确预见市场供求关系的变化趋势；第三，社会的需求是稳定的，抑或是供给变化的影响不会被需求变化所抵消；第四，成本的稳定性，抑或是供给变化的影响不会被成本变化所抵消。因此，完善的市场机制和成熟市场主体是行业利润平均化的前提。施正一、鲁筱玲（1990）认为在资本主义社会初期和帝国主义时期，平均利润率规律的作用是受到限制的。罗朝晖（2007）也认为利润平均化规律不是在任何情况下都适用的，它只是一定历史和社会条件下的特殊规律。与上述学者的观点不同，也有学者对 OECD 国家进行研究证实了"资本利润率收敛的假说"，即经济发展相对落后的国家，其资本回报率会相对较高，随着落后国家的经济赶超，其利润率会下降，最后接近与富裕国家的水平（Hak K. Pyo，1999）。哈曼（2009）支持利润率下降的理论，关于其他学者对马克思平均利润率下降趋势的批评观点，哈曼也一一进行了反驳。中国学者贾利军（2010）也认同行业利润率平均化的规律，他指出这是一条对于任何时代、任何社会制度都是有效的、普遍适用的经济规律。

最新的争论又涉及利润率的考察范围和计算方式上来。利润率的考察范围应该包括哪些部门？是单纯的制造业还是应包括金融部门或非公司部门？早期的研究主要集中在对制造业的计算上，后来的学者又把考察范围扩大到整个产业部门，支持利润率处于下降趋势的 Kliman（2009）对美国的公司部门进行了考察，他认为利润率的考查范围不应包括整个经济体，因为公司在经济中占据主导地位，且把非公司部门包括进来会引起严重误差。而反对利润率处于下降趋势的 Duménil et Lévy（2005）则排除了住宅、政府和政府企业，但是与 Kliman 不同的是，他们的计算包括了非公司部门。另一位赞同利润率上升趋势的学者是 Husson（2010a），他认为利润率的计算应把公司和非公司部门都包括进去，且利润应是劳资之间首次分配的价值，即新创造的价值减去工资。而且金融部门应包括在内，因为金融部门获取了总利润中越来越大的利润，由于剩余价值有向服务业转移的趋势，所以计算利润率时也应把服务业包括进去。除了考查范围外，学者在利润率的计算方式上也存在争议，即应按历史成本还是现行成本去计算固定资产价值。Kliman（2009）主张使用历史成本，但为了消除通货膨胀的影响，他使用 GDP 平减指数或劳动时间的货币表现对资产价值进行校正。与之相反，Duménil et Lévy（2005）和 Husson（2010a）则使用现行成本进行利润率的计算，即使用股东资产价格指数进行校正。Kliman（2009）虽然认为这些都可以计算利润率，但是按历史成本计算是一种更好的方法，因为这是会计业常用的方式，而现行成本法则不能准确衡量真实回报率和未来回报率，更为严重的是，在价格下降时期，按减值后的"现行成本"计算出的结果是高于实际回报率的。Harman Chris.（2010）也持有类似的看法，认为现行成本法会使计算结果失真，在技术创新速度越来越快的当代，这种失真的程度就越严重。随后 Husson

（2010a，2010b）又对 Kliman（2009）采用 GDP 价格指数和劳动时间的货币表现校正通货膨胀因素的做法进行了批判，并提出自己的改进意见，即用"平均历史成本"来校正通胀，Klmian（2010）则对这个批判进行了回应，同时指出 Husson 关于利润的首要功能是积累融资的观点是不确切的，利润也用于偿债和纳税，因此名义货币量是非常重要的。无论采用哪种方法对通胀进行控制，得出的利润率结果都没有本质上的差别。历史成本和现行成本的争论还一直持续着，无论哪一方都无法说服另一方接受自己的观点。

孙文凯、肖耿（2010）根据中国 2007 年经济数据估算了中国的资本回报率，他们认为资本回报率在一定程度上受到经济周期的影响，在长期上则有着递减的趋势。劳动者份额及资本产出比是影响资本回报率的主要因素，在经济发展初期，由于市场处于非充分就业状态，资本存量也较低，因此劳动者份额和资本产出比都处于较低水平，资本回报率则处于较高水平。随着经济的不断增长，劳动者份额和资本产出比都会逐渐上升，进而导致资本回报率的下降。中国当前较低的劳动者份额和资本产出比是导致中国资本回报率较高的主要原因。Song（2011）也认为中国现阶段的资本回报率一直处于较高水平，并会持续一定时间，造成这种现象的原因是，中国现阶段处于经济转型期，产业重组使得劳动力不断流向效率较高的私营企业，从而保证资本回报率处于较高水平。但随着国企改革和企业治理结构的改进，原来效率较低的国有企业，其资本回报率也获得了较快的增长，1998 年以来，国有企业的资本回报率增长幅度最大，为 10% 强，其次是三资企业，其资本回报率增长幅度为 10.2%，私营企业则以 5.7% 处于末位，当然，国有企业垄断的能源和原料部门价格的较快增长也是其资本回报率增长的一个重要原因（宋国青、卢锋，2007）。

第三节　资本回报率的影响因素

资本回报的影响因素是多方面的，Thomas R. Michl（1991）研究显示，美国制造业利润率的降低在很大程度上是因为 20 世纪 60 年代的工资增长和 20 世纪 70 年代原材料价格上涨的双重压力。Mann and Michae（1966）认为产业利润率变化的影响因素包括进入壁垒和竞争，但竞争的影响有时是不显著的，如经济的整体结构保持不变或变化不明显。刘红梅、王克强（2000）认为机制体制设计、劳动生产率等是影响中国工业企业利润率的重要因素。唐要家（2004）使用工业行业的截面数据进行研究，结果发现中国工业部门各行业的集中度越高，其利润水平也越高，李未无（2009）认为外资投资不利于内资部门的利润率增长，但是内资部门的自身竞争力对利润率影响更大，也有学者认为全要素生产率是影响资本利润率的重要变量（黄伟力，2007），舒元和徐现祥（2002）的研究表明，由于技术进步的影响，在我国的经济增长过程中，资本的利润率并没有出现快速下降的现象。包旭（2011）认为对于资本回报率中国的研究不能忽视金融市场化的积极作用，全国不同省份的要素禀赋存在较大差异，因此省际效应也较为明显。黄德春和刘志彪（2006）的研究以及赵红、扈晓（2010）使用2001—2006年中国工业行业的数据进行的计量分析，都发现，虽然环境规制对企业经营产生了一定的负面影响，但环境规制也可以倒逼企业进行技术创新，从而提高利润率。由此可以看出，影响资本回报率的因素是比较复杂的，有经济方面的，也有制度方面的。

一　资本深化对资本回报率的影响

内生经济增长理论认为资本劳动之比（资本深化）对产出有很大的影响，如果人力资本积累过度，应选择物力资本为主的投资路径，反之，则投资路径应选择以人力资本为主。现阶段，由于中国的劳动者份额及资本—产出比都处于较低的状态，因此在相当长的时期内，中国的资本会有较高的回报率（孙文凯、肖耿，2010）。张军（2002）以新古典增长理论为基础，对中国工业部门利润率的变动情况进行了深入研究，他认为我国工业部门的比较优势不是资本，而是廉价的劳动力，因此资本密集型发展之路影响了资本的产出效率，从而导致资本利润率的下滑，资本劳动比率与资本利润率之间存在非常显著的关系，且方向上为负。许多学者的研究都显示了资本深化和资本回报下降会同时发生，如刘遵义（1997）对1965—1991年间德国经济的研究、乔根森（2001）对1961—1973年间韩国经济的研究、徐长生和陈薇薇（2005）对1820—1913年美国工业化期间的研究。保罗·克鲁格曼（1994）也指出，劳动和资本等生产要素投入的增长是东亚各国经济快速发展的重要原因，因而当经济发展到一定阶段，资本回报率和生产率变化出现下降的趋势。

黄伟力（2007）却有着相反看法，他对我国工业资本利润率的研究发现，从宏观层面上看，资本的"过度深化"对资本利润率的负面影响假说是不成立的。Gordon（1999）却认为资本深化主要是由技术变化引致的，因此长期内资本深化与资本利润率之间是一种非常复杂的关系，并不必然是负相关关系。资本深化造成利润下降可能是由于投资配置效率的低下，秦朵、宋海岩（2003）认为政府有着很强的刺激需求的动机，以推动经济快速增长，进而在很大程度上导致了投资配置效率的低下，但随着改革的逐步推进，配置效率低下的问题也在不断改善。

二　技术进步对资本回报率的影响

技术进步是提高劳动生产率最有效的方式之一，如果实际工资不变，劳动生产率提高到一定程度时，利润率将会提高（Moszkowska，1929），Shibata（1934）和 Samuelson（1957）也有类似的观点，因此进行技术创新是资本回报率提高的重要措施（黄德春、刘志彪，2006；赵红、扈晓影，2010）。也有学者认为全要素生产率的增长或技术进步是决定资本回报率的主因（黄伟力，2007），如 Abramovitz（1993）的研究显示，在美国工业化的初级阶段，全要素生产率对劳动生产率增长的贡献大大低于资本深化的贡献，但后期的影响则会逐渐增强。当然，也有学者持不同看法，如 Mason 和 Harrison（2002）对英国的投资情况进行了实证分析，他们发现高技术行业和传统行业的创业投资回报率的差异并不明显。

三　人力资本对资本回报率的影响

人力资本概念首先是由 Schultz（1960）提出的，并经 Becker（1966）等人进一步发展和完善，最终发展成为人力资本理论。很多学者使用教育来衡量人力资本，Schultz（1962）认为人力资本投资是多样的，如健康投资、教育投资等，但由于知识和创新能力已成为财富创造的主导要素，因此现代社会应更加注重"教育培训"对人力资本的影响。随着经济的不断发展和技术变革，教育在促进生产力方面的作用会越来越明显（Meng，1995）。教育不仅能够促进增长，还会产生溢出效应，这种溢出效应会进一步影响到产出水平。姚先国（2008）曾指出，教育能够显著促进人均产出增长，且这种影响存在着溢出效应。知识外溢可以提高生产力，因此教育投入可以促进经济发展，提高经济的长期增长率（Romer，1986）。

人力资本及其溢出效应不仅影响经济的增长，还对资本回报率有着重要影响。Lucas（1990）使用人力资本指标解释了有效劳动的概念，并分析了人力资本及其外溢效应对世界资本回报率差异的影响。人力资本能够影响未来的货币和物质收入（Becker，1964），长期来看，劳动力的人力资本水平较低将影响资本的利用效率，较高的人力资本水平也对先进的技术和物质资本有着更大的吸引力。也就是说，不考虑其他因素时，物质资本和先进的技术一般是向高素质劳动力密集地区流动（Lucas，1990）。沈坤荣、田源（2002）对中国的研究也支持这一观点，他们发现人力资本存量对 FDI 在中国的区位选择及投资规模都有着重要影响。

　　人力资本存量的变动还会导致资本劳动比率的变动，即资本深化程度的变动。短期内，资本存量的变动会影响经济的增长率（Solow，1956；Swan，1956），而人力资本存量则对技术进步有着直接的重要影响，这进而决定了经济的长期增长（Romer，1986），因此人力资本和资本存量的变动会对资本回报率有着重要影响，张军（2002）认为资本密集型发展之路影响了资本的产出效率，从而导致资本利润率的下滑，资本劳动比率的增长会显著降低资本的利润率。孙文凯、肖耿（2010）也认为中国会有较高的资本回报率，主要是因为中国劳动者份额及资本产出比没有出现大幅增长的态势。黄伟力（2007）却有着相反看法，他对我国工业资本回报率的研究发现，从宏观层面上看，资本的"过度深化"对资本回报率负面影响的假说是不成立的。Gordon（1999）却认为资本深化是由技术变化引致的，因此长期内资本深化与资本利润率之间是一种非常复杂的关系，并不必然是负相关。

四　其他因素对资本回报率的影响

（一）宏观经济景气变动对资本回报率影响的研究

　　企业的投资决定会根据宏观经济的变动而变化，社会需求和价格的变动与企业投入成本的变动不一致，从而使得企业的利润降低或增长，在经济紧缩时期，会降低企业利润，在经济扩张时期，企业利润会增长（张军，2002）。因此经济周期影响对资本回报率的影响是十分明显的，且长期资本回报率是存在下降趋势的（孙文凯、肖耿，2010）。Stigler（1963）较早地研究了经济周期与资本回报率之间的关系，近年来，一些学者的研究也显示了真实资本回报率对实际 GDP 波动具有显著正向关系，如卢锋（2007）的研究显示，真实资本回报率是随着实际 GDP 波动而变动的，但中国在 2006 年前后的资本回报率变动，主要不是与宏观景气周期波动相联系的产物，而是代表了某种趋势性变动；单豪杰和师博（2008）使用 1978—2006 年的数据进行了实证研究，也发现了中国工业资本回报率和 GDP 之间的正相关的经验证据，他们的研究显示，经济较发达的东部地区有着较高的资本回报率，而经济发展差距不大的其他三个地区，其资本回报率的差异也相对较小。也有学者对农业资本回报率进行了研究，如陈立泰（2010）根据 Solow 的新古典增长模型推导出了资本收益与 GDP 变动的关系，研究发现改革开放以来，农业利润的提升主要是因为农村经济快速平稳的增长，实证检验的结果也显示两者之间存在正相关关系。

（二）外贸依存度对资本回报率影响的研究

外贸依存度，也被称为对外贸易系数，一般学者的计算方法是用进出口总额比上国内生产总值，这个指标在一定程度上反映了一国对外开放与对外联系的紧密程度。一个封闭的国家，当其改变经济政策，对外开放时，其外贸依存度便会提高（钟山，2001）。近年来，中国对外贸易依存度高达 60%，过高的外贸依存度对中国经济、能源等方面都造成了很大影响（沈骥如，2004）。曹跃群、张祖妞等（2009）使用 1978—2007 年的数据对我国服务业的回报情况进行了研究，结果却发现服务贸易对服务业资本回报率的提升作用并不明显，但这并不意味着贸易无法促进资本回报率的提高，相反，恰恰是因为我国的服务贸易发展水平较低，所以才造成了这一结果，因此应当借鉴国外发展经验，大力发展贸易，特别是对外贸易。所以对中国经济问题的研究，不能仅着眼于国内，且爆发在美国的次贷危机，仍没有结束对世界的影响，所以更应该重视外贸依存度对中国资本回报率的影响。

（三）市场竞争程度对资本回报率影响的研究

市场结构影响着企业的利润，垄断的卖方市场一般可以使企业获得高额利润，而竞争性市场中企业很难获取高额利润。在古典经济条件下，厂商之间是完全竞争的，其进入与退出都不存在任何门槛，其形成的"竞争侵蚀利润"会逐步缩小产业的利润差异，直至最后消失，因此竞争会导致利润降低（Baumol，1982）。Bain（1951）和 Mann（1966）认为在一定情况下，影响产业利润率变化的重要因素是竞争和进入壁垒，但是在一些情况下，竞争的影响会变得不再明显，如经济结构不变或者变动不明显的时候。但是部门内竞争加剧会降低资本利润率（Naughton，1992；Singh，

1993)，张军（2002）也有类似的看法，他把这一类的解释称为"竞争侵蚀利润"的假说，但同时他认为国有部分利润下降，除了竞争因素外，分布结构恶化也是重要的原因之一。也有学者持不同观点，Kaldor（1961）认为资本收入份额在西方国家经济中是稳定的，这意味着资本利润率不受工资率相对变化的影响。Jefferson 等（1992）也发现了竞争可以有效改善企业的生产效率，进而促进资本回报率的提升，Dollar（1990）、World Bank（1992）的研究也认为竞争可以促进企业效率的提升。许多学者对中国的情况进行了研究，Byrd（1992）的研究发现，改革开放之后，中国工业部门中大量企业的涌现并不确定能在总体上提高经济运行效率，但由此导致的竞争却使得工业部门的盈利能力降低了。在我国进行经济体制改革之后，国有企业垄断的地位迅速被打破，从而导致了中国工业行业集中度的下降，而这恰恰正是资本利润率下降的本质原因（王慧炯，1991；马建堂，1993；刘洪，1998；Chen 等，1988）。魏后凯（2003）、陈志广（2004）和唐要家（2004）的研究也都指出了我国工业行业集中度与利润率之间存在着高度相关的正向联系，即集中度越高，企业的利润率越大，也就是说垄断地位是获取高额利润重要因素。因此中国市场的垄断程度逐渐下降、竞争日趋激烈，都是影响企业的利润率水平的重要因素（陈仲常、吴永球，2005）。

（四）公司管理及所有制结构对资本回报率影响的研究

1. 公司管理、法律制度。Klaus 等（2003）利用 1996—2001 年全球上市公司的数据进行分析，回答了为什么不同来源的资金投资赚取了不同的回报，其中公司的管理结构起到很大作用。Klaus 等（2004）结合国家法律制度、公司管理和所有权结构分析了世界 61 个国家 19000 个公司，研究发现国家的法律制度对资本回报有着最主要的影响，在英系法律国家，公司能够赚取至少和资本成本一样的资本回报，在民事法律制度国家，资本的回报低于资本的成本，同时所有权结构会对这种结果造成影响，且公司管理的障碍会恶化资本投资的表现。Mueller and Yurtoglu（2000）的研究也有类似的结论，都认为国家的法律制度对资本回报率有着很大影响。

2. 所有制结构。不同所有制企业，其资本回报率也会有较大差别，总体上看，私有、民营企业的资本回报率最高，国有企业的资本回报率较低，且与其他所有制类型的企业的差距较为明显（邵挺，2010）。利用

Feldstein 的方法，蒋云资和任若恩（2004）对中国 1982—2000 年间的工业企业和国有工业企业的资本收益率进行了比较，发现国有工业企业的资本收益率比中国工业企业的平均水平约低 1.5 个百分点。

（五）生产投入品的成本对资本回报率影响的研究

不考虑对产出影响的情况下，企业投入的成本决定着企业的利润，影响生产成本的因素除了企业技术水平之外，投入品物价水平也是重要的决定性因素（陈仲常、吴永球，2005）。Thomas（1991）对美国制造业的研究发现，其利润率的下降主要是因为 20 世纪六七十年代工资以及原材料价格的上涨。因原材料和劳动力是工业企业生产的主要投入要素，它们的价格水平决定着企业投入品的价格水平，因而对资本的回报率有着重要影响。

不同的学者由于研究的方向和重点不同，因此对资本回报率影响因素的研究也存在一定差异，由于我国处在经济转型阶段，且投资在经济发展中处于重要位置，因此中国学者对市场竞争和资本深化方面的研究较多。综合以往学者的研究可以看出，影响资本回报率的因素是复杂的，涉及经济社会的各个方面，且在经济发展的不同阶段，相同因素也可能出现不同的影响，因此对资本回报率影响因素的研究，不仅应区分不同的因素，还应考虑时间效应，进行动态地分析。

第四节　简要评述

本章首先回顾了界定资本回报率概念的相关文献，从最早对利润率的界定转到对资本回报率的界定，以及其后的风险修正的资本回报率。然后梳理了资本回报率的计算方法，主要有以会计盈余为基础的回归分析法、净现金流折现模型、"内部报酬率（IRR）"法、直观的资本收益率法、RAROC 法和基于国民收入核算体系指标法等，详细阐述了各种方法的优缺点，以及后来学者对各种方法的完善补充，并比较了各种方法的应用范围。接着整理了学者对资本回报率计算和变动趋势的实证研究，并介绍了世界银行与相关学者之间关于中国资本回报率的论战和有关人力资本回报率的相关研究文献，对资本回报率变动趋势的研究上，早期的学者主要围绕着平均利润是否下降进行了研究，而现代经济学家对这个问题仍无法达成一致看法，并对利润率的计算方法和范围产生了较大争议。最后对资本回报率的影响因素和经济效应进行了综述，通过分析可以发现，以往学者的研究文献对资本回报率的研究提供了很好的研究视角和方法，这些学者的研究成果也是本书研究的理论基础，对这些理论和研究成果的借鉴，将很好地指导本书的进一步研究。对以往文献的梳理也发现，多数学者都注重资本回报率的测度方法和测度结果，对资本回报率提升的机制没有或较少涉及，研究的角度也大多从国家层面入手，对地区层面的研究较少。相关的实证分析上，多数都是应用单一的静态回归模型，动态比较少。对中国的相关研究上，主要从国家层面进行，对省份层面研究较少，且对我国近年来资本回报率提升机制的阐述不够深入细致，不能很好解释我国近年来的经济发展状况，缺少从技术进步和人力资本方面解释资本回报率提升的机理研究和实证研究，因而在这方面还有进一步研究的空间和价值。

因此，对资本回报率的进一步研究，不仅能给我国经济发展提供理论支持，还能从经验上提供借鉴，并对经济发展中遇到的实际问题提供政策参考，具有重要的理论价值和现实意义。

第三章

资本回报率测度模型的构建

北京大学中国经济研究中心（2007）对资本回报率的定义为：资本回报与创造回报所用资本直接度量值之间的数量比率关系。对资本回报率计算方法的研究较为丰富，不同时期的学者采用的方法也有较大差别。

较早的研究中，有以不变价为基础的回归分析模型，如 Baumol、Heim 等（1970）以会计盈余为基础，采用回归分析的方法对资本回报率进行了估算。后来一些学者，如 Whittington（1972）和辛清泉、林斌（2007）等，也采用此方法进行过研究。但是这个方法有一定的缺陷，遗漏的变量可能会同时影响资本存量和产出，从而使得估计系数有偏（Friend 和 Husic，1973；McFetridge，1978）。为了克服上述模型的弊端，许多学者开始采用市场价格来估算资本回报率（Mueller 和 Reardon，1993），该方法在 Mueller 和 Yurtoglu（2000）以及 Gugler 和 Mueller 等人（2003，2004）的研究中得以进一步的应用和发展。上面的方法主要靠大量的数据进行复杂的回归运算以估计资本的回报率，计算方法比较烦琐。虽然 Fama 和 French（1999）借鉴"内部报酬率（IRR）"这一思想对资本回报率进行了计算，与上述方法相比有了一定的改进和简化，但这种方法对估计期间的长度有较高要求，且计算结果也很难确保科学性。Feldstein（1977）则提出了一种比较直观的方法，即用资本的产出除以资本存量，由于这种方法直观简便，因此被很多学者采用。Bai（2006）和孙文凯、肖耿等人（2010）进一步发展了这种计算方法，他们使用国民收入核算体系中的劳动报酬以及固定资产存量等指标对资本回报率进行测算，这种方法比较适合对宏观经济中的资本回报率进行测算。

北京大学中国经济研究中心（2007）的计算方法也与之类似，而根据数据来源的不同，又有两类指标可以衡量资本回报率。一是来源于国民收入账户统计体系中的数据，可以用营业盈余作为资本回报指标，固定资产存量为资本存量指标，两者比值即为资本回报率数值。二是来源于企业财务会计报表的数据，利润和净利润等可以作为资本回报的指标，资产和净资产等可以作为资本存量的指标，两者的比值则为资本回报率的测算数值。因此本部分将从这两个方面分析资本回报率的测度方法。

第一节　基于国民收入核算体系宏观的测度模型

一　完全竞争情况下的测度模型

还有一种计算是基于国民收入核算体系中营业盈余以及固定资产存量等指标，被称为以宏观数据为基础的资本回报率。Bai Chong - En（2006）、孙文凯和肖耿等（2010）分别采用这种方法对我国和世界其他国家的资本回报率进行了估算。假设企业是产品价格的接受者，企业在市场上购买资本用于生产，在新古典情况下，[①] 企业的资本回报率为：

$$i(t) = \frac{P_Y(t)MPK_j(t)}{P_{k_j}(t)} \qquad (1)$$

其中，$i(t)$ 是资本回报率，$P_Y(t)$ 是产品价格，$MPK_j(t)$ 是 j 类资本品的价格。我们无法直接得到资本的边际产出数据，但是可以用总产出中的劳动报酬进行推导。总产出中的资本份额（$\alpha(t)$）可以用劳动报酬数据求出：

$$\alpha(t) = 1 - \frac{W(t)}{P_Y(t)Y(t)} \qquad (2)$$

其中，$W(t)$ 是总产出中劳动报酬，$Y(t)$ 是产出。同时，总产出中资本的份额可以使用资本的边际产出表示：

$$\alpha(t) = \frac{\sum_j P_Y(t)MPK_j(t)K_j(t)}{P_Y(t)Y(t)} \qquad (3)$$

其中，$K_j(t)$ 是 j 类资本的存量。由（1）式可知 $P_Y(t)MPK_j(t) = i(t)P_{k_j}(t)$，将其代入（3）式并改写得：

---

① 在市场存在垄断的情况下，使用完全竞争的假设会低估资本的回报率，如果只比较资本回报率随时间变化的情况，完全竞争假设并不会对研究结论造成较大误差（Bai et al.，2006）。且对垄断势力的测度是困难的，测度结果也会存在一定误差，因此本书使用新古典情况下的模型。

$$\alpha(t) = \frac{\sum_j i(t) P_{K_j}(t) K_j(t)}{P_Y(t) Y(t)} \qquad (4)$$

进一步改写可得：

$$\alpha(t) = \frac{i(t) P_K(t) K(t)}{P_Y(t) Y(t)} \qquad (5)$$

其中，$P_K(t) K(t) = \sum_j P_{K_j}(t) K_j(t)$，$P_K(t)$ 表示经济中总的资本价格，$K(t)$ 经济中总的资本存量。对（5）式移项变形可得资本的回报率为：

$$i(t) = \frac{\alpha(t)}{\dfrac{P_K(t) K(t)}{P_Y(t) Y(t)}} \qquad (6)$$

在上述计算中，没有考虑资本的折旧和价格变化，将这些考虑进去后，（4）式变为：

$$r(t) = i(t) + P'_K(t) - \delta(t) - P'_Y(t) \qquad (7)$$

其中，$r(t)$ 是实际资本回报率，$P'_Y(t)$ 是产出品价格变化率，P'_K 资本品价格的变化率，$\delta(t)$ 是资本的折旧率，（7）式便是本书测度以宏观数据为基础的资本回报率的主要公式。

二　不完全竞争下的测度模型

上述计算的基本假设是完全竞争的市场，如果竞争是不完全的，即存在垄断势力的情况下，资本可以获取一定的利润 $\pi(t)$，此时资本的边际产品收入为：

$$\frac{P_Y MPK(t)}{\mu} \qquad (8)$$

其中，μ 为价格与边际成本之比，根据上文的推导结果可以得出总产出的资本份额为：

$$\alpha(t) = \frac{\pi(t) + P_Y(t) MPK(t) K(t)/\mu}{P_Y(t) Y(t)} \qquad (9)$$

垄断厂商获得的利润为：

$$\pi(t) = \frac{\mu - 1}{\mu} \qquad (10)$$

结合前面公式，可以求出实际的资本回报率为：

$$r(t) = i(t) - P'_y(t)$$

$$= \frac{\alpha(t) - (\mu - 1)/\mu}{P_k(t)K(t)/P_y(t)Y(t)} + P'_k(t) - P'_y(t) - \delta(t) \qquad (11)$$

由上式可以看出，存在不完全竞争的情况下，如果仍然使用完全竞争下的模型，计算出的资本回报率会被高估的。白重恩、谢长泰等（2006）仅指出了这种情况的确是存在的，且对资本回报率的结果会造成影响，但是他们的目的仅在于比较中国资本回报率随时间变化的情况，不完全竞争的存在不会对比较结果造成实质性影响，因此对资本回报率的计算仍以完全竞争时的模型为准。

第二节　基于企业数据微观的测度模型

基于企业数据的测度方法较为多样化，不同学者有着不同的见解，因此使用的方法也有一定差异，但是基本的思想都是比较接近的。Feldstein（1977）较早地提出过一种比较直观的方法用以测算资本收益率。这种方法的主要思想是用资本的产出除以于资本存量，资本的产出一般用税前利润与净利息支出之和表示，因为利润中的红利形式和未分配利润最终都会成为股东的收益，利息是债权人的收益，因此税前利润与净利息支出都是投资的收益，这种方法计算的是资产的社会收益率，具体的公式：

资本收益率 =（税前利润 + 净利息支出）/资本存量　（12）

后由于这种方法简便易行，因此后来很多学者都用这种方法进行了实证研究。但是这种估算方法计算出的资本收益率低于真实的水平，因为资本的产出中漏掉了财产税，但财产税本质上是可以看作投资的收益的（Feldstein and Poterba，1980；Poterba，1997），因此 Feldstein and Poterha（1980）和 Poterba（1997）在计算资本收益率时，对原来的估算方法进行了修正，将财产税加入到资本的产出，具体的测度公式为：

资本收益率 =（税前利润 + 净利息支出 + 财产税）/资本存量

（13）

这种方法简便直观，易于理解，但是在收益部分并没有扣除税收和利息支出，因此计算出来的回报率偏高，应属于息税前资本回报率，仅能反映资本的总体回报情况，并不能很好地显示企业的盈利能力。

近些年来，不少学者开始从其他方面去计算资本回报，这种方法和

Feldstein（1977）的方法类似，都是比较直观的估算方法。资本回报一般被定义为企业投入一定的资本进行运作而获得净收入，资本回报与资本的比值就是资本回报率，对于资本指标，有些学者使用资产总值、固定资产净值、所有者权益等指标，也有些学者使用每年的固定资产投资并结合折旧率进行重新估算，这种被称为以微观数据为基础的资本回报率。CCER "中国经济观察"研究组（2007）在计算中国资本回报率时便使用这种方法。他们认为资本总回报与相关变量的关系如下：

$$资本总回报 = 权益回报 + 社会回报$$
$$= 净利润 + （企业所得税 + 企业负担的间接税 - 净补贴收入）$$
$$= 税前利润 + 企业负担间接税 - 净补贴收入 \qquad (14)$$

他们利用三个资本回报指标——净利润、总利润和总回报，三个资本存量指标——权益、资产、固定资产净值，根据资本回报率等于资本回报比上资本存量这一计算方法，得出九个资本回报率指标。

还有一种较为简单的测度方法，即使用企业的产出增加值（$VA(t)$）和资本量来计算工业企业的资本回报率（邵挺，2010），具体的测度模型为：

$$r(t) = VA(t)/P_K(t)K(t) = (P_Y(t)Y(t) - C(t))/P_K(t)K(t) \qquad (15)$$

其中 $Y(t)$ 为企业的产出，$P_Y(t)$ 为产出品价格，$C(t)$ 为企业所有的投入品成本，$K(t)$ 为资本量，$P_K(t)$ 为资本价格。

上述资本回报率的测度方法虽有一定差异，但测度的基本思想都是使用资本的回报率比上总的资本数量，因此本书使用前述学者的测度思想，对 Bai Chong - En（2006）的宏观模型进行了拓展，使之适用于企业微观层面的数据，根据他们的研究可知资本回报率的计算公式为：

$$r(t) = \frac{\alpha(t)P_y(t)Y(t) - \delta(t)P_k(t)K(t)}{P_k(t)K(t)} \qquad (16)$$

这一模型适用的是宏观数据，因此在计算微观层面的数据时，可以对模型进行了简化处理，首先假定资本品价格和产品价格相同，两者增长率也相同，另外将公式中的分母假定为资本存量，分子为利税总额（单豪杰、师博，2008），因此这种计算其实就转化为以微观数据为基础的方法。利税总额可以代表资本的总回报，利税总额中的间接税，虽然由企业上交，但企业会把其中一部分转嫁给消费者，所以应扣除这部分转嫁额，最后才能作为资本的总回报。借鉴卢锋等的方法，本书对公式（16）进行修正，假设 $T(t)$ 是企业当年缴纳的间接税，$L(t)$ 是劳动者报酬，$S(t)$ 是营业盈余，则消费者承担的税收部分应为：

$$T(t)L(t)/(L(t) + S(t)) \qquad (17)$$

计算资本回报率时，应在企业的回报中扣除这部分，则最后的计算公式为：

$$r(t) = i(t) - P_y{'}(t)$$

$$= \frac{\alpha(t)P_y(t)Y(t) - \delta(t)P_k(t)K(t)}{P_k(t)K(t)} - \frac{T(t)L(t)}{P_k(t)K(t)(L(t) + S(t))}$$

$$(18)$$

本书在测度行业层面的资本回报率时，因为主要涉及企业的财务数据，所以适合采用公式（18）所示的计算方法。

第三节　本章小结

本部分首先对以往学者的研究进行了简单梳理，列出了早期资本回报率的测度方法，并分析了各种方法的特点。然后借鉴 Bai Chong - En（2006）和 CCER "中国经济观察" 研究组（2007）等学者的研究方法，从宏观和微观两个层面分析了资本回报率的测度模型，并指出了两类模型的适应范围。

这两种计算方法各有优点和局限，微观资本回报率的计算方法较为简单、直观，所需指标都比较方便地从统计资料上获取，企业财务月报可以提供最新的相关指标数据。但是这种方法存在几种计算指标，使用的指标不同，得出的结果也不同，甚至存在较大差别，因此指标的选取直接导致了计算结果的差异，也使得资本回报率的计算存在较大争议，这也是我国资本回报率争论的一大重点所在。宏观资本回报率数据便于对整个国民经济进行核算，而且各相关指标都根据价格指数进行调整，得出的资本回报率数据更加接近真实的宏观经济。但是这种方法也存在一定缺陷，一些数据无法直接观察到，只能使用间接的方法推导或估计，对计算结果也造成了一定影响，如不完全竞争的存在，使资本获得的垄断利润无法直接观察。而且由于统计资料的不完善，用这种方法不易计算分行业或者更为细致的资本回报率。

第四章

资本回报率的实证测度：
基于跨国和跨地区的比较分析

上文提出了资本回报率的测度模型，本部分则在此基础上对世界部分国家的资本回报率进行测度。由于世界各国经济发展水平和资源环境的差异，各国资本回报率也可能存在着一定差异，因此本部分根据世界各国经济发展水平和地理位置的差异，选取 46 个国家进行测度，并将这些国家按经济发展水平分为三组，分别为发达国家、发展中国家和新兴经济体国家，并分别对各类型国家的资本回报率进行了测度。

第一节 发达国家资本回报率的测度分析

本部分选取了 22 个发达国家，主要为 OECD 国家。考虑数据的完整性和收入水平的限定条件，删除了 OECD 国家中数据不完整和人均国民收入低于 11906 美元的国家，剩余的 22 个国家为：澳大利亚、奥地利、比利时、加拿大、丹麦、芬兰、法国、德国、希腊、冰岛、爱尔兰、意大利、日本、荷兰、新西兰、挪威、葡萄牙、西班牙、瑞典、瑞士、英国、美国。主要的数据来源如下：

1. 资本形成及资本存量。来自 OECD 数据库，其中 OECD 数据库提供的是各国货币表示的现价数据，根据投资价格指数和汇率将其调整为以 2005 年为基期的不变价美元数据。PWT7.0 数据库提供了现价资本形成总额和 2005 年为基期的不变价资本形成总额数据。

2. 投资价格指数。来自 PWT7.0 数据库。

3. 汇率。来自世界货币基金组织（IMF）数据库。

4. GDP 基期平减指数。来自联合国数据库。根据 GDP 平减指数调整为以 2005 年价格计算的不变价美元数据。

5. 折旧率。可根据历年资本存量数据和投资数据计算得到，具体公式为：$Kt = K_{t-1}(1-\delta t) + It$，其中，$Kt$ 是 t 期的资本存量，δt 是 t 期的折旧率，It 是 t 期的投资额。其中投资数据使用 OECD 数据中的历年资本形成数据。

6. 劳动报酬数据。来自联合国数据库。

使用 1970—2009 年数据，对 22 个高收入国家资本回报率的测度结果如表 4.1 所示，表中单位为：%。从表中数据可以看出，除了部分国家在个别年份因价格出现剧烈波动造成资本回报的异常外，高收入国家资本的回报率大多处在 10%—15% 之间。另外，1994—2007 年爱尔兰的资本回报率远超过这一平均水平，基本上处在 20% 之上，甚至超过了 30%，本书对爱尔兰的数据分析后发现，在这一时期，该国的资本产出份额较其他国家高 10 多个百分点，因此造成了资本回报率的异常现象。这些国家的资本回报率在 1975 年之前都较高，之后大多数国家都下降了 1—5 个百分点，然后保持在一个相对稳定的水平小幅度波动。受金融危机的影响，除个别国家外，2009 年的资本回报率都出现了大幅下降。

近 5 年来，资本回报率较高的国家为爱尔兰（平均回报率为 22.60%）、希腊（15.99%）、芬兰（14.61%）、瑞典（14.47%）和葡萄牙（13.96%），这些国家的资本回报率一般都超过 14%（葡萄牙接近 14%），爱尔兰更是高达 22.60%，但是在 2008 年和 2009 年已降为 14.89% 和 11.46%，与其他国家的差距在逐步缩小。而回报率较低的国家丹麦、瑞士、日本、澳大利亚和德国，这些国家近 5 年的平均资本回报率均在 10% 以内，最低为丹麦，平均资本回报率为 6.89%，且 2009 年的资本回报率仅为 1.45%，瑞士和日本次之，近 5 年的平均资本回报率分别为 7.65% 和 7.99%，2009 年为 -1.93% 和 3.48%。受世界金融危机的影响，高收入国家的资本回报率在这两年都有一定幅度的下降，其中瑞士、爱尔兰、澳大利亚和比利时的下降幅度最为显著，2009 年比 2007 年下降的幅度分别为 13.31、13.23、10.74 和 10.34 个百分点。

从各国的平均值上看（见图 4.1），1975 年之前的回报率较高，在 15% 上下波动。20 世纪 80 年代是二战后世界经济增长速度最为缓慢的 10 年，且由于受到两次"石油危机"的影响，1975 年之后的资本回报率较之前下降很大，1976—1992 年这一时期的资本回报率基本保持在 11% 左右。在经济全球化和新技术革命的推动下，20 世纪 90 年代之后的世界经

表 4.1　发达国家资本回报率的测度结果

国家	1970	1971	1972	1973	1974	1975	1976	1977	1978	1979	1980	1981	1982	1983
澳大利亚	17.04	14.83	13.04	14.22	20.37	12.51	8.55	6.49	11.34	13.94	10.69	13.35	5.96	9.13
奥地利	16.72	16.67	14.46	10.30	17.31	5.81	8.91	10.37	8.92	11.03	11.80	9.16	10.09	10.14
比利时	18.20	16.34	11.81	12.52	17.65	11.92	10.49	9.66	10.80	11.15	4.00	-14.98	15.66	9.22
加拿大	15.85	15.09	18.07	19.95	19.32	16.34	14.06	16.04	17.22	15.34	15.69	19.50	11.17	9.83
丹麦	12.74	10.46	11.97	8.04	13.72	7.01	7.82	8.99	7.82	7.84	9.73	3.22	7.42	8.84
芬兰	12.99	11.92	10.55	12.54	18.24	7.75	3.11	8.23	6.98	9.19	13.04	6.21	7.20	8.37
法国	15.79	13.94	14.69	14.13	19.21	11.47	13.66	10.40	9.84	12.51	14.18	10.96	11.11	9.10
德国	9.62	9.97	8.07	7.21	9.67	6.20	9.15	8.90	9.57	9.67	12.42	11.76	5.69	5.04
希腊	27.23	23.44	26.50	34.60	16.44	23.01	24.59	18.39	19.57	30.19	12.90	4.26	44.06	20.31
冰岛	10.71	-1.92	32.88	0.51	6.08	16.53	24.93	-2.97	13.49	15.16	12.23	12.55	16.30	5.36
爱尔兰	17.68	17.52	15.52	15.05	30.21	26.48	8.77	19.15	18.52	16.18	16.36	9.45	8.12	8.19
意大利	16.17	11.58	6.44	18.21	22.49	10.19	13.88	11.35	12.75	10.01	14.31	13.46	9.04	9.80
日本	11.23	16.12	18.38	23.18	19.79	8.81	10.24	10.62	10.80	17.00	14.25	9.39	10.22	9.98
荷兰	13.94	10.78	7.89	6.50	10.98	7.70	8.37	8.95	9.20	9.97	10.33	8.07	6.51	7.96
新西兰	18.36	11.39	12.82	8.23	25.74	27.95	7.12	11.09	12.03	3.91	8.76	12.20	13.32	11.23
挪威	10.23	7.26	10.40	6.18	13.39	12.33	10.22	8.91	5.33	4.89	5.10	5.55	7.90	8.80
葡萄牙	19.23	21.66	22.15	19.05	23.34	31.81	20.72	9.98	16.54	9.51	22.18	19.47	14.91	17.61
西班牙	19.35	17.58	17.89	20.15	25.87	15.71	13.46	13.63	12.19	13.09	17.02	15.02	12.10	13.03
瑞典	12.28	10.29	12.89	12.20	18.45	9.69	10.30	9.23	10.04	11.55	9.20	8.92	10.00	11.37
瑞士	19.62	15.01	15.21	12.71	11.36	5.06	3.71	11.69	7.73	8.22	13.90	10.43	4.37	3.53
英国	12.74	14.66	15.90	21.03	20.06	7.00	11.75	9.99	12.89	13.50	11.30	9.90	8.13	11.14
美国	12.62	13.11	12.43	13.54	14.27	14.73	11.86	13.53	14.01	13.66	12.37	12.13	10.04	7.80

续表

国家	1984	1985	1986	1987	1988	1989	1990	1991	1992	1993	1994	1995	1996	1997
澳大利亚	10.85	15.85	15.90	12.01	12.52	10.13	5.75	7.82	12.29	13.67	11.52	11.24	9.19	13.06
奥地利	8.13	9.06	9.02	9.16	9.21	10.78	9.94	9.48	9.60	8.52	8.69	8.60	9.62	11.17
比利时	7.48	12.38	6.15	11.30	11.22	13.95	12.27	11.48	10.72	10.47	11.67	12.20	11.96	11.19
加拿大	13.56	14.51	14.86	13.44	14.65	12.33	11.22	7.76	10.83	12.36	14.08	12.07	11.94	13.93
丹麦	8.01	9.08	6.43	4.82	6.22	6.99	8.01	8.44	4.95	8.42	8.86	8.42	8.75	8.80
芬兰	6.65	8.51	6.74	9.88	9.60	10.26	10.20	3.14	1.62	4.19	7.90	6.28	10.00	10.88
法国	9.55	9.46	9.34	11.13	12.36	12.51	11.85	12.13	7.79	8.58	10.28	9.89	10.69	9.40
德国	8.82	8.82	5.65	6.24	7.96	9.49	9.31	19.48	7.64	7.95	8.48	8.38	8.36	9.62
希腊	25.68	12.70	4.17	7.73	19.15	18.45	15.89	12.09	13.91	13.09	12.00	10.57	14.52	14.49
冰岛	8.68	7.16	11.01	10.87	7.07	14.04	12.48	10.19	8.41	12.42	12.07	11.33	11.43	11.53
爱尔兰	12.58	12.09	8.74	16.07	16.27	17.29	19.87	16.45	16.69	16.38	18.64	21.26	21.66	25.53
意大利	9.86	10.71	4.94	10.38	14.11	11.11	11.13	10.98	12.33	11.08	9.37	14.03	12.22	11.78
日本	11.01	10.33	7.88	10.22	11.49	11.82	11.68	10.20	8.69	7.82	7.07	6.98	7.45	7.32
荷兰	7.87	9.27	8.60	11.96	9.51	9.32	9.31	7.71	8.36	8.83	8.11	8.80	9.31	9.23
新西兰	14.29	10.10	7.23	6.89	5.45	12.89	7.50	10.29	13.06	14.77	12.98	13.91	12.27	11.94
挪威	8.18	11.82	15.66	9.83	9.39	5.28	4.87	6.29	9.73	8.74	11.12	9.97	8.71	10.37
葡萄牙	11.09	12.55	11.42	15.23	16.77	15.77	7.40	13.89	11.73	11.09	9.70	21.45	18.52	17.56
西班牙	11.59	12.23	10.05	14.32	15.04	13.62	12.16	11.05	9.12	11.29	11.74	11.50	11.36	12.82
瑞典	8.53	11.83	8.99	13.56	12.23	11.30	7.49	9.22	7.12	8.81	7.97	9.65	10.23	11.54
瑞士	10.59	10.63	1.31	6.39	12.92	12.02	5.11	4.40	2.64	1.67	4.94	2.24	5.10	9.00
英国	12.91	12.99	14.54	15.12	15.10	16.60	11.80	6.26	5.43	10.10	13.90	16.85	12.99	11.99
美国	9.41	10.62	12.27	11.42	11.08	11.20	10.51	9.81	9.30	11.29	11.94	11.77	10.72	11.13

续表

国家	1998	1999	2000	2001	2002	2003	2004	2005	2006	2007	2008	2009
澳大利亚	13.44	14.42	15.11	11.28	12.28	15.09	12.97	12.97	12.04	10.99	9.63	0.25
奥地利	10.03	9.81	10.75	9.29	9.82	10.26	10.20	10.70	11.09	12.55	13.08	10.93
比利时	12.64	13.94	15.26	10.45	7.90	12.33	14.80	11.32	12.44	10.39	14.95	0.06
加拿大	14.89	12.07	11.76	14.47	14.71	10.91	13.45	12.79	14.74	12.67	11.97	12.77
丹麦	8.34	8.95	9.39	9.18	8.44	5.30	5.83	7.85	9.76	10.17	5.23	1.45
芬兰	9.48	12.85	13.25	11.60	9.07	12.67	14.45	16.10	15.99	16.95	15.84	8.15
法国	11.15	10.74	12.32	11.19	9.87	11.86	11.43	12.25	13.71	12.50	11.19	8.47
德国	8.33	7.36	11.36	7.34	6.45	7.44	8.77	9.11	10.59	11.64	10.82	5.48
希腊	16.00	16.06	17.48	16.49	14.73	16.60	17.30	17.08	18.10	15.98	15.52	13.28
冰岛	7.37	9.30	8.37	13.32	8.19	11.61	10.75	5.70	12.37	3.59	17.24	18.51
爱尔兰	28.45	31.62	32.07	30.90	29.60	31.47	33.45	32.90	29.03	24.69	14.90	11.46
意大利	12.22	11.39	17.10	13.07	13.29	12.28	14.27	14.32	14.30	13.61	12.59	10.88
日本	5.27	5.79	7.09	5.49	5.70	6.91	8.22	9.01	8.86	8.90	9.73	3.48
荷兰	9.56	10.51	10.37	9.65	9.81	9.04	11.05	10.77	12.48	13.10	11.57	11.74
新西兰	10.61	15.54	14.96	15.36	12.65	14.64	15.45	15.48	13.69	12.17	12.14	8.24
挪威	13.67	5.99	2.39	14.44	13.68	12.00	12.65	10.66	11.25	18.89	6.22	19.83
葡萄牙	16.42	16.28	18.45	15.08	14.09	13.17	15.80	16.71	15.25	13.90	14.88	9.07
西班牙	11.35	13.56	16.35	12.28	13.14	15.47	15.96	15.84	15.10	12.39	10.65	7.36
瑞典	13.31	14.39	14.69	12.67	12.85	12.03	12.97	14.00	14.80	15.31	15.54	12.72
瑞士	5.83	9.62	12.31	6.94	-0.84	4.70	7.33	9.40	11.33	11.37	8.07	-1.93
英国	11.30	12.80	13.49	11.78	12.05	10.85	15.59	16.39	14.08	13.25	12.60	11.17
美国	10.69	11.44	11.39	10.53	10.66	8.18	12.47	12.95	12.91	10.90	9.89	7.46

济结束了缓慢增长的状态，且企业的跨国并购和重组也促进了经济的持续增长，这些因素都在一定程度上提高了资本回报率，因此1992年之后资本回报率迎来了一个快速上升的时期，到了2000年已上升至13.44%，其后几年则保持相对稳定的状态。直至2009年，由于爆发在美国的"次贷危机"演变成一场世界性的金融危机，资本回报率下降到了8.67%，比上一年度下降了27.80%。总的来看，近40年来高收入国家的平均资本回报率的变动较小，特别是2000年以后的水平仅比1975年之前的高位水平相差不到5个百分点。

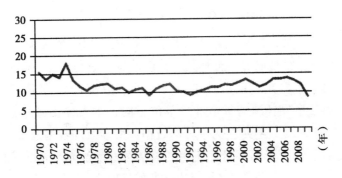

图4.1 发达国家资本回报率的平均值

图4.2报告了高收入国家资本回报率的方差。从图中可以看出，前期方差较大，中期较小，后期则有一定回升。这与世界经济发展的周期有很大关系，如前文所述，在20世纪80年代之前，资本主义世界爆发了两次石油危机，对经济发展造成剧烈影响，因此资本回报率也出现了巨大波动。而80年代之后，资本主义国家进入了缓慢而相对平稳的发展时期，资本回报率也处在相对稳定的低水平状态，波动较小，正如图4.2显示的低方差时期。之后世界经济则在波动中逐渐恢复，慢慢进入快速发展时期，因此资本回报率也出现了一定增长，且由于各资本主义国家经济恢复的时间有一定差异，资本回报率的增长也不一致，波动性较强，因此这一时期的方差也开始增大。

第二节　发展中国家资本回报率的测度分析

考虑到数据的可得性和完整性，以及发展中国家的经济发展水平和地理分布，本书选取了19个发展中国家进行资本回报率的测度，主要包括

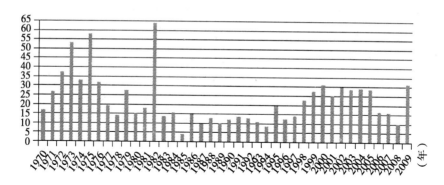

图 4.2   发达国家资本回报率的方差

阿根廷、保加利亚、智利、哥伦比亚、哥斯达黎加、牙买加、马来西亚、巴拿马、波兰、罗马尼亚、土耳其、委内瑞拉、玻利维亚、喀麦隆、危地马拉、伊朗、菲律宾、斯里兰卡、突尼斯，数据的时间跨度为 1995—2009 年。由于世界各国的货币计量单位不同，本书根据各年汇率将所有数据统一换算为以"美元"为单位的数据。所涉及的数据及来源如下：

1. 资本形成及资本存量。使用的具体公式为：$K_t = K_{t-1}（1 - \delta_t）+ I_t$，其中，$K_t$ 是 t 期的资本存量，δ_t 是 t 期的折旧率，I_t 是 t 期的投资额。选取 1950 年的资本形成数据作为基期资本存量数据，折旧率为 4%，资本存量的计算结果是以 2005 年价格表示的不变价美元数据。PWT7.0 数据库提供了现价资本形成总额和 2005 年为基期的不变价资本形成总额数据。

2. 投资价格指数。来自 PWT7.0 数据库。

3. 汇率。来自世界货币基金组织（IMF）数据库。

4. GDP 基期平减指数。来自联合国数据库。根据 GDP 平减指数调整为以 2005 年价格计算的不变价美元数据。

5. 劳动报酬数据。来自联合国数据库。

使用 1995—2009 年数据，对 19 个发展中国家资本回报率的测度结果如表 4.2 所示。由表 4.2 可以看出，发展中国家的资本回报率基本在 20%上下浮动，比高收入国家高大约 5—10 个百分点。在 2000 年之前，有部分国家的资本回报率为负的水平，如保加利亚、牙买加、罗马尼亚和土耳其都出现过一到两年的负回报率现象，罗马尼亚在 1997 年和 1998 年的回报率甚至低至 - 30.41% 和 - 14.09%。2000 年之后，除哥斯达黎加和委内瑞拉各出现一年负的回报率外，其他均为正的。与高收入国家的情况相似，受世界金融危机的影响，多数发展中国家在 2008 年和 2009 年的回报率均下降了一定的幅度，仅哥伦比亚、牙买加、委内瑞拉和伊朗没有出现下降情况。

1995 年以来，资本回报率较高的国家为土耳其（平均回报率为24.67%）、菲律宾（24.54%）、喀麦隆（24.36%）、玻利维亚（23.81%）、危地马拉（23.76%）、智利（22.37%）、哥伦比亚（21.90%）、墨西哥（21.89%）、巴拿马（21.32%）和马来西亚（20.97%），这些国家的资本回报率都超过了20%，是低回报率国家的两倍以上。其中回报率较低的国家为罗马尼亚、牙买加、委内瑞拉、保加利亚和斯里兰卡，这些国家的平均资本回报率均在12%以内，最低的为罗马尼亚，平均资本回报率为6.95%，且2009年的资本回报率仅为4.75%，牙买加次之，其平均资本回报率为9.20%。受世界金融危机的影响，发展中国家的资本回报率在这两年也都出现了一定幅度的下降，其中哥斯达黎加下降幅度最为显著，2009年比2007年下降的幅度达29.75个百分点，紧接着为南非、巴西、土耳其和阿根廷，都下降了10个百分点左右。从地理位置上看，平均资本回报率超过20%的国家中，亚洲有三个，非洲只有喀麦隆一个国家，而美洲则最多，有五个国家的平均资本回报率超过了20%。

从发展中国家资本回报率的平均值上看（见图4.3），1996年之前的回报率最高，为20.71%，之后则出现了迅速下降的情况，至1998年已降为11.76%，主要是因为1997年爆发在亚洲的金融危机对整个世界的经济发展都造成了严重影响，企业的收益也随之大幅度减少，因此资本回报率的下降程度十分剧烈。之后资本回报率则处在一个稳定回升的过程，到2007年已回升为19.60%，2009年则再次出现大幅度下降情况，该年的平均回报率仅为15.37%，造成这一现象的最主要原因就是受全球性金融危机的影响，世界经济不景气，需求减少，从而降低了企业的资本回报率。总的来看，发展中国家的资本回报率在多数年份均处在15%—20%之间，比高收入国家10%—15%的波动区间要高5个百分点左右。

图4.4报告了发展中国家资本回报率的方差。由图4.4可知，1998年之前的方差较大，特别是1997年和1998年的方差，较其他年份要大很多，均在200之上，而1998年之后则出现明显降幅，多数年份均在50和100之间，不足1997年和1998年的一半。与发达国家30左右的方差相比，发展中国家的方差要高出许多，这也说明了中高收入国家资本回报率

表4.2　发展中国家资本回报率的测度结果

（单位：%）

年份	1995	1996	1997	1998	1999	2000	2001	2002	2003	2004	2005	2006	2007	2008	2009
阿根廷	19.19	16.19	16.63	17.44	14.84	16.42	10.58	12.67	16.79	28.86	23.41	19.04	17.69	13.37	8.00
保加利亚	7.53	41.03	-11.96	-8.33	10.70	8.75	12.53	9.72	12.06	15.98	13.74	18.88	15.21	15.60	9.97
智利	16.49	35.21	28.04	25.10	21.29	20.77	28.25	21.81	16.73	16.14	20.51	12.96	22.42	28.45	21.35
哥伦比亚	28.20	25.70	25.35	25.17	24.29	-1.31	22.49	25.58	24.66	22.80	18.90	25.60	18.38	20.48	22.22
哥斯达黎加	18.87	16.64	13.94	16.75	28.78	22.37	9.02	21.73	18.84	22.45	18.97	21.20	20.27	12.95	-9.49
牙买加	16.10	11.36	9.81	-4.95	9.99	9.75	9.74	9.54	11.10	9.39	9.47	8.83	9.64	6.83	11.37
马来西亚	24.19	25.80	25.45	22.30	13.94	21.15	20.63	20.44	20.59	24.53	16.01	20.50	29.93	17.98	11.16
巴拿马	26.60	4.50	19.53	23.81	15.72	25.33	16.22	16.28	25.93	17.59	25.15	25.23	25.57	28.45	23.80
波兰	-0.98	15.75	16.28	15.70	16.42	16.24	14.39	15.19	19.04	17.25	17.25	19.76	19.97	18.27	16.70
罗马尼亚	18.97	18.59	-30.41	-14.09	6.68	13.60	14.46	9.49	6.71	9.69	8.02	8.23	8.02	21.56	4.75
土耳其	30.57	32.46	31.83	-27.64	18.19	29.18	33.31	24.13	23.35	33.89	25.44	36.10	24.50	38.81	14.41
委内瑞拉	10.49	21.36	16.02	21.32	1.03	-1.28	17.04	20.23	15.39	-0.99	2.18	9.86	10.77	3.31	28.35
玻利维亚	22.12	16.10	21.11	21.86	20.21	28.57	18.08	20.83	17.49	22.05	36.79	35.71	26.84	24.34	25.11
喀麦隆	33.09	27.17	21.97	18.31	20.61	30.26	24.48	27.69	15.88	27.05	27.91	12.13	28.27	22.40	28.12
危地马拉	24.11	24.89	16.92	22.11	30.21	26.61	30.99	23.79	25.49	25.54	21.56	23.04	22.68	25.58	12.88
伊朗	14.76	12.88	15.67	9.66	3.00	24.58	13.48	25.55	10.27	9.73	5.96	16.19	9.32	10.96	17.18
菲律宾	18.88	25.83	21.63	20.45	20.83	21.14	22.88	26.87	22.93	24.31	26.54	26.97	29.36	30.01	29.48
斯里兰卡	16.97	13.59	12.00	5.96	17.96	9.08	11.57	8.22	2.62	18.58	13.78	11.60	10.28	12.42	6.49
突尼斯	7.47	8.50	17.28	12.52	10.90	12.19	11.79	11.16	10.03	16.23	18.34	13.23	23.20	15.38	10.12

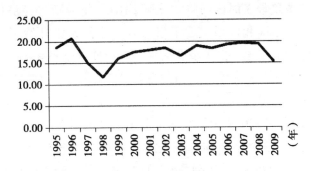

图 4.3　发展中国家资本回报率的平均值

的差异较高收入国家要大，即发展中国家资本回报率的不均衡现象更为明显，造成这一现象的原因可能是，中高收入国家经济发展水平相差较大，因此在投资、人力和技术等方面的差异也较大，因此资本的收益也出现了明显的差异，而高收入国家的发展水平则比较接近，投资也较为稳定，因此资本回报率的差异也相对较小。虽然发展中国家的资本回报率差异较大，但从时间上看，随着各国经济的不断发展，国家之间的资本回报率差异也在不断缩小，仅在出现金融危机的 1997 年、1998 年和 2008 年、2009 年有所增加，但 2008 年、2009 年的金融危机对方差的影响明显比前一个金融危机的影响弱很多。

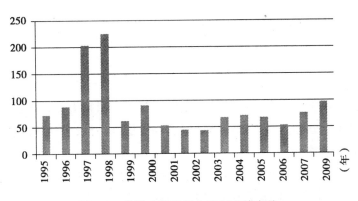

图 4.4　发展中国家资本回报率的方差

第三节　新兴经济体国家资本回报率的测度分析

新兴经济体，目前还没有统一的定义，主要是指经济持续快速发展的国家或地区，多数研究都认同将"金砖四国"作为新兴经济体国家，即俄罗斯、中国、印度和巴西。近年来另外一些国家也开始了快速增长之路，如墨西哥、南非等。由于俄罗斯的资本形成数据只有 1990 年之后的，计算资本存量时存在较大误差，因此将其排除在外。故本部分选取了五个新兴经济体国家进行分析，包括巴西、墨西哥、南非、中国和印度，数据的时间跨度为 1995—2009 年。数据来源同发展中国家部分。

表 4.3 报告了新兴经济体国家资本回报率的测度结果，从中可以发现，除墨西哥在 1995 年出现 64.74% 的异常值外，新兴经济体国家的资本回报率基本在 20% 上下小幅度波动。中国和印度的资本回报率在多数年份都高于 20%，明显要高于其他三个国家，巴西则在多数年份的资本回报率都低于 20%，在五个新兴经济体国家中处于最低水平。

受"次贷危机"的影响，2009 年各国的资本回报率都出现了一定幅度的下降，特别是巴西、墨西哥和南非的下降幅度十分明显，与 2008 年相比，下降了 10 个百分点以上，中国和印度的下降幅度略低，在 10 个百分点之内。

由表 4.3 可知，中国的资本回报率较为稳定，基本保持在 20% 上下小幅度浮动，虽然中国有着较高的投资率，但是并没有造成资本回报率的大幅度下降。受世界金融危机的影响，2009 年略有下降，但也十分接近 20% 的水平。

图 4.5 报告了 1995—2009 年新兴经济体国家资本回报率的平均值。图中资本回报率的波动曲线与发展中国家的十分类似，均在 1997 年前后和 2009 年出现了较大幅度的下降。这说明金融危机对新兴经济体的影响也是十分明显的。但新兴经济体国家的平均资本回报率要高于发达国家和发展中国家，这也是新兴经济体国家能够吸引大量投资并取得经济快速发展的重要因素之一。

图 4.6 报告了新兴经济体国家资本回报率的方差情况。由于墨西哥在 1995 年的资本回报率出现了 64.74% 的异常值，为避免出现较大误差，因此在方差分析时剔除了 1995 年的值。新兴经济体国家的资本回报率方差较低，除 1996 年和 2009 年外，其他年份均在 25 以下，不仅远低于发展中国家的水平，还低于发达国家的水平。这可能与新兴经济体国家普遍较高的资本回报率有关，这些国家的资本回报率均在 20% 左右小幅度波动，因此方差较低，另外这部分仅选取了五个国家进行分析，因此国家数量较

表 4.3　新兴经济体国家资本回报率的测度结果

（单位：%）

年份	1995	1996	1997	1998	1999	2000	2001	2002	2003	2004	2005	2006	2007	2008	2009
巴西	3.09	8.02	14.41	17.65	27.82	21.35	18.38	19.98	16.13	19.48	16.85	14.02	16.67	22.32	6.29
墨西哥	64.74	19.81	18.51	11.01	18.70	19.67	12.20	21.96	15.36	23.89	23.67	26.68	18.83	22.43	10.92
南非	12.96	14.51	12.97	15.25	16.20	13.47	16.71	19.63	15.62	15.22	21.24	22.13	21.38	23.34	9.59
中国	15.77	19.13	24.82	20.32	17.28	20.30	21.33	21.45	23.05	23.74	18.22	24.60	21.32	26.48	19.71
印度	20.79	20.21	19.23	18.83	22.37	23.01	24.50	20.24	24.08	21.53	23.87	20.98	22.19	22.33	15.82

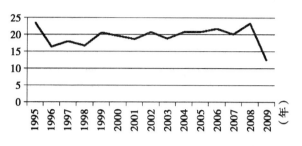

图4.5　新兴经济体国家资本回报率的平均值

少对较低方差的出现也有一定的影响。从时间上看，新兴经济体国家资本回报率的方差有不断缩小的趋势，从1996年的25以上降至2008年的5以下，下降的幅度十分明显。受"次贷危机"的影响，2009年各国的资本回报率都出现了不同程度的下降，且下降的幅度差距较大，因此在这一年的方差又有了明显回升。

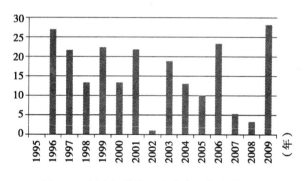

图4.6　新兴经济体国家资本回报率的方差

第四节　中国省级资本回报率的测度分析

该部分对中国31个省份的资本回报率进行了测度，具体的结果如表4.4所示。总体上看，我国的资本回报率出现了一定程度的下降。2008年之前中国各省资本回报率大多在15%上下波动，之后则有所下降，大多在10%上下波动，这与张勋和徐建国（2014）的研究结论基本吻合，造成2008年之后中国资本回报率下降的可能原因是全球金融危机的蔓延，以及中国投资率的不断升高。

　　分地区来看，[①] 东部和中部较为接近，西部地区则有较大差距。东部和中部地区资本回报率的平均值较为接近，且变动趋势基本一致，2004年之前和 2009 年之后，东部地区比中部高大约 2—3 个百分点，其他时间则较为接近。而西部地区的资本回报率则远远低于东中部地区，大约有 7个百分点的差距，其中西藏和宁夏的资本回报率在多数年份中都处于靠后行列。造成这一情况的原因可能是经济落后地区在吸引高新技术投资方面缺乏竞争力，且经济活力不及中东部地区，因此投资回报率较低。从资本回报率的地区差异的变动和时间趋势来看，我国资本回报率存在着较大的惯性，这也印证了白重恩和张琼（2014）的研究结论。

表 4.4　　　　　　　　中国省级资本回报率的测度结果　　　　　（单位：%）

地区	1992	1995	2000	2005	2009	2010	2011	2012
北京	30.37	17.38	10.51	10.98	11.6	11.68	13.01	11.63
天津	19.86	7.55	14.96	14.56	16.94	11.67	12.24	10.12
河北	40.27	18.57	16.48	17.43	7.51	6.71	7.27	9.72
辽宁	35.04	16.77	24.88	9.35	8.45	6.86	9.20	7.79
上海	32.91	15.71	18.95	18.69	16.37	18.06	19.39	16.82
江苏	36.19	24.97	22.16	12.38	14.33	14.53	14.94	12.79
浙江	42.85	29.16	21.95	17.00	15.26	14.5	16.32	14.45
福建	35.58	23.22	21.91	20.86	9.01	10.06	11.37	9.44
山东	26.35	25.5	23.09	17.80	14.1	16.6	17.05	13.99
广东	43.93	32.42	22.39	23.19	23.81	23.37	21.70	20.15
海南	61.78	-0.68	7.38	5.96	7.11	6.81	6.13	5.47
山西	29.06	8.92	25.15	23.01	13.68	7.17	9.21	12.20
吉林	31.45	11.35	9.99	16.86	8.81	6.30	6.70	7.28
黑龙江	33.83	22.54	23.13	26.7	21.10	15.23	15.73	15.06
安徽	34.76	20.6	18.22	18.44	9.05	12.21	12.62	12.96
江西	25.57	10.62	14.00	14.47	15.68	11.28	13.14	15.59
河南	20.06	10.98	20.95	15.48	9.65	7.12	10.28	6.76

---

　　① 本书按东部、中部、西部将全国分为三个区域，其中东部包括河北、辽宁、山东、江苏、浙江、福建、广东、北京、天津、上海和海南；中部：吉林、黑龙江、山西、河南、安徽、江西、湖南和湖北；西部：内蒙古、新疆、甘肃、陕西、宁夏、四川、重庆、贵州、云南、广西、西藏和青海。因为西藏部分数据缺失，下文在进行回归分析时，将其剔除。

续表

地区	1992	1995	2000	2005	2009	2010	2011	2012
湖北	38.23	20.32	9.02	14.49	11.76	13.42	11.74	11.00
湖南	23.66	15.02	14.23	15.67	13.86	9.88	10.61	11.37
内蒙古	33.48	7.13	25.99	18.57	11.02	10.98	7.48	9.09
广西	27.53	10.08	18.41	11.04	7.9	0.30	1.23	4.23
重庆				9.75	8.59	7.04	9.04	10.55
四川	-11.00	13.31	15.16	17.63	9.47	16.78	20.2	13.56
贵州	23.67	19.73	9.03	7.94	11.13	7.44	7.05	4.46
云南	30.64	24.54	22.42	14.13	11.11	7.53	3.74	4.13
西藏	8.80	0.43	4.68	5.92	-1.37	-0.89	-1.67	-3.96
陕西	14.86	4.80	16.79	10.32	11.87	8.19	9.63	11.63
甘肃	16.42	26.58	13.94	15.64	13.61	3.91	8.06	12.46
青海	15.6	5.00	7.89	4.84	8.72	1.85	3.77	6.63
宁夏	21.83	1.54	11.18	4.89	3.74	-2.76	0.4	4.79
新疆	17.59	-6.98	5.13	5.27	7.95	-4.01	5.21	4.00
全国	20.72	10.29	14.26	14.62	10.73	10.6	11.08	9.17
东部	36.83	19.14	18.6	15.29	13.14	12.8	13.51	12.03
中部	29.58	15.04	16.84	18.14	12.95	10.33	11.25	11.53
西部	18.13	9.65	13.69	10.50	8.65	4.70	6.18	6.80

注：1. 由于重庆在 1997 年才开始设立直辖市，故前期部分年份数据缺失。

2. 由于篇幅所限，部分年份的测度结果没有在此报告。

由图 4.7 可以看出，全国 Kernel 密度图和东部地区较为相似，由 1992 年的单顶点逐步演变为 2012 年的双顶点，即资本回报率出现了两极分化现象。从各地区资本回报率的时间趋势也可以看出，近年来西部地区与中东部地区之间的差距比 20 世纪 90 年代有所扩大。另外，相对中部和西部地区而言，东部地区 Kernel 密度图的总体形状变化并不是十分明显，且东部地区峰值较高、开口较窄，这说明东部各省份资本回报率差异较小，分布较为趋同。中西部地区 Kernel 密度图的变化则较为明显，这说明中西部地区省份之间资本回报率的变动较大。但中部地区 2012 年的 Kernel 密度图仍有着明显的单顶点特征，从中部地区各省份的资本回报率变动趋势来看，1996 年之后省份之间的差异在加深，但近几年来该差异却有一定程度的缩小。2012 年西部地区的 Kernel 密度图多顶点特征较为明显，且较以往年份更为平滑，这说明西部地区省份间的资本回报率出现了较为严重的分化现象，且差异在逐渐加深。西部地区地域面积辽阔，各省份在资源、技术、劳动力等方面差异巨大，随着经济的发展，各省份的差距也越来越明显，因而在资本回报率上也存在着较大差异。

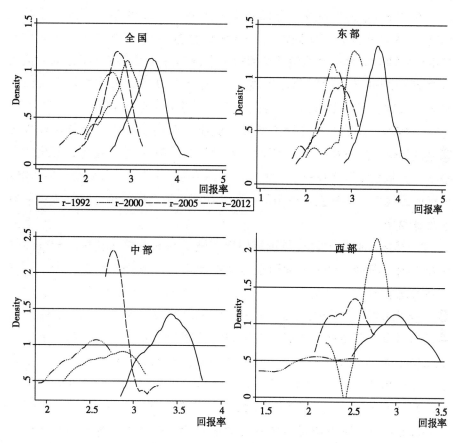

图4.7　我国各地区资本回报率的 Kernel 密度图

第五节　中国工业资本回报率的测度分析

该部分将对中国资本回报率的情况进行比较分析。本书按东部、中部、西部和东北将全国分为四个区域，其中东部包括河北、山东、江苏、浙江、福建、广东、北京、天津、上海和海南；东北：辽宁、吉林和黑龙江；中部：内蒙古、山西、河南、安徽、江西、湖南和湖北；西部：新疆、甘肃、陕西、宁夏、四川、重庆、贵州、云南、广西、西藏和青海。除了对四个区域和各省的资本回报率进行测度外，该部分还对各省工业不同行业的资本回报率进行了测度。因为该部分的数据涉及分行业的数据，因此所使用的资本回报率均为使用中国工业数据计算的工业资本回报率。

各省分行业的工业统计指标主要来自1992—2008年《中国工业统计年鉴》、中经专网和国研网的《工业统计数据库》，其中1995年和1996年由前后两年数据取平均值估算而得。全国和各省工业统计指标的总值来自1993—2008年《中国统计年鉴》，营业盈余和劳动报酬指标来自国研网的《宏观经济数据库》。涉及的相关统计指标的介绍如下：

1. 资本存量。资本存量的度量一般应为权益或股本，但是企业也可以通过负债占用更高资源去获取回报，所以可用资产总计指标计算资产回报率。但是固定资产投资在企业活动中占有重要位置，所以应充分考虑固定资产回报率。本书主要使用资产总计和固定资产净值统计指标来说明资本存量数据。

2. 回报。回报数据一般可以用净利润、利润总额和利税总额等统计指标表示，回报可分为企业回报与社会回报，一般企业所得剩余有一部分是以税收形式上交到国家的，这部分剩余即以社会回报的形式存在。企业利润总额包括净利润和所得税，但因统计资料上无法获取企业所得税和净利润统计指标，所以只能用利润总额代表企业回报。利税总额可以代表资本的总回报，但是利税总额中的间接税，虽然由企业上交，但企业会把其中一部分转嫁给消费者，所以应扣除这部分转嫁额，最后才能作为资本的总回报。但是统计数据中并没有这部分转嫁的税收数额，本书只能通过其他方法进行估算，借鉴卢锋等的方法，利用国民收入核算中的营业盈余和劳动者报酬的比例去估计企业和消费者分别承担税收的比例。

本书对1991—2008年全国各个省份的营业盈余占比进行了估计，即营业盈余/（营业盈余＋劳动报酬），见图4.8。从计算的结果可以看出各省份差别很大，而且同一省份在不同年份也有很大差别，最低为1991年的西藏，为2.476%，最高为2006年的天津，为53.717%，但2004年以后各省占比有趋同的趋势，集中在24%—53%之间。

3. 资本回报率。本书主要使用下面四个指标说明资本的回报率：资产总回报率——总回报/资产，资产利润率——利润总额/资产，固定资产

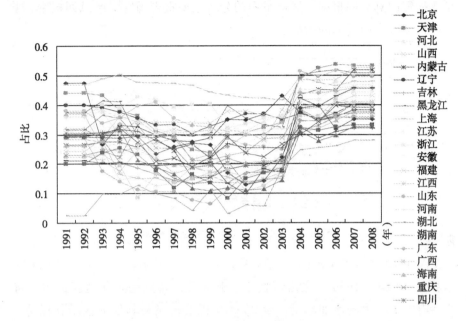

图例：
北京　天津　河北　山西　内蒙古　辽宁　吉林　黑龙江　上海　江苏　浙江　安徽　福建　江西　山东　河南　湖北　湖南　广东　广西　海南　重庆　四川

图4.8　各省营业盈余占比

总回报率——总回报/固定资产净值，固定资产利润率——利润总额/固定资产净值。在进行省际比较和回归检验部分，主要使用固定资产总回报作为资本回报率。

（一）中国四大区域资本回报率的比较

中国区域之间经济发展不平衡，资本的逐利行为使得它们在各区域间不断流动，资本流动的重要因素——资本回报率，在各地区是否存在差异？本书按东部、中部、西部和东北将全国分为四个区域，首先从各地区的工业总指标进行分析，分别计算了资产总回报率、资产回报率、固定资产总回报率和固定资产回报率。

图4.9报告了全国工业四个指标的资本回报率，四个指标的趋势基本相同，呈"U"形，从1992年开始下降，到1998年到达低谷，然后开始上升。这与单豪杰等（2008）利用永续盘存法测算的结果相似，而且他们的计算结果与本书的固定资产利润率和固定资产总回报率在数值上也比较接近。资产回报率基本上一直处在固定资产回报率下方，四个指标之间的差距从1992年开始缩小，到1998年的差距处于最小值，然后一直增大，到2007年达到20个百分点左右。对全国四个地区的计算结果基本与此相似。以前学者的研究主要是侧重于固定资产总回报率，这也最能反映

企业投资的真实回报率，所以下面的分析主要报告固定资产总回报率，并将其作为资本回报率的指标。

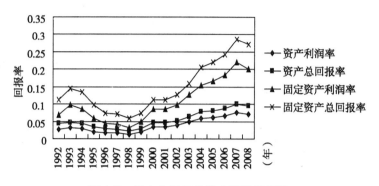

图4.9　四个全国工业资本回报率指标

图 4.10 报告了全国四个地区固定资产总回报率。四个地区的回报率走势基本相同，1998 年之后都处于上升阶段，特别是东北地区，1998 年之后有一个很大的增加幅度，到 2001 年以后，又与其他地区增长保持一致。从数值上比较，1999 年以前，中部、西部和东北地区都低于全国平均水平，之后东北地区的较大增长，基本与全国平均水平相同，西部和中部地区在数值上比较接近，一直都低于全国平均水平。总体上看，东部地区资本回报率最高，东北次之，西部最低，这与我国四个地区的经济发展水平相符合，但它们之间的差距在不断缩小，从 2000 年的 7.6 个百分点缩小到 2008 年的 4.10 个百分点。

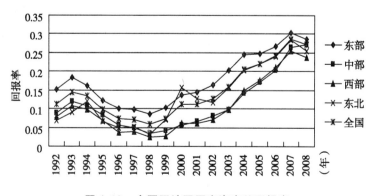

图4.10　全国四地区固定资产总回报率

观察全国所有省份工业资本回报率的计算结果，发现各省份资本回报率的差距并没有趋同现象，这与上面四个地区间的资本回报率有缩小趋势存在差异。图 4.11 报告了 1992—2008 年间中国各省份资本回报率的标准差，从图中可以看出标准差并没有缩小的趋势，而是先下降，然后又开始上升。可能的解释是，四个地区间的资本回报率有趋同现象，但具体到省之间，因为各方面条件的差异，有些省份的回报率在一定阶段与其他省份存在很大差距，如黑龙江和新疆在 1998 年之后的资本回报率有很大上升，特别是黑龙江，远高于国内其他省份的水平，而贵州在 2000 年之前的资本回报率一直处于全国前列，但之后却处在中上等水平。所以个别省份的巨大变化可能造成了资本回报率省际标准差的扩大。图 4.12 显示中国各地区资本回报率的变动步调比较一致，基本处于 0.05—0.1 之间，都有逐渐升高的趋势，只有东北地区比较特殊，这可能和东北地区只有三个省份有关，而且黑龙江的资本回报率变动比较剧烈也导致了东北地区总体标准差偏大。

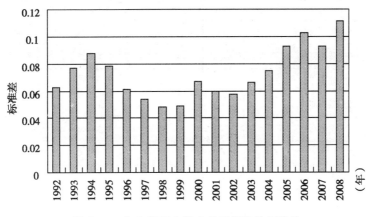

图 4.11　各省份固定资产总回报率的标准差

（二）东西部地区工业资本回报率的总体比较

从上述分析可以看出，东西部地区在工业资本回报率上存在差距，具体到工业的每个行业上，也存在类似情况。表 4.5 详细报告了 2001—2007 年东西部地区各行业资本回报率的比较情况。在全国的 39 个行业中，西部地区仅有五个行业的资本回报率大于东部地区（至少有 4 年），分别是有色金属矿采选业、饮料制造业、印刷业和记录媒介的复制、废弃资源和废旧材料回收加工业和燃气生产和供应业，但是在 2007 年西部有 10 个行业的回报率是大于东部的，相比 2001 年的四个行业，增加的速度还是比较快的。

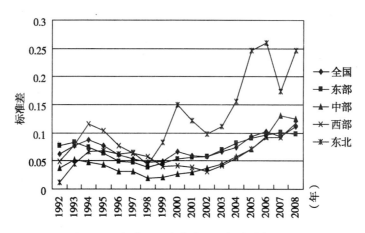

图 4.12　各地区固定资产总回报率的标准差

表 4.5　　　　　　　东西部地区工业分行业资本回报率比较　　　　　（单位：%）

	2001	2002	2003	2004	2005	2006	2007
06 煤炭开采和洗选业	-	-	-	-	-	-	+
07 石油和天然气开采业	-	-	-	-	-	-	-
08 黑色金属矿采选业	-	-	-	-	-	-	-
09 有色金属矿采选业	-	-	-	+	+	+	+
10 非金属矿采选业	-	-	-	-	-	-	-
11 其他采矿业	+	+	-	+	-	-	-
13 农副食品加工业	-	-	-	-	-	-	-
14 食品制造业	-	-	-	-	-	-	-
15 饮料制造业	-	-	-	+	+	+	+
16 烟草制品业	+	+	-	-	-	-	-
17 纺织业	-	-	-	-	-	-	-
18 纺织服装、鞋、帽制造业	-	-	-	-	-	-	-
19 皮革、毛皮、羽毛（绒）及其制品业	-	-	-	-	-	-	-
20 木材加工及木、竹、藤、棕、草制品业	-	-	-	-	-	-	-
21 家具制造业	-	-	-	-	-	-	+
22 造纸及纸制品业	-	-	-	-	-	-	-
23 印刷业和记录媒介的复制	-	-	-	+	+	+	+

续表

	2001	2002	2003	2004	2005	2006	2007
24 文教体育用品制造业	－	－	－	－	－	－	－
25 石油加工、炼焦及核燃料加工业	－	－	－	－	－	－	－
26 化学原料及化学制品制造业	－	－	－	－	－	－	－
27 医药制造业	－	－	－	－	－	－	－
28 化学纤维制造业	－	－	－	－	－	＋	＋
29 橡胶制品业	－	－	－	－	－	－	－
30 塑料制品业	－	－	－	－	－	－	－
31 非金属矿物制品业	－	－	－	－	－	－	－
32 黑色金属冶炼及压延加工业	－	－	－	－	－	－	－
33 有色金属冶炼及压延加工业	－	－	－	－	－	－	＋
34 金属制品业	－	－	－	－	－	－	－
35 通用设备制造业	－	－	－	－	－	－	－
36 专用设备制造业	－	－	－	－	－	－	－
37 交通运输设备制造业	－	－	－	－	－	－	－
39 电气机械及器材制造业	－	－	－	－	－	－	＋
40 通信设备、计算机及其他电子设备制造业	－	－	－	－	－	－	－
41 仪器仪表及文化、办公用机械制造业	－	－	－	－	－	－	－
42 工艺品及其他制造业	－	－	－	－	－	－	－
43 废弃资源和废旧材料回收加工业	＋	＋	＋	－	＋	＋	＋
44 电力、热力的生产和供应业	－	－	－	－	－	－	－
45 燃气生产和供应业	＋	＋	＋	＋	＋	＋	＋
46 水的生产和供应业	－	－	－	－	－	－	－

注：＋表示西部地区回报率大于东部地区回报率，－表示相反情况。

(三) 东西部省份工业分行业资本回报率的比较

白重恩、单豪杰和卢锋等人的研究都是基于中国总的资本或者总的工业资本进行的，但是具体到每个行业却鲜有涉足，本书下面部分将对各省的工业分行业的资本回报率进行研究。东部地区在很多方面都比中西部地区的回报率要高，但是中西部地区每年仍然能吸引大量东部地区的投资，可能的原因是：中西部地区可能存在某些省份在某些行业有着较高的资本回报率，下面部分将对此进行检验。限于篇幅限制，本书在劳动密集型、资本密集型、资源密集型和污染密集型行业各选两个进行报告。选取的行业分别为纺织业、农副食品加工业、通用设备制造业、通信设备与计算机及其他电子设备制造业、有色金属矿采选业、石油和天然气开采业、化学原料及化学制品业、印刷业和记录媒介的复制。

1. 劳动密集型行业

图4.13报告了纺织业资本回报率的情况，为了使图显示的更为清楚，图4.13仅报告了排名前几位的省份。可以发现，在排名前几位的省份中，东部只有河北和山东两省，且低于中西部的内蒙古、宁夏和河南三省。内蒙古从1994年开始，一直都高于东部和全国平均水平（1998年除外），而且差距有越来越大的趋势。宁夏在2002年以前一直都处于负的水平，不仅低于东部和全国平均水平，更低于西部平均水平，但是在2000年以后，却有了很大增长，2002年以后更是超过了其他各地水平，达到59.6%，居于前列，且增长势头没有任何降低的趋势。

类似纺织业情况，图4.14报告了农副食品加工业的资本回报率。东部地区在2004年以前（除1993年和1994年）一直高于西部各省区，但2004年之后，内蒙古和广西超过了东部和全国平均水平。河南省的资本回报率一直高于东部平均水平，2007年更是高达96.43%，和其他地区的差距明显。东部省份中广东和山东的资本回报率较高，但是到了2005年之后，已被中西部三省超过。

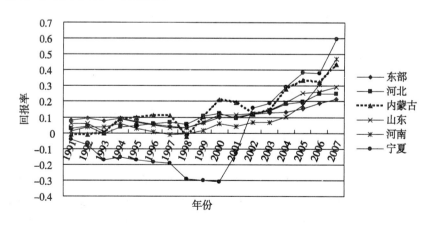

图4.13　纺织业的资本回报率

2. 资源密集型行业

图4.15和图4.16报告了有色金属矿采选业、石油和天然气开采业的资本回报率，它们有一个最显著的特点，就是资本回报率比其他行业要高

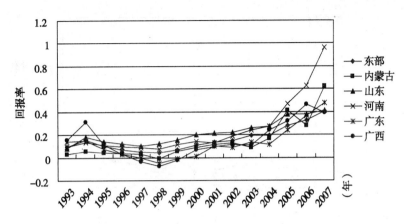

图 4.14　农副食品加工业的资本回报率

很多，特别是西部大开发以后，很多省份的资本回报率超过 100%，2005年，陕西省的有色金属矿采选业甚至超过了 250%。

有色金属矿采选业：在 2001 年之前，仅有西藏和甘肃的回报率高于东部地区，2002 年以后，西部各省的回报率都大幅度提升，远远高于东部地区的水平，2007 年新疆的资本回报率大约是东部平均水平的 2.3 倍。西部地区的矿产资源相对丰富，但 2001 年以前的投资较低，所以回报率也比较低，之后随着矿产资源的进一步开发，特别是 1998 年西部大开发的效应开始显现，西部各省的回报率都有了较大提高，将东部地区牢牢抛在身后。

石油和天然气开采业：我国的石油开采业仅集中在少数几个地区，从资本回报率看，东北的黑龙江一直处于全国最高水平，最近几年资本回报在 150% 到 200% 之间，西部几个省份的资本回报率相对较低，东部的天津、河北、山东和海南都有较高的资本回报率，这与当地丰富的石油资源密切相关。

3. 资本技术密集型行业

图 4.17 和图 4.18 分别报告了两种资本技术密集型行业的资本回报率。根据计算发现东部地区在这两个行业的资本回报率不仅一直高于中西部平均水平，还高于全国平均水平，其他地区很少有超过东部地区的省份，造成这一现象的原因是，这两个行业属于资本技术密集型行业，东部地区具有资本和技术上的绝对优势，其他地区很难与其竞争，不过在通用设备制造业，四川和河南的资本回报率正处于快速增长阶段，2006 年和

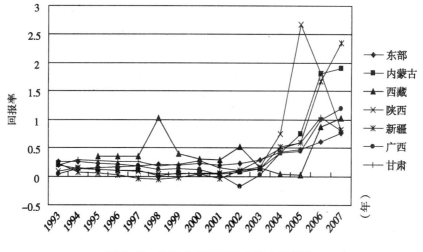

图 4.15   有色金属矿采选业资本回报率

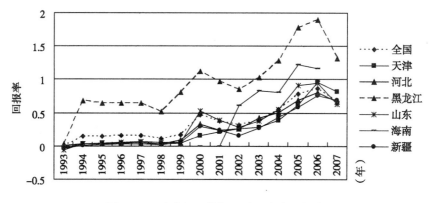

图 4.16   石油和天然气开采业资本回报率

2007 年甚至超过东部地区。在通信设备、计算机及其他电子设备制造业，云南 1997 年之后有过一段快速增长阶段，但在 2001 年之后又跌落下去，没能超过东部省份。因此在技术密集型行业，东部地区的吸引力远远大于其他地区，资本流出的可能性较低。

4. 污染密集型行业

图 4.19 和图 4.20 分别报告了两种污染密集型行业的资本回报率。印刷业和记录媒介的复制：在全国排名前几位的省份中，东部省份只有天津和浙江，而且在 2000 年之后便处于快速下滑状态，到了 2007 年已处于五省之中最后两名，而中部的湖南、江西和西部的云南三地却一直处于增长

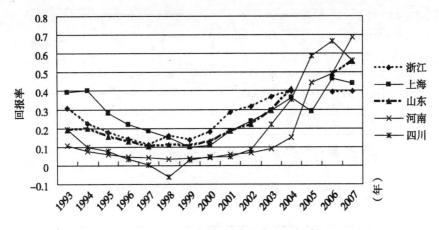

图 4.17　通用设备制造业资本回报率

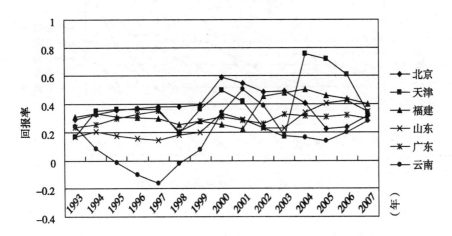

图 4.18　通信设备、计算机及其他电子设备制造业资本回报率

状态，和其他地区的差距在不断扩大。化学原料及化学制品：东部三省市在绝大部分年份都高于西部的青海和中部的江西，东部三地的资本回报率都在10%以上，特别是2003年以后，更是位于20%到50%之间，青海和江西在2000年之前基本处于负的状态，但是之后却快速增长，到了2007年已经超过东部三省市，居于全国的前列。从这两个行业资本回报率的变动来看，东部地区在逐渐失去优势，而中西部地区的吸引力正在增强，资本有向中西部省份流动的可能。

　　由以上计算结果可以看出，中西部地区虽然在整体上与东部地区有很大差距，但是一些省份在某些行业上还是具有很大优势的。由于我国地区

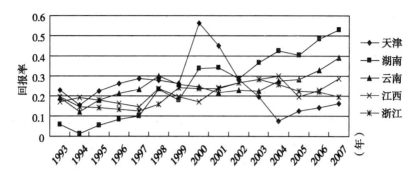

图4.19　印刷业和记录媒介的复制资本回报率

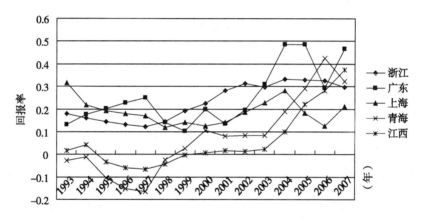

图4.20　化学原料及化学制品资本回报率

发展的不均衡，东部地区有着资本和技术上的优势，但在劳动力成本和自然资源上存在着劣势，因此东部地区在资本技术密集型行业的资本回报率远远高于中西部地区，而在劳动密集型行业，中西部地区却有着和东部竞争的能力。资源密集型行业的资本回报率和资源的分布关系密切，但是由于西部很多省份资源较丰富，所以具有一定优势，但是东部部分省份也有丰富的资源，其资本回报率也很高。值得注意的是，在污染密集型行业，东部地区的资本回报率一直在下降，或者处于相对平稳状态，而西部地区却呈快速增长趋势，造成这种现象的可能原因是：随着东部地区的经济发展，人们已经注意到工业发展对环境的破坏问题，污染企业的环境成本升高，而西部地区却有着相对宽松的环境政策，污染型行业有着较高的资本回报率，这与"污染避难所假说"（Walter and Ugelow，1970；Walter，1982）较为吻合。

5. 中国工业资本回报率提升影响因素的初步分析

Thomas（1991）研究发现，20 世纪 60 年代工资上涨以及 70 年代原材料上涨的压力使得美国制造业利润率不断下降。Mann and Michae（1966）认为产业利润率变化的变量包括竞争和进入壁垒，但是当经济整体结构保持不变或变动较小时，竞争就不是解释利润率变化的显著因素。唐要家（2004）使用工业普查的截面数据进行研究，发现我国工业部门各行业的集中度与利润水平存在正相关关系，李未无（2009）认为外资投资不利于内资部门的利润率增长，但是内资部门的自身竞争力对利润率影响更大，也有学者认为全要素生产率是决定资本利润率的主要因素（黄伟力，2007）。

（四）相关指标的选取及模型的构建

由上述文献可知影响资本回报率的因素是多方面的，也是比较复杂的，笔者认为这些因素可分为宏观和微观两个方面，宏观指标主要有宏观经济景气变动、外贸依存度和市场竞争程度，微观层面指标包括资本深化和工业生产投入品的成本。

1. 宏观经济景气变动。企业的投资决定会根据宏观经济的变动而变化，社会需求和价格的变动与企业投入成本的变动不一致，从而使得企业的利润降低或增长，在经济紧缩时期，会降低企业利润，在经济扩张时期，企业利润会增长（张军，2003）。卢锋（2007）的研究显示真实资本回报率对实际 GDP 波动具有显著正向关系，但临近 2006 年的资本回报率变动，主要不是与宏观景气周期波动相联系的产物，而是代表了某种趋势性变动。陈立泰（2010）根据 Solow 的新古典增长模型推导出了资本收益与 GDP 变动的关系，认为两者存在正相关关系。本书引入 GDP 以分析宏观经济景气变动对资本回报率的影响。

2. 外贸依存度。外贸依存度，也叫对外贸易系数或贸易密度，最普遍的计算方法是进出口总额/GDP，它是衡量一个经济体对外开放程度大小的指标之一。当一国从封闭经济走向开放经济时，外贸依存度则会提高（钟山，2001）。近年来，我国对外贸易依存度达 60%，我国经济已经融入世界经济当中，过高的外贸依存度对我国经济、能源和原材料等都造成很大影响（沈骥如，2004）。所以对我国经济问题的研究，不能仅着眼于国内。美国的次贷危机影响深远，并且仍没有结束对世界的影响，所以更应该重视外贸依存度对我国工业资本回报率的影响。

3. 市场竞争程度。市场结构影响着企业的利润，垄断的卖方市场一般可以使企业获得高额利润，而竞争性市场中企业很难获取高额利润。Byrd（1992）的研究认为，80 年代以来，中国工业部门中大量私人企业与乡镇企业的进入能否在总体上提高经济效益并不能肯定，但由此导致的竞争却使得这些部门的盈利能力恶化了。Naughton（1992）和Singh（1993）解释了部门内竞争加剧降低资本利润率这一假说，张军（2003）也有类似的看法。我国市场的垄断程度逐渐下降、竞争日趋激烈，从而影响了企业的利润率水平（陈仲常、吴永球，2005）。因此，市场竞争程度对资本回报率有着重要影响。本书使用工业企业数量来表示竞争程度。

4. 资本深化。内生经济增长理论认为资本劳动之比（资本深化）对产出有很大的影响，如果人力资本积累过度，应选择物力资本为主的投资路径，反之应选择人力资本为主的投资路径。Gordon（1999）认为资本深化是由技术变化引致的，因此长期内资本深化与资本利润率之间是一种非常复杂的关系，并不必然是负相关。秦朵、宋海岩（2003）认为投资配置效率的低下很大程度上是由政府试图刺激需求和推动经济增长的政策所引致的，但随着改革的深入，配置效率已在逐渐提高。本书引入人均资本进行分析，表示资本深化对资本回报率的影响，资本数据使用工业企业固定资本形成额。

5. 工业生产投入品的成本。在产出外生的情况下，企业投入的成本决定着企业的利润，影响生产成本的因素除了企业技术水平之外，投入品物价水平是另一决定性因素（陈仲常、吴永球，2005）。原材料和劳动力是工业企业生产的主要投入要素，它们的价格水平决定着企业投入品的价格水平，因而对资本的回报率有着重要影响。本书使用原材料、燃料和动力价格指数表示原材料的成本，用劳动报酬代表劳动力的成本。

利用以上指标构建一般性面板模型（Panel Data Model），因为某些地区的资本回报率存在负数，所以资本回报率采用原值，为了减少数据的剧烈波动和异方差，对其他变量进行了对数处理。魏楚、沈满洪（2007）认为对于时期较短而横截面单位较多的样本数据，可以认为地区间的差异主要表现在横截面的不同个体之间，参数不随时间变化或者变动较小，因此本书采用变截距模型进行分析，具体模型如下：

$$R_{it} = C_{it} + \alpha_1 \ln T_{it} + \alpha_2 \ln CA_{it} + \alpha_3 \ln G_{it} + \alpha_4 \ln L_{it} + \alpha_5 \ln N_{it} + \alpha_6 \ln M_{it} + \xi_{it}$$

i = 1，2，…，N，t = 1，2，…，T

其中 R 为资本回报率，lnT、$lnCA$、lnG、lnL、lnN、lnM 分别为一省特定年份外贸依存度、资本深化程度、GDP、劳动报酬、工业企业数量和工业原材料价格指数的对数值，ξ 为随机扰动项，i 代表地区，t 代表年份。

（五）数据的平稳性检验

为了避免伪回归的现象，确保估计结果的有效性，首先要对各面板序列的平稳性进行检验，单位根检验是最常用的方法，Levinetal（2002）改进了 Levin and Lin（1993）的检验方法，提出了检验面板单位根的 LLC 法，Imetal（1997）提出了 IPS 检验方法，Maddala and Wu（1999）提出了 ADF – Fisher 和 PP – Fisher 检验方法。对原数据进行检验的结果显示只有 lnL 是平稳的，其他皆存在单位根，对数据的一阶差分进行检验，结果发现均不存在单位根，认为数据是一阶平稳的（见表 4.6）。

表 4.6　　　　　　　　　　数据平稳性检验结果

	LLC	IPS	ADF – Fisher	PP – Fisher	单位根
R	4.768	5.699	31.93	15.593	是
lnT	– 1.954	– 0.102	54.721	73.8845	是
lnM	7.240	8.574	6.120	20.337	是
$lnCA$	– 8.214 ***	– 1.182	101.969	148.172	是
lnG	7.313	12.680	13.489	21.405	是
lnL	– 15.9075 ***	– 7.775 ***	166.033 ***	263.040 ***	否
lnN	– 1.106	1.018	33.657	32.523	是
ΔR	– 7.287 ***	– 5.694 ***	125.47 ***	146.605 ***	否
ΔlnT	– 19.113 ***	– 13.787 ***	266.742 ***	300.897 ***	否
ΔlnM	– 6.240 ***	– 5.377 ***	117.884 ***	102.139 ***	否
$\Delta lnCA$	– 13.202 ***	– 10.272 ***	208.367 ***	220.300 ***	否
ΔlnG	– 7.064 ***	– 5.529 ***	124.170 ***	133.851 ***	否
ΔlnL	– 16.959 ***	– 14.137 ***	274.403 ***	322.398 ***	否
ΔlnN	– 12.2536 ***	– 8.645 ***	172.641 ***	175.056 ***	否

注：＊表示在 10% 水平下显著，＊＊表示在 5% 水平下显著，＊＊＊表示在 1% 水平下显著，下同。

（六）国家层面的影响因素实证研究

解释变量之间可能存在相关性，从而造成解释模型存在多重共线性，为了消除这种影响，对解释变量之间的相关性进行分析，发现 GDP 与劳动报酬、企业数量之间存在很大相关性，资本深化与劳动报酬、企业数量之间也存在很大相关性，因此将 GDP 与资本深化、劳动报酬与企业数量分别与其他变量进行回归。本书使用变截距模型进行分析，但面板数据还要求检验固定效应和随机效应。本书使用似然 F 统计量来检验回归方程混合模型与固定效应模型的选择，使用 Hausman 检验固定效应与随机效应的选择。为了减少截面和年份异方差影响，在分析数据时使用 Cross - section Weights 方法加权，White - Period 方法校正异方差。Eviews 6 计算结果如表 4.7。

表 4.7 国家层面的数据回归结果

变量	（1）	（2）
C	- 3.87 *** (- 4.70)	
$D\ln T$	2.79 *** (3.28)	1.85 ** (2.13)
$D\ln M$	- 15.97 *** (- 5.92)	- 8.65 *** (- 3.18)
$D\ln CA$	- 5.86 *** (- 4.67)	
$D\ln G$	60.39 *** (9.14)	
$D\ln L$		- 4.99 *** (- 4.22)
$D\ln N$		1.63 *** (3.08)
obs	435	435
模型的检验		
似然 F 统计量	1.64 ***	1.14
Hasusman	23.63 ***	
结论	固定效应	混合模型

注：由于篇幅所限，表中个体截面常数没有给出，下同。

宏观经济景气变动对资本回报率有着较大影响，相关系数达到 60.39

（通过1%显著水平的检验），即lnGDP的增长率变动1个百分点，资本回报率的增长率变动60.397个百分点。GDP的增长对资本回报率增长的促进作用比较明显，这与卢锋（2007）、曹跃群（2009）的研究结论一致。

外贸依存度，即一个地区开放程度的指标，在两个方程里都通过了至少5%显著水平的检验，相关程度为1.85—2.79，所以对外开放促进了资本回报率的增长。

工业企业数量，即市场竞争程度指标，与资本回报率之间存在显著的正相关关系，相关系数为1.63，即市场竞争提高了我国的资本回报率水平，这可能是因为我国市场化水平不高，市场化可以促进竞争，提高企业的生产效率，进而提高资本回报率，这与曹跃群（2009）对服务业研究结论比较类似。

资本深化与我国资本回报率之间存在负相关关系，相关系数为－5.86，即企业已经无法通过资本深化的方法提高回报率。这可能是因为当前我国工业部门企业进行技术升级使得企业资本劳动比率提高，从而加快资本深化程度，导致资本边际报酬出现递减趋势（张军，2002）。

工业生产投入品的成本，即原材料物价指数和劳动报酬，均表现出与资本回报率之间的显著负相关关系，其中原材料价格指数的相关系数为－8.65到－15.976之间，且都通过1%显著水平的检验，大于劳动报酬对资本回报率的影响（相关系数为－4.99）。原材料采购成本占企业成本的绝大部分，因此对资本回报率的影响也最为重要，方程（1）的原材料价格指数的影响明显大于方程（2），这可能是因为方程（2）加入了劳动报酬这个生产成本指标，稀释了原材料价格的影响，因此劳动报酬的变动对资本回报率的影响也十分明显。

（七）东部、中部和西部地区的实证研究

我国东部地区经济发展领先于全国其他地区，各地区的资本回报率差距也比较明显，而且前文的研究显示各地区的资本回报率的差异并没有明显的减少趋势。由于各地区差异巨大，因此本书将单独分析各地区资本回报率的影响因素，鉴于东北地区仅有三个省份，我们将按东、中和西部三大区域的划分进行分析，将辽宁纳入东部地区，黑龙江和吉林纳入中部地区，由于海南和重庆的数据不全，在分析时剔除了这两个地区。

表4.8　　　　　　　　东部、中部和西部数据的回归结果

变量	东部		中部		西部	
	(3)	(4)	(5)	(6)	(7)	(8)
C					-4.782^{***} (-7.36)	
$D\ln T$	5.83^{***} (4.73)	3.66^{***} (3.59)	4.19^{***} (3.32)	3.46^{***} (3.47)	1.62 (1.22)	0.64 (0.517)
$D\ln M$	-23.54^{***} (-4.09)	-14.86^{***} (-2.68)	-11.94^{***} (-3.00)	-9.24^{***} (-2.49)	-12.78^{***} (-2.89)	-4.44 (-0.89)
$D\ln CA$	-13.42^{***} (-4.63)		-3.92 (-1.40)		-3.35^{***} (-3.59)	
$D\ln G$	57.40^{***} (3.95)		55.52^{***} (4.94)		66.31^{***} (8.99)	
$D\ln L$		-6.74^{**} (-2.34)		-3.06^{**} (-2.18)		-5.22^{***} (-3.14)
$D\ln N$		1.71^{**} (2.20)		2.39^{**} (2.27)		0.86 (1.63)
obs	150	150	120	120	165	165
模型的检验						
似然F统计量	1.37	0.71	1.33	0.78	2.27^{**}	1.160
Hasusman					11.45^{**}	
结论	混合模型	混合模型	混合模型	混合模型	固定效应	混合模型

方程（3）和（4）是东部地区的回归结果，其中外贸依存度、GDP和市场竞争程度（工业企业数量）对资本回报率均有显著的正向影响，原材料价格、资本深化和劳动报酬有显著的负向影响。相比国家层面，东部地区外贸依存度的促进作用更大，因为东部地区是全国开放程度最高的地区，对外开放可以吸引外部的资本、技术和管理经验等，能够提高资本的回报率。原材料价格、劳动报酬和资本深化却有着比全国层面更大的负向影响，导致这一现象的原因是：东部地区经济发展较快，对原材料和劳动有着更大需求，导致这一地区的原材料价格水平和工人工资都较其他地区要高。而东部地区吸引的资本也是全国最多的地区，因此资本的深化程度最高，和劳动要素相比，存在过度投资的可能，资本的边际报酬下降要快。

方程（5）和（6）是中部地区的回归结果，其中外贸依存度、GDP和市场竞争程度对资本回报率的影响也呈显著的正作用，原材料价格和劳动报酬有显著的负向影响。而资本深化的显著性却不强，未通过10%显

著水平的检验，这与国家层面和其他地区存在明显区别，这也印证了 Gordon（1999）的研究：长期内资本深化与资本利润率之间是一种非常复杂的关系，并不必然是负相关。

方程（7）和（8）是西部地区的回归结果，其中 GDP 有显著的正作用，通过了 1% 显著水平的建议，且相关系数较大，为 66. 31263，不仅高于全国的水平，也高于东部和西部地区，而外贸依存度没有通过 10% 显著水平的检验，对该地区的资本回报率影响很弱，造成这一现象的可能原因是：西部地区开放程度较低，对外依赖程度较弱，无法通过外部技术和管理经验等提高资本回报率，所以当地的宏观经济景气情况对资本回报率产生了比其他地区更大的影响。市场竞争程度也没有通过 10% 显著水平的检验，可能的原因是西部地区的市场竞争程度较低，企业没有提高效率的外部动力。值得一提的是，方程（7）中原材料价格表现出显著的负相关，但加入劳动报酬后，却变得不显著，一个可能的原因是：西部是资源丰富的地区，相对东部和中部地区，原材料的供给比较充足，其价格变动的影响不如劳动报酬变动的影响强烈。

总的比较来看，外贸依存度的影响在东部最为强烈，中部次之，西部影响最弱（没有通过 10% 显著水平的检验），这与各地区的开放程度一致。GDP 对各地区的影响都比较显著，而且相关系数都在 50 以上，相应的力度也是最大的，特别是西部地区，相关系数高达 66. 31263，东部和中部地区则比较接近。我国经济发展程度由东向西递减，而资源分布却正好相反，这也反映在原材料价格对资本回报率的影响上，原材料价格变动对东部地区的影响最为强烈，对中西部影响则相对小很多，仅为东部地区的一半左右。劳动报酬均有显著的负向影响，且东部地区的影响最为强烈，这与东部地区劳动力价格较高有关。市场竞争程度的影响则不统一，东中部地区具有促进作用，而西部可能由于竞争的不充分，其作用并不显著。而资本深化均有负的作用，在东部和西部均通过 1% 显著水平的检验，影响比较明显，但是在中部的影响并不显著。

（八）国家层面的动态分析

本书使用的数据时期跨度为 16 年，由于各个时期所处的经济环境迥异，因此各指标对资本回报率的影响可能会有不同，为了更清楚地了解资本回报率变化的动因，本书对不同时期的变量分别进行回归分析，以期发现各影响因素对资本回报率影响的动态变化。本书将 1993—2008 年数据分为四个时期，每个时期仍按前述标准使用两个方程进行回归。

表 4.9   国家层面影响因素的动态回归结果

变量	1993—1996		1997—2000		2001—2004		2005—2008	
	(9)	(10)	(11)	(12)	(13)	(14)	(15)	(16)
C	-1.25 ** (-2.37)	-3.18 ** (-2.45)	1.35 *** (10.49)	4.36 *** (17.70)	0.640 *** (2.92)	-2.90 *** (-7.43)	2.60 ** (2.22)	-8.71 *** (-2.81)
$D\ln T$	-0.22 (-0.55)	0.37 (1.03)	2.93 ** (2.54)	3.02 *** (3.23)	2.29 ** (2.22)	1.40 ** (2.71)	3.97 ** (2.06)	3.7490 ** (2.20)
$D\ln M$	-5.52 (-1.57)	1.40 (0.52)	15.06 *** (3.89)	18.14 *** (5.01)	26.80 *** (8.52)	20.38 *** (14.22)	-20.28 * (-1.73)	-21.86 * (-1.66)
$D\ln CA$		7.16 *** (6.44)		-4.06 *** (-7.71)		0.015 (0.03)		0.68 (0.11)
$D\ln G$		-7.16 (-0.52)		-28.27 *** (-12.36)		38.11 (1.04)		97.34 *** (4.40)
$D\ln L$	-4.37 *** (-4.13)		-0.97 (-0.63)		1.54 (1.02)		11.47 ** (2.48)	
$D\ln N$	7.39 *** (5.42)		1.013 ** (2.34)		1.79 (1.31)		-3.96 (-1.56)	
OBS	87	116	116	116	116	116	116	116

宏观经济景气程度的影响：GDP 的变动在前两个时期有着显著的负向影响，这与前文的回归结果相反，造成这种现象可能的原因是：1993 年国家实行了历时 3 年的紧缩信贷和压缩项目政策，以治理经济建设过热问题，1997 年亚洲爆发金融危机，这些都造成了明显的需求不足问题，企业资本回报率一直处于下降阶段，但是国家的 GDP 仍然处于增长阶段，宏观经济受外部因素影响过大，以致使 GDP 和资本回报率之间呈现了明显的负相关关系。经过第三个时期的调整，到 2005—2008 年这一阶段，两者又呈现了显著的正相关关系。

外贸依存度的影响：1993—1996 年这一时期，外贸依存度的回归结果不显著，而后面三个时期都有显著的正作用，且相关系数是增加的。造成这种现象的原因是：1992 年之前我国的开放程度很低，邓小平"南方讲话"后，我国开始了新阶段的改革开放时期，对外贸易明显增加，由于政策的时滞性，第一时期的外贸依存度的作用并不明显，而后面三个时期我国开放程度已经很高，故外贸依存度的影响比较显著。

市场竞争的影响：在前两个时期都有显著的正作用，后两个时期回归结果没有通过 10% 的显著水平，因此影响是不明显的。一个可能原因是：

我国的市场经济改革在前两时期已有了很大的进步，企业由计划时代进入市场时代，企业在竞争中提高了效率，资本回报率也得到提升。随时竞争的加剧，市场接近饱和，企业的资本回报率已经不能通过这种方式得到进一步提升，竞争的影响不断降低，即当经济整体结构保持不变或变动较小时，竞争就不是解释利润率变化的显著因素（Mann and Michae，1966）。

资本深化的影响：在第一个时期有显著的正作用，第二个时期有显著的负向影响，后两个时期并不显著，这进一步印证了 Gordon（1999）的研究结论：长期内资本深化与资本利润率之间是一种非常复杂的关系，并不必然是负相关。1992 年以后我国的外商投资迅速增加，资本的边际收益较高，但随着资本的深化，资本的边际效益不断递减，过度的投资使资本深化呈现负的作用，但企业会不断调整资本和劳动的比例，直到达到新的平衡为止。

工业生产投入品成本的影响：原材料价格在第一个时期的影响并不显著，但是在中间两个时期却有着显著的正的作用，这与前文结论有很大差异，造成这种现象的原因是：长期以来我国对工业生产资料实行价格控制，原材料的价格并不能代表其真实价值，直到 1994 年工业生产资料"双轨制"才基本取消，但仍有很大部分处于管制状态，2001 年的再次改革后，就只有 13 种项目处于管制状态了。由于政策存在时滞，所以1993—2004 年这一时期的原材料价格与资本回报率的关系是处于反常状态的，到了 2005—2008 年，两者之间已是负的相关关系，和前文结论一致。劳动报酬在 1993—1996 年是显著的负向影响，中间两个时期处于不显著状态，2005—2008 年又处于明显的正的作用，造成这一现象可能的原因是：在 1993—1996 年，我国劳动力多数是非熟练劳动力，劳动力创造价值低，因此报酬也比较低，随着我国教育事业的发展，特别是 1999年的大学扩招，我国劳动力结构出现了变化，熟练劳动力比重不断上升，能够创造更大价值，虽然劳动报酬升高了，但却促进了企业资本回报率的上升。

（九）结论及启示

本部分借鉴白重恩（2006）和单豪杰、师博（2008）计算资本回报率的方法，并结合卢锋（2007）对资本回报率的界定，对资本回报率的计算进行了一定的修正，与他们计算我国总的资本回报率不同，本书从我国四大区域总的工业资本回报率入手，结合各省的面板数据，分别计算了各省市的工业分行业资本回报率，并比较分析了资本回报率地区间的差异。最后使用分析面板数据的方法，从国家和省际两个层面，对影响资本回报率的因素进行了实证检验，并在国家层面上进行了动态的实证检验。得出的结论如下：

1. 修正后的资本回报率，使用的是工业固定资产净值作为资本存量的替代指标，因为固定资产投资对企业有着特殊的地位，所以能更好地反映企业的投资决策；使用企业盈余与劳动报酬的比例关系计算了消费者负担的税收部分（卢锋，2007），并从资本回报中扣除这一部分，使得资本回报率的准确度有了一定提高。计算出的资本回报率符合以前学者得出的"U"形趋势，但是与单豪杰、师博（2008）的研究结论不同的是，从省级标准差的比较发现，中国地区间的差异并没有明显缩小的现象。

2. 资本回报率的计算结果显示，东部地区的工业资本回报率最高，东北地区次之，西部和中部比较接近，居于最低层次。1992—1999 年的全国平均水平高于东北和中西部地区，1999 年之后，东北地区的平均水平有了很大提高，基本与全国平均水平重合。各省市分行业的资本回报率的情况比较复杂，东部省份在资本和技术密集型行业具有绝对的优势，而其他省份则在劳动密集型行业具有一定的竞争能力；在资源密集型行业，资源丰富的地区，资本回报率也相对较高，这只和资源分布有关，与地理位置关系不是很密切，但是总体上，西部资源相对更为丰富，资本回报率也更高；东部地区的污染密集型行业有向西部转移的可能，因为西部地区污染行业的资本回报率有上升的趋势，而东部则不断下降或保持稳定。

3. 宏观因素的影响方面，宏观经济景气变动对资本回报率的影响最大，在国家层面的检验，相关系数在 60% 以上，而区域层面的检验，相关系数最低也超过了 55%。由于东部地区开放程度最高，其外贸依存度的影响也最为强烈，中部次之，西部影响最弱（没有通过 10% 显著水平的检验）。市场竞争对东部和中部的资本回报率均有明显的促进作用，即竞争提高了企业的效率，进而带动了资本回报率的提升，但是由于西部地区可能存在竞争的不充分性现象，其影响并不明显。

4. 微观因素方面，由于我国地区经济发展的不平衡，表现在需求上即是东部对原材料和劳动力的需求较大，中西部地区则相对较小，而我国自然资源又大多分布在中西部地区，故原材料价格变动对东部地区的影响最大，相关系数在 - 14. 86 到 - 23. 54 之间，对中西部影响最小，相关系

数全在 - 12 以上；劳动报酬在东部地区最高，其变动幅度对东部资本回报率的影响也最为明显；资本深化的程度在各地区差别明显，对东部有明显的作用（相关系数为 - 13.42183），西部次之（相关系数为 - 3.3561），对中部的影响则不明确。

5. 对影响因素的动态回归发现，宏观经济景气程度的变动对资本回报率的影响最为复杂，1993—1996 年和 2001—2004 年，影响并不显著，1997—2000 年，有显著的负向影响，到了 2005—2008 年，则有正的作用，相关系数高达 97.341，其影响程度特别巨大，这种复杂的变化与我国宏观政策的变动较大有着很大关系。外贸依存度则是随着开放程度的加深，其影响也是越来越强，从最开始的不显著，到 2005—2008 年的 3.749—3.9701 之间，其增长比较明显。在市场化改革的初期，竞争能够提高企业效率，促进资本回报率提高，随着竞争越来越激烈，由此带来的效率提高，可能被竞争带来的收益减少所抵消，竞争的影响也变得不确定了，另外当经济整体结构保持不变或变动较小时，竞争就不是解释利润率变化的显著因素（Mann and Michae，1966）。资本深化最初能够促进资本回报率的提高，但是随着资本的过度投入，其可能导致资本边际收益的递减，变为负的影响，这也印证了 Gordon（1999）的研究结论。由于我国对原材料价格的管制政策，在 2004 年以前，原材料价格的影响是反常的，随着价格的市场化，其影响也变为负的作用。我国劳动力由非熟练向熟练的转变，使得劳动报酬的变动对企业资本回报率的影响发生了很大变动，由最初的负向影响变化到正的影响。

第六节 各类型国家资本回报率的比较分析

通过上文对三种类型国家的资本回报率分析发现，发达国家总体的资本回报率最低，发展中国家次之，新兴经济体国家最高。这与古典经济学理论是相符合的，因为收入水平高的国家，一般经济发展水平也相对较高，因而有着大量的资本投资，从而使得资本存量远高于经济发展水平低的国家，根据边际收益递减规律，资本存量的增加会降低资本的边际收益，因此经济发展程度较高国家一般都有着相对较低的资本存量。同时还应注意到，发展中国家里也有许多国家的资本回报率较低，这可能是因为，在一些较为落后的国家里，其基础设施建设较为落后，教育水平低，人力资本和科技水平都很落后，因此资本无法取得较高的回报率，且这些国家往往存在严重的贪污腐败现象，投资的风险较大，进而造成了资本不愿进入，而资本的缺乏又进一步制约经济的发展，因此造成了一种恶性循环。新兴经济体也属于发展中国家，但是却有着最高的资本回报率，除了这些国家的资本深化程度较低之外，还可能与这些国家的基础设施、技术水平和人力资源等有一定关系，因此新兴经济体国家对资本的利用更有效率，单位资本的产出水平也较高，因此有着比发达国家和其他发展中国家更高的资本回报率。中国属于新兴经济体国家中的一员，所以中国的资本回报率也比大多数国家要高，在大部分的年份中，中国的资本回报率都超过了20%，远高于世界其他国家的水平。

再者，通过对三种类型国家资本回报率方差的比较可以发现，资本回报率的差异与收入水平是负向的关系，即收入水平高的国家，其资本回报率的差异越小。本书还根据世界银行《世界发展指数数据库（2010）》提供的世界人均国民收入数据将发展中国家分为中等高收入国家和中等低收入国家两类，分别分析了它们的资本回报率的方差情况，得出了数据显示，中等低收入国家的方差要大于中等高收入国家的方差。这在一定程度上也反映了收入水平低的国家，其资本回报率的差异也较大，如图4.21和图4.22所示。造成这一现象的原因可能是，收入水平较高的国家，其经济发展的趋同效应较为明显，在资本深化、人力资本和技术进步等方面较为相似，因此其资本回报率的差异也不明显，而在经济发展水平较低的国家中，如新兴经济体国家，由于实施了正确的政策措施，抓住了机遇，因此有着较高的经济发展速度，在这些高速发展的发展中国家，一般都有着较高的资本回报率，而另外一些发展中国家则因长期陷入经济发展的困境，缺乏必要的物质、人力和政策等支持，经济发展速度较低，甚至负增长，这些国家的资本回报率则与高速发展的国家有着巨大的差距，因此发展中国家的资本回报率的差异较高收入国家要高出很多。而新兴经济体国家资本回报率的差异则是三种类型国家中最低，造成这一样现象的原因除了发展水平接近之外，还可能与样本数量较少有关。

资本回报率受宏观经济的影响较为明显，三种类型的国家在这方面是比较相似的。总体上看，各种类型国家的资本回报率都跟随着经济周期的变动而变动，近年来很多经济危机的爆发，都会影响到资本回报率的波动。如对发达国家造成严重影响的两次石油危机，都是发达国家的资本回

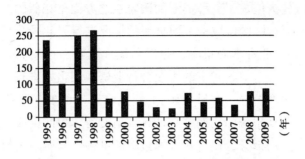

图 4.21 中高收入国家资本回报率的方差

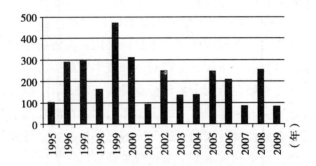

图 4.22 中低收入国家资本回报率的方差

报率出现了大幅度下降；1997 年爆发在亚洲的金融危机也使世界多数国家的资本回报率出现了下降；又如爆发在美国的"次贷危机"使得绝大部分国家的资本回报率出现了大幅度下降，从上文也可以看出，受这次危机的影响，2009 年是近来资本回报率下降较为严重的一年。因此可以认为，经济周期对资本回报率的影响在不同类型的国家都是较为明显的，因此各国应采取积极措施，以防金融危机对资本回报率造成严重影响，进而降低经济的发展速度。

本章首先对 50 个国家的资本回报率进行了测度，并根据收入水平将这些国家分为三组，对组内和组间的资本回报率进行了比较分析，结果显示：（1）各组之间的资本回报率差异较为明显，高收入国家总体的资本回报率最低，中高收入国家次之，中低收入国家最高；（2）中国有着较高的资本回报率，在大多数年份中，中国的资本回报率不但高于发达国家和发展中国家，也高于其他新兴经济体国家；（3）资本回报率的差异与收入水平是负向的关系，即收入水平高的国家，其资本回报率的差异越小，而收入水平越低，其资本回报率的差异越大；（4）资本回报率受宏观经济的影响较为明显，三种类型的国家在这方面是相似的。

接着本章还对中国区域资本回报率的情况进行了比较分析，测度了中国31个省市的工业资本回报率，并根据地理位置，将他们分为四大区域进行了比较。另外还对各省市的工业分行业资本回报率进行了测度，并比较了东西部之间的差异。结果显示：（1）修正后的资本回报率模型，使用企业盈余与劳动报酬的比例关系计算了消费者负担的税收部分，并从资本回报中扣除这一部分，使得资本回报率的准确度有了一定提高。计算出的资本回报率符合以前学者得出的"U"形趋势，但与以前学者研究结论不同的是，从省级标准差的比较发现，中国地区间的差异并没有明显缩小的趋势。（2）资本回报率的计算结果显示，东部地区的工业资本回报率最高，东北地区次之，西部和中部居于最低层次，而各省市分行业的资本回报率情况则比较复杂。东部省份在资本和技术密集型行业具有绝对的优势，而其他地区省份则在劳动密集型行业具有一定的竞争能力；西部资源相对较为丰富，其资源密集型行业的资本回报率也相对较高；东部地区的污染密集型行业有向西部转移的可能，因为西部地区污染行业的资本回报率有上升的趋势，而东部则不断下降或保持稳定。

第五章

资本回报率提升机制的理论分析

古典经济学理论认为资本深化会导致资本回报率的下降，许多学者的研究也显示了资本深化和资本回报率下降会同时发生，如张军（2002）以新古典增长理论为基础，他的研究显示资本劳动比率与资本回报率之间存在着显著的负相关关系。而黄伟力（2007）则认为从宏观层面上看，资本的"过度深化"对资本利润率的负面影响假说是不成立的。也有学者认为资本深化是由技术变化引致的，因此长期内资本深化与资本利润率之间是一种非常复杂的关系，并不必然是负相关（Gordon，1999）。虽然学者对资本深化的影响看法不一，但多数学者都认为技术进步是提高劳动生产率最有效的方式之一，如果实际工资不变，劳动生产率提高到一定程度时，利润率将会提高（Moszkowska，1929），因此企业进行技术创新能够提高其回报率（赵红、扈晓影，2010），全要素生产率的增长或技术进步是决定资本回报率的主因（黄伟力，2007）。

除了资本和技术外，人力资本对资本回报率的影响也是不容忽视的。人力资本概念首先是由 Schultz（1960）提出的，并经 Becker（1966）等人的补充和发展，最终形成了人力资本理论。人力资本及其溢出效应不仅影响经济的增长，还对资本回报率有着重要影响。Lucas（1990）使用人力资本指标解释了有效劳动的概念，并分析了人力资本及其外溢效应对世界资本回报率差异的影响，在其他条件相同时，资本和技术更倾向于流向劳动力素质较高的地区。人力资本存量的变动还会导致了资本劳动比率的变动，即资本深化的程度的变动。资本存量的变动在短期内会影响经济的增长（Solow，1956；Swan，1956），而人力资本存量的差异则有可能直接影响全要素生产力，进而影响长期的经济增长（Romer，1986），因此人力资本和资本存量的变动会对资本回报率有着重要影响。

因此本部分首先从资本深化和技术进步的视角对资本回报率的影响机

理进行了分析，然后在 Lucas（1988）研究的基础上，分析了人力资本及其溢出效应的影响机理。

第一节　资本深化和技术进步对资本回报率的影响机理

一　柯布道格拉斯生产函数下的影响机理

首先考虑一种较为常见的简单情况，即假定一个包含资本、劳动和技术的柯布道格拉斯生产函数：

$$Y = AK^{\beta}L^{1-\beta} \tag{1}$$

其中，A 表示技术因素，K 和 L 分别表示投入的资本和劳动要素。在完全竞争的假设条件下，资本的回报率（r）等于其边际产出，即：

$$r = Y_K = \beta AK^{\beta-1}L^{1-\beta} \tag{2}$$

对该式求微分可得：

$$\frac{\dot{r}}{r} = \frac{\dot{A}}{A} + (\beta - 1)\frac{\dot{K}}{K} + (1 - \beta)\frac{\dot{L}}{L} = \frac{\dot{A}}{A} + (\beta - 1)\left(\frac{\dot{K}}{K} - \frac{\dot{L}}{L}\right) \tag{3}$$

因为 $\dfrac{\dot{K}}{K} - \dfrac{\dot{L}}{L} = \dfrac{(K/L)\dot{}}{K/L}$，所以上式可以进一步改写为：

$$\frac{\dot{r}}{r} = \frac{\dot{A}}{A} + (\beta - 1)\frac{(K/L)\dot{}}{K/L} \tag{4}$$

根据上式可以发现，影响资本回报率提升的因素有三项，技术的变动、资本深化的变动以及资本深化项的乘数（$\beta - 1$）。

二　一般性生产函数下的影响机理

上述资本回报率的分解是在特定形式的生产函数下进行的，为了使这种分解更具一般性，本书考虑一个没有具体形式的生产函数，假设一个一般性的总量生产函数为：

$$Y = Y(L, K, t) \tag{5}$$

这是一个动态函数，变量 t 表示在不同的时间点，生产函数中的投入量 L 和 K 可以不同，L 表示劳动数量，K 表示资本存量，t 是技术进步的一个指数，为方便起见把它视为时间。假设在某一特点技术水平条件下，该函数满足新古典的完全竞争且规模报酬不变的假设，即当 t 取某一个特定的值 t^* 时，函数变为 $Y = Y(L, K, t^*)$，该函数即为在特定技术水平条件下的静态生产函数。在新古典情况下，资本的回报率 r 满足边际原则，即：$r = MPK = \dfrac{\partial Y}{\partial K} = Y_k$，对该式两边关于 t 求导并改写可得：

$$\frac{dr}{dt} = \frac{\partial Y_K}{\partial L}\frac{dL}{dt} + \frac{\partial Y_K}{\partial K}\frac{dK}{dt} + \frac{\partial Y_K}{\partial t}$$

$$= Y_{KL}\frac{dL}{dt} + Y_{KK}\frac{dK}{dt} + Y_{Kt} \qquad (6)$$

其中，Y_{KL} 是 Y_K 关于 L 的导数，Y_{KK} 是 Y_K 关于 K 的导数，Y_{Kt} 是 Y_K 关于 t 的导数。

在（6）式两边同除以 r 并改写可得：

$$\frac{dr/dt}{r} = \frac{Y_{KL}}{r}\frac{dL}{dt} + \frac{Y_{KK}}{r}\frac{dK}{dt} + \frac{Y_{Kt}}{r}$$

$$\frac{\dot{r}}{r} = \frac{Y_{KL}}{r}\frac{dL}{dt} + \frac{Y_{KK}}{r}\frac{dK}{dt} + \frac{Y_{Kt}}{r} \qquad (7)$$

其中 $\dot{r} = \dfrac{dr}{dt}$，又因为 $r = MPK = \dfrac{\partial Y}{\partial K} = Y_k$，所以（7）可改写为：

$$\frac{\dot{r}}{r} = \frac{Y_{KL}}{Y_K}\frac{dL}{dt} + \frac{Y_{KK}}{Y_K}\frac{dK}{dt} + \frac{Y_{Kt}}{Y_K}$$

$$= \frac{dY_K}{dL}\frac{L}{Y_K}\frac{1}{L}\frac{dL}{dt} + \frac{dY_K}{dK}\frac{K}{Y_K}\frac{1}{K}\frac{dK}{dt} + \frac{Y_{Kt}}{Y_K} \qquad (8)$$

令 $\theta_{KL} = \dfrac{dY_K}{dL}\dfrac{L}{Y_K} = \dfrac{dY_K/Y_K}{dL/L}$，它表示 Y_K 关于 L 的弹性，其经济含义为：劳动投入量每变动 1%，资本边际产出的变动百分比，根据边际收益递减规律，在其他要素投入不变的情况下，增加 L 的投入，资本的边际收益增加，因此 $\theta_{KL} > 0$。$\dfrac{1}{L}\dfrac{dL}{dt} = \dfrac{dL/dt}{L}$，可以看作劳动投入量的增长率 $\dfrac{\dot{L}}{L}$，即 $\dfrac{1}{L}\dfrac{dL}{dt} = \dfrac{\dot{L}}{L}$。同理，$\theta_{KK} = \dfrac{dY_K}{dK}\dfrac{K}{Y_K} = \dfrac{dY_K/Y_K}{dK/K}$，它表示 Y_K 关于 K 的弹性，其经济含义为：资本投入量每变动 1%，资本边际产出的变动百分比，根据边际收益递减规律，在其他要素投入不变的情况下，增加 K 的投入，资本的边际收益减少，因此 $\theta_{KK} < 0$。$\dfrac{1}{K}\dfrac{dK}{dt} = \dfrac{dK/dt}{K} = \dfrac{\dot{K}}{K}$，便是资本投入量的

增长率。因此（8）式可改写为：

$$\frac{\dot{r}}{r} = \theta_{KL} \frac{\dot{L}}{L} + \theta_{KK} \frac{\dot{K}}{K} + \frac{Y_{Kt}}{Y_K} \tag{9}$$

生产函数 $Y = Y(L, K, t^*)$ 在特定时间点 t^* 上满足新古典情况，因此满足欧拉方程：

$$Y(L, K, t^*) = KY_K + LY_L \tag{10}$$

对方程（10）两边关于 K 求导并进一步改写得：

$$Y_K = Y_K + KY_{KK} + LY_{LK}$$

$$KY_{KK} = -LY_{LK}$$

$$\frac{KY_{KK}}{Y} = -\frac{LY_{LK}}{Y} = -\frac{LY_{KL}}{Y} \tag{11}$$

由于（11）式左边等于 θ_{KK}，右边等于 $-\theta_{KL}$，即 $\theta_{KK} = -\theta_{KL}$，将 $\theta_{KK} = -\theta_{KL}$ 这一条件代入（9）式并改写可得：

$$\frac{\dot{r}}{r} = -\theta_{KK} \frac{\dot{L}}{L} + \theta_{KK} \frac{\dot{K}}{K} + \frac{Y_{Kt}}{Y_K}$$

$$= \theta_{KK} \left(-\frac{\dot{L}}{L} + \frac{\dot{K}}{K} \right) + \frac{Y_{Kt}}{Y_K}$$

$$= \theta_{KK} \left[-\frac{d(\ln L)}{dt} + \frac{d(\ln K)}{dt} \right] + \frac{Y_{Kt}}{Y_K}$$

$$= \theta_{KK} \frac{d\ln(K/L)}{dt} + \frac{Y_{Kt}}{Y_K}$$

$$= \theta_{KK} \frac{\dot{(K/L)}}{(K/L)} + \frac{Y_{Kt}}{Y_K} \tag{12}$$

由（12）式可以看出，资本回报率的增长率由乘数 θ_{KK}、资本深化速率 $\frac{\dot{(K/L)}}{(K/L)}$ 和残差项 $\frac{Y_{Kt}}{Y_K}$ 共同决定。其中，前两项 θ_{KK} 和 $\frac{\dot{(K/L)}}{(K/L)}$ 都有其具体的经济含义，而 $\frac{Y_{Kt}}{Y_K}$ 这一项究竟代表什么经济含义还需进一步说明。

黄先海、徐圣（2009）曾根据希克斯劳动节约型技术进步的概念，对技术进步进行了分解。希克斯定义的要素偏向型技术进步可分为希克斯中性技术进步、希克斯劳动节约型技术进步和希克斯资本节约型技术进步。在资本劳动比不变的情况下，发生技术进步后，可以用资本边际产出与劳动边际产出的比值来判断发生了什么类型的技术进步。与技术进步发生前相比，如果这个比值变大了，则属于希克斯劳动节约型技术进步，如果这个比值变小了，则属于希克斯资本节约型技术进步，如果这个比值保持不变，则属于希克斯中性技术进步。

对于动态生产函数 $Y = Y(L,K,t)$ ，在相同的投入水平下，技术进步会导致产出的增长，希克斯定义的三类要素偏向性技术进步指出，技术进步后，资本边际产量与劳动边际产量都会发生变化，但是变化的幅度可能会不同，因此可以用 Y_K/Y_L 的增长率来判断发生了何种技术进步。用 A_N 表示技术进步导致的产出增长率，则 $A_N = Y_t/Y$ ， Y_t 表示对生产函数 Y 关于 t 求偏导，用 A_K 表示技术进步引起的资本边际产量的增长率， $A_K = \dfrac{\partial Y_K}{\partial t}/$ $Y_K = Y_{Kt}/Y_K$ ，同理 $A_L = \dfrac{\partial Y_L}{\partial t}/Y_L = Y_{Lt}/Y_L$ 表示技术进步引起的劳动边际产量的增长率。本书不需要进一步衡量发生的是何种类型的技术进步，我们只需要解释残差项 Y_{Kt}/Y_K 的经济含义即可，因此不需要对技术进步做更多的介绍。

由此可知，残差项 Y_{Kt}/Y_K 表示技术进步导致的资本边际产量的增长率。所以资本回报率的增长率是以下三项共同决定的：乘数（ θ_{KK} ）、资本深化的速率（ $\dfrac{\overset{\cdot}{(K/L)}}{(K/L)}$ ）、技术进步引起的资本边际产量的增长率（ Y_{Kt}/Y_K ）。资本深化会降低资本的边际报酬，并通过乘数作用放大或缩小这一作用，并最终降低资本回报率的增长率，而技术进步引起的资本边际产量的增长率则会提高资本回报率的增长率。

三 区分三种技术进步类型条件下的影响机理

假定一个包含资本、劳动和技术进步指标的生产函数为：

$$Y_t = A_t \left[\gamma (D_t K_t)^{-\rho} + (1 - \gamma)(H_t L_t)^{-\rho} \right]^{-1/\rho} \qquad (13)$$

其中 Y_t 、 K_t 和 L_t 分别是产出、资本品投入和劳动力投入， t 为时间。 γ 是生产函数的参数， $0 < \gamma < 1$ 。而参数 ρ 则决定了资本和劳动之间的要素替代弹性，该要素替代弹性为 $\sigma = 1/(1 + \rho)$ ， $-1 < \rho < 0$ 或 $0 < \rho$ 。在不同的时间点 t 上，生产函数中的资本投入量和劳动投入量可以不同。假设在某一特定技术水平条件下，该函数满足新古典的完全竞争且规模报酬不

变的假设，则资本的回报率 r 为：

$$r = MPK = Y_K \qquad (14)$$

该式表示资本的回报率 r 等于资本的边际产出（MPK），Y_K 为生产函数 Y_t 关于资本 K_t 的导数。根据（13）式可以求出资本的回报率为：

$$r = Y_K = A_t \left[\gamma \left(D_t K_t \right)^{-\rho} + \left(1 - \gamma \right) \left(H_t L_t \right)^{-\rho} \right]^{-1-1/\rho} \gamma D^{-\rho} K_t^{-\rho-1} \qquad (15)$$

对（15）式两边取对数

$$\ln r = \ln A_t - \left(\frac{1+1}{\rho} \right) \ln \left[\gamma \left(D_t K_t \right)^{-\rho} + \left(1 - \gamma \right) \left(H_t L_t \right)^{-\rho} \right] +$$

$$\ln \gamma - \rho \ln D - \left(\rho + 1 \right) \ln K_t$$

对上式关于时间 t 求导可得：

$$\frac{\dot{r}}{r} = \frac{\dot{A}_t}{A_t} - \left(\frac{1+1}{\rho} \right) \frac{\left[\gamma \left(D_t K_t \right)^{-\rho} + \left(1 - \gamma \right) \left(H_t L_t \right)^{-\rho} \right]^{\cdot}}{\gamma \left(D_t K_t \right)^{-\rho} + \left(1 - \gamma \right) \left(H_t L_t \right)^{-\rho}} - \rho \frac{\dot{D}}{D} - \left(\rho + 1 \right) \frac{\dot{K}_t}{K_t}$$

$$\frac{\dot{r}}{r} = \frac{\dot{A}_t}{A_t} - \rho \frac{\dot{D}_t}{D_t} - \left(\rho + 1 \right) \frac{\dot{K}_t}{K_t} +$$

$$\frac{\left(\rho + 1 \right)}{\gamma \left(D_t K_t \right)^{-\rho} + \left(1 - \gamma \right) \left(H_t L_t \right)^{-\rho}} \left[\gamma \left(D_t K_t \right)^{-\rho} \left(\frac{\dot{D}_t}{D_t} + \frac{\dot{K}_t}{K_t} \right) + \right.$$

$$\left. \left(1 - \gamma \right) \left(H_t L_t \right)^{-\rho} \left(\frac{\dot{H}_t}{H_t} + \frac{\dot{L}_t}{L_t} \right) \right] \qquad (16)$$

其中，$\dot{r} = dr/dt$，表示资本回报率的增长数量，其他几个上方加点变量的意义与之类似。假定总产出中的资本份额为 Π_K，在新古典情况下，资本的份额等于资本的边际产出乘以资本投入量。类似的，假定劳动报酬份额为 Π_L，它等于劳动的边际产出乘以劳动投入量，则：

$$\Pi_K = K_t Y_K / Y_t = \gamma \left(D_t K_t \right)^{-\rho} / \left[\gamma \left(D_t K_t \right)^{-\rho} + \left(1 - \gamma \right) \left(H_t L_t \right)^{-\rho} \right] \qquad (17)$$

$$\Pi_L = L_t Y_L / Y_t = \left(1 - \gamma \right) \left(H_t L_t \right)^{-\rho} / \left[\gamma \left(D_t K_t \right)^{-\rho} + \left(1 - \gamma \right) \left(H_t L_t \right)^{-\rho} \right] \qquad (18)$$

将（17）式和（18）式代入（16）式可得：

$$\frac{\dot{r}}{r} = \frac{\dot{A}_t}{A_t} + \left(\left(\rho + 1 \right) \Pi_K - \rho \right) \frac{\dot{D}_t}{D_t} + \left(\rho + 1 \right) \Pi_L \frac{\dot{H}_t}{H_t} +$$

$$(\rho + 1)(\Pi_K - 1)\frac{\dot{K_t}}{K_t} + (\rho + 1)\Pi_L \frac{\dot{L_t}}{L_t} \qquad (19)$$

又因为资本份额与劳动报酬份额之和等于1，所以（19）可进一步改写为：

$$\frac{\dot{r}}{r} = \frac{\dot{A_t}}{A_t} + ((\rho + 1)\Pi_K - \rho)\frac{\dot{D_t}}{D_t} + (\rho + 1)\Pi_L \frac{\dot{H_t}}{H_t} +$$

$$(\rho + 1)(\Pi_K - 1)(\frac{\dot{K_t}}{K_t} - \frac{\dot{L_t}}{L_t}) \qquad (20)$$

对 $ln\ (K_t/L_t) = lnK_t - lnL_t$ 两边关于时间 t 求导可得：

$$\frac{\dot{(K_t/L_t)}}{(K_t/L_t)} = \frac{\dot{K_t}}{K_t} - \frac{\dot{L_t}}{L_t} \qquad (21)$$

因此（20）式便进一步化为：

$$\frac{\dot{r}}{r} = \frac{\dot{A_t}}{A_t} + ((\rho + 1)\Pi_K - \rho)\frac{\dot{D_t}}{D_t} + (\rho + 1)\Pi_L \frac{\dot{H_t}}{H_t} +$$

$$(\rho + 1)(\Pi_K - 1)\frac{\dot{(K_t/L_t)}}{(K_t/L_t)} \qquad (22)$$

假定 $\dfrac{\dot{G_t}}{G_t} = \dfrac{\dot{A_t}}{A_t} + ((\rho + 1)\Pi_K - \rho)\dfrac{\dot{D_t}}{D_t} + (\rho + 1)\Pi_L \dfrac{\dot{H_t}}{H_t}$，该项表示技术进步导致的资本回报率的变动，其中技术进步包括了中性的技术进步 $\dot{A_t}/A_t$、资本品体现型的技术进步 $\dot{D_t}/D_t$ 和劳动力质量提高型的技术进步 $\dot{H_t}/H_t$。为了分析的简便，本书不再区分技术进步的类型，而同一使用 $\dot{G_t}/G_t$ 表示总的技术进步。因此（22）式可改写为：

$$\frac{\dot{r}}{r} = \frac{\dot{G_t}}{G_t} + (\rho + 1)(\Pi_K - 1)\frac{\dot{(K_t/L_t)}}{(K_t/L_t)} \qquad (23)$$

由（23）式可以看出，资本回报率的增长率是由技术进步增长率 $\dot{G_t}/G_t$，乘数 $(1 + \rho)(\Pi_K - 1)$ 和资本深化速率 $\dfrac{\dot{(K_t/L_t)}}{(K_t/L_t)}$ 共同决定的。其中，$\dot{G_t}/G_t$ 和 $\dfrac{\dot{(K_t/L_t)}}{(K_t/L_t)}$ 的经济含义较为明确，而乘数 $(1 + \rho)(\Pi_K - 1)$ 所表示

的经济含义尚不明了，因此下文将继续对其进行推导以明确其经济含义。

假定资本边际产出关于 K_t 的弹性为 θ_{KK}，即 $\theta_{KK} = （dY_K/Y_K）/（dK_t/K_t）$，其经济含义为：资本投入量每变动 1%，资本边际产出变动的百分比，根据边际收益递减规律，在其他要素投入不变的情况下，增加 K_t 的投入，资本的边际收益减少，因此 $\theta_{KK} < 0$。对 θ_{KK} 进行改写可得：

$$\theta_{KK} = （dY_K/dK_t）（K_t/Y_K） \tag{24}$$

由（15）式可以求出 dY_K/dK 和 K/Y_K 的表达式，即：

$$\frac{dY_K}{dK_t} = A_t\left[\gamma K_t^{-\rho} + (1-\gamma)L_t^{-\rho}\right]^{\frac{-1}{\rho}-1}\gamma(-\rho-1)K_t^{-\rho-2}$$

$$+ A_t\left[\gamma K_t^{-\rho} + (1-\gamma)L_t^{-\rho}\right]^{\frac{-2}{\rho}-1}\gamma^2(\rho+1)K_t^{-2\rho-2} \tag{25}$$

$$K_t/Y_K = A_t^{-1}\left[\gamma K_t^{-\rho} + (1-\gamma)L_t^{-\rho}\right]^{1+1/\rho}\gamma^{-1}K_t^{\rho+2} \tag{26}$$

将（25）和（26）式代入（24）式并改写可得：

$$\theta_{KK} = (\rho+1)\left[(\gamma K_t^{-\rho} + (1-\gamma)L_t^{-\rho})^{-1}\gamma K_t^{-\rho} - 1\right] \tag{27}$$

根据（17）式可知，（27）式右边最后一项便是产出中的资本份额 Π_K，因此（26）式可改写为：

$$\theta_{KK} = (\rho+1)(\Pi_K - 1) \tag{28}$$

由（28）式可知，资本回报率分解公式中的乘数 $(\rho+1)(\Pi_K-1)$ 便为资本边际产出关于资本投入 K_t 的弹性。因此影响资本回报率提升的主要因素有：资本深化的速率（$\dfrac{(K_t/L_t)}{(K_t/L_t)}$），乘数（$(\rho+1)(\Pi_K-1)$）和技术进步率（$G_t/G_t$）。由于 $\rho+1>0$ 且 $\Pi_K-1<0$，所以乘数是小于零的，故资本深化会降低资本的回报率，且乘数效应会放大或缩小这一作用，并最终降低资本回报率的增长率，而技术进步则会提高资本回报率的增长率。

第二节　人力资本及其溢出效应对资本回报率的影响机理

一　包含人力资本要素的生产函数

假定在一个完全竞争的经济中，总的生产函数为柯布道格拉斯函数，具体形式如下：

$$Y = A(t)N(t)^{\alpha}K(t)^{\beta} \qquad (29)$$

其中，Y 为总产出，$A(t)$ 表示技术水平，$K(t)$ 表示资本存量，$N(t)$ 表示劳动者数量，$0 < \alpha < 1, 0 < \beta < 1$。

本书借鉴 Lucas（1988）的人力资本模型，考虑人力资本对资本回报率的影响。人力资本是指劳动者个体的一般技术水平，假设一个工人的人力资本为 $h(t)$，且工人将非闲暇时间的 $u(t)$ 部分用于生产，$1 - u(t)$ 部分用于人力资本的积累，以达到个人效用最大化的目标。假定技术水平为 h 的工人数量为 $N(h)$，其中，$h \in [0, \infty]$。因为工人只把非闲暇时间的 $u(t)$ 部分用于生产，因此生产中实际有效的技术工人为 $N' = \int_0^{\infty} u(t)N(h)dh$，人力资本的平均技术水平为：

$$h_a = \frac{\int_0^{\infty} hN(h)dh}{\int_0^{\infty} N(h)dh} \qquad (30)$$

Lucas（1988）称 h_a 为人力资本的效用外溢，因为虽然每个工人的生产率都会从中收益，但是没有人会在决定自己的时间分配时考虑这一因素，因为个人的人力资本决策对 h_a 的影响是非常小的。为了简化分析，假定经济中所有的技术工人都是同质的，即所有技术工人的技术均为 h，用于生产的非闲暇部分均为 u，因此生产中实际有效的技术工人为 $N' = uhN$，此时平均的人力资本 $h_a = h$。

经济中除了技术工人之外，还有一部工人是无技术水平的，如文盲或无任何技能的工人，特别是发展中国家的工人，工人的技术水平落后，且文盲或半文盲的现象仍较为普遍，但他们对经济的影响是无法忽视的，因此本书将无技术水平工人纳入生产函数，并以 $l(t)$ 表示这部分劳动者的数量。本书假定，只有技术工人的人力资本存在外溢效应，无技术水平工人不存在外溢效应，下文中的人力资本均指技术工人的人力资本。总的生产函数（29）则被改写为：

$$Y = A(t)K(t)^{\beta}[u(t)h(t)N(t)]^{\alpha}h_a(t)^{\gamma}l(t)^{\eta} \qquad (31)$$

其中 $h_a(t)^{\gamma}$ 表示人力资本外溢效应对经济产出的作用，$0 < \gamma < 1$。

由（31）式可知资本的边际生产效率为：

$$MPK = \beta A(t)K(t)^{\beta-1}[u(t)h(t)N(t)]^{\alpha}h_a(t)^{\gamma}l(t)^{\eta} \qquad (32)$$

由（32）式可以看出，人力资本分别通过内部效应 $h(t)$ 和外部效应 $h_a(t)$ 影响资本的回报率，且无技术水平的劳动力也影响到资本回报率的大小。

二　消费效应函数

令劳动者关于消费的效用函数为：

$$U = \int_0^\infty e^{-\rho t} \frac{1}{1-\sigma} \big[c(t)^{1-\sigma} - 1 \big] \big[N(t) + l(t) \big] dt \qquad (33)$$

其中，$c(t)$ 为人均消费，为一流量，ρ 表示贴现率，σ 表示相对风险规避系数，σ^{-1} 也称为跨期替代弹性，且 $\rho > 0$，$\sigma > 0$。

三　均衡状态推导

假设所有产品均被用来消费和资本积累，上文已假定资本存量为 K (t)，此处用 $\overset{.}{K}(t)$ 表示资本存量的变化，也表示净投资量。人均消费为 c (t)，总的劳动者数量为 $N(t) + l(t)$，所以总的消费为 $[N(t) + l(t)]c(t)$，则总产出也可以表示如下：

$$Y = \big[N(t) + l(t) \big] c(t) + \overset{.}{K}(t) =$$
$$A(t)K(t)^\beta \big[u(t)h(t)N(t) \big]^\alpha h_a(t)^\gamma l(t)^\eta \qquad (34)$$

再来分析人力资本的增长情况，假定人力资本的增长为 $\overset{.}{h}(t)$，Lucas（1988）认为它与既有的人力资本存量有关，还与劳动者分配在人力资本积累上的时间 $1 - u(t)$ 有关，因此人力资本的增长 $\overset{.}{h}(t)$ 可用下式表示：

$$\overset{.}{h}(t) = h(t)^\pi f(1 - u(t)) \qquad (35)$$

在（35）式中，f 是增函数，且 $f(0) = 0$，因为 $u(t) = 1$ 时，$1 - u(t) = 0$，此时劳动者的全部非闲暇时间都用于生产，没有人力资本积累，因此人力资本的增长 $\overset{.}{h}(t) = 0$。若 $\pi > 1$，则人力资本积累的收益递增，若 $\pi < 1$，则人力资本积累的收益递减，若 $\pi = 1$，则表明人力资本积累的收益不变。

Uzawa（1965）运用两部门模式结构描述了物质资本和人力资本都能生产的最优增长模型，他提出一个类似（35）式的模型，认为人力资本增长是线性的，即假定 $\pi = 1$。Rosen（1976）对人力资本的积累进行了观察，他认为 $\pi = 1$ 时，（35）式所描述的情况与所观察的情况是一致的。Lucas（1988）在其人力资本增长模型中也假定 $\pi = 1$，并且假定 f 也是线性的，因此（35）式可改写为：

$$\dot{h}(t) = h(t)(1 - u(t))\delta \qquad (36)$$

δ 是人力资本积累的效率，当 u（t）$= 1$ 时，劳动者不进行人力资本的积累，因此$\dot{h}$（t）$= 0$，若劳动者全部时间都用来进行人力资本积累，即 u（t）$= 0$ 时，人力资本积累速度达到最大值 δ，即$\dot{h}$（t）$= h$（t）δ。当 $0 < u$（t）< 1 时，人力资本积累的边际收益不变。

消费者的最优消费选择即是在（34）式和（36）式的约束下最大化自己的效用函数（33）式。首先需要对物质资本和人力资本的增长估价，分别用影子价格 θ_1（t）和 θ_2（t）表示。建立当期值汉米尔顿函数 H，具体如下式：

$$
\begin{aligned}
H(K,h,\theta_1,\theta_2,c,u,t) = {} & \frac{N(t) + l(t)}{1 - \sigma}(c(t)^{1-\sigma} - 1) \\
& + \theta_1 [A(t)K(t)^\beta (u(t)N(t)h(t))^\alpha h_a(t)^\gamma l(t)^\eta \\
& - (N(t) + l(t))c(t)] + \theta_2 [h(t)(1 - u(t))\delta] \qquad (37)
\end{aligned}
$$

消费者通过选择函数 H 中的控制变量以最大化 H，控制变量是可以被计划者自由控制的变量，其中消费流 c（t）和用于生产的时间 u（t）是该函数中的控制变量。状态变量是计划者过去的决策所决定的变量，其中物质资本存量 K（t）和人力资本存量 h（t）是该函数中的状态变量，状态变量的影子价格 θ_1（t）和 θ_2（t）是协态变量。前面假定了劳动者是同质的，即 $h_a = h$。函数 H 关于控制变量的一阶条件为：

$$\frac{\partial H}{\partial c} = \frac{N(t) + l(t)}{1 - \sigma}(1 - \sigma)c(t)^{-\sigma} + \theta_1(-N(t) - l(t)) = 0$$

$$\frac{\partial H}{\partial u} = \theta_1 \alpha A K(t)^\beta (uN(t)h(t))^{\alpha-1} N(t)h(t)^{1+\gamma} l(t)^\eta - \theta_2 \delta h(t) = 0$$

将上述一阶条件进一步改写可得：

$$c(t)^{-\sigma} = \theta_1 \qquad (38)$$

$$\theta_1 \alpha A(t) K(t)^\beta (u(t)N(t)h(t))^{\alpha-1} N(t)h(t)^{1+\gamma} l(t)^\eta = \theta_2 \delta h(t) \qquad (39)$$

上述（38）式表示劳动者用于消费和用于资本积累的商品的边际价值必须相等，（39）式表示劳动者用于生产和资本积累的时间的边际价值必须相等。如果用（38）式和（39）式求得的 c（t）和 u（t）是一条最优路径，则影子价格 θ_1 和 θ_2 必须每期都满足下列条件，即函数 H 关于状态变量的导数等于折现率乘以协态变量减去协态变量关于时间的导数：

$$\theta_1 \beta A(t) K(t)^{\beta-1} (u(t)N(t)h(t))^{\alpha} h(t)^{\gamma} l(t)^{\eta} = \rho\theta_1 - \dot{\theta}_1$$

$$\tag{40}$$

$$\theta_1 (\alpha + \gamma) A(t) K(t)^{\beta} (u(t)N(t))^{\alpha} h(t)^{\alpha+\gamma-1} l(t)^{\eta}$$
$$+ \theta_2 \delta(1 - u(t)) = \rho\theta_2 - \dot{\theta}_2 \tag{41}$$

横截性条件为：

$$\lim_{t\to\infty} e^{\rho t} \theta_1 K(t) = 0 \tag{42}$$

$$\lim_{t\to\infty} e^{\rho t} \theta_2 K(t) = 0 \tag{43}$$

对（40）进行改写可得：

$$\beta A(t) K(t)^{\beta-1} (u(t)N(t)h(t))^{\alpha} h(t)^{\gamma} l(t)^{\eta} = \rho - \frac{\dot{\theta}_1}{\theta_1} \tag{44}$$

对（38）式两边关于时间 t 求导并改写可得：

$$-\sigma c^{-\sigma-1} \dot{c} = \dot{\theta}$$

$$-\sigma c^{-\sigma} \frac{\dot{c}}{c} = \dot{\theta}$$

$$-\sigma\theta \frac{\dot{c}}{c} = \dot{\theta}$$

$$-\sigma \frac{\dot{c}(t)}{c(t)} = \frac{\dot{\theta}_1}{\theta_1} \tag{45}$$

令 $\psi = \frac{\dot{c}(t)}{c(t)}$，在平衡路径上，消费以不变的速度增长，因此 ψ 为一常数。结合（44）和（45）式可得：

$$\beta A(t) K(t)^{\beta-1} (u(t)N(t)h(t))^{\alpha} h(t)^{\gamma} l(t)^{\eta} = \rho + \sigma\psi$$

$$\tag{46}$$

（46）式左边部分即为资本的边际产出效率，在满足古典情况的假设下，资本回报率等于资本边际产出效率，令资本的回报率为 r，则：

$$r = MPK = \rho + \sigma\psi \tag{47}$$

当贴现率 ρ 和相对风险规避系数 σ 不变时，平衡路径上的资本回报率主要受消费增长率的影响，又因为 ψ 是不变的，所以在均衡路径上 r 也是不变的。可知（46）式右边为一常数，对（46）式微分可得：

$$\frac{\dot{A}(t)}{A(t)} + (\beta - 1)\frac{\dot{K}(t)}{K(t)} + \alpha(\frac{\dot{h}(t)}{h(t)} + \frac{\dot{N}(t)}{N(t)}) + \gamma\frac{\dot{h}(t)}{h(t)} + \eta\frac{\dot{l}(t)}{l(t)} = 0$$

$$(48)$$

令技术进步增长率 $\frac{\dot{A}(t)}{A(t)} = \mu$，人力资本增长率 $\frac{\dot{h}(t)}{h(t)} = \phi$，无技术水

平工人增长率 $\frac{\dot{l}(t)}{l(t)} = \lambda'$，总的劳动力增长率 $\frac{(\dot{N(t) + l(t)})}{N(t) + l(t)} = \lambda$。

下面分析物质资本的增长率，对（34）式进行改写：

$$\frac{(N(t) + l(t))c(t)}{K(t)} + \frac{\dot{K}(t)}{K(t)} = AK(t)^{\beta-1}[u(t)h(t)N(t)]^{\alpha}h_a(t)^{\gamma}l(t)^{\eta}$$

$$(49)$$

将（46）式代入（49）式可得：

$$\frac{(N(t) + l(t))c(t)}{K(t)} + \frac{\dot{K}(t)}{K(t)} = \frac{\rho + \sigma\psi}{\beta} \qquad (50)$$

在平衡增长路径上，（50）式右边为一常数，物质资本的增长率也为

一常数，所以 $\frac{(N(t) + l(t))c(t)}{K(t)}$ 也为一常数，令 $\frac{(N(t) + l(t))c(t)}{K(t)} =$

M，M 为一常数，则：

$$(N(t) + l(t))c(t) = MK(t) \qquad (51)$$

对（51）式进行微分得：

$$\frac{(\dot{N(t) + l(t)})}{N(t) + l(t)} + \frac{\dot{c}(t)}{c(t)} = \frac{\dot{K}(t)}{K(t)}$$

$$\lambda + \psi = \frac{\dot{K}(t)}{K(t)} \qquad (52)$$

将（52）式代入（48）式，并结合各变量的增长率可得：

$$\psi = \frac{\mu + \eta\lambda' + (\alpha + \gamma)\varphi + (\alpha + \beta - 1)\lambda}{1 - \beta} \qquad (53)$$

把（53）式代入（47）式可得：

$$r = \rho + \sigma\frac{\mu + \eta\lambda' + (\alpha + \gamma)\varphi + (\alpha + \beta - 1)\lambda}{1 - \beta} \qquad (54)$$

由（54）式可知，在其他参数不变的情况下，平衡增长路径上的资本回报率 r 是由人力资本增长率 ϕ 决定的。因为 $1 - \beta > 0$，$\gamma > 0$，所以

$1 - \beta + \gamma > 0$，且 $\rho > 0$，$\sigma > 0$，由此可知，r 和 ϕ 是同方向变动的，即提高人力资本的增长率 ϕ，资本会得到更高的回报率。人力资本外部效应（γ）的大小影响到 ϕ 的乘数大小，从而放大或缩小了人力资本对资本回报率的影响。根据上式还可以发现，无技术水平工人的变动（λ'）同样会影响到资本回报率的大小。根据上述分析，可以得到如下命题：

命题 1：人力资本的提高能够促进资本回报率的上升。

命题 2：人力资本外部性的存在，放大或缩小了人力资本变化对资本回报率的影响。

命题 3：无技术水平工人的增长能够促进资本回报率的上升。

第三节　本章小结

本部分首先从资本深化和技术进步的视角对资本回报率的影响机理进行了分析，具体分析过程中，本部分先选取了一个简单的情况进行讨论，然后推广到一般性的隐性生产函数，最后对技术进步的类型进行细分后再次推导了影响机理。研究结果显示：（1）在三种情况下，影响资本回报率提升的因素皆有三大项，技术的变动、资本深化的变动以及资本深化项的乘数；（2）在一般性生产函数和 CES 生产函数的情况下，资本深化项的乘数的经济含义是资本边际产出关于资本投入 K_t 的弹性；（3）对技术进步的类型进行细分后发现，技术进步包括了中性的技术进步 A_t/A_t、资本品体现型的技术进步 D_t/D_t 和劳动力质量提高型的技术进步 K_t/K_t。

其次，本部分对 Lucas（1988）的人力资本模型进行了拓展，加入了无技术水平工人变量，分析了人力资本及其溢出效应对资本回报率的影响机理，研究结果显示：（1）人力资本的提高能够促进资本回报率的上升；（2）人力资本外部性的存在，放大或缩小了人力资本变化对资本回报率的影响；（3）无技术水平工人的增长能够促进资本回报率的上升。

第六章

资本回报率提升机制的实证分析：技术进步视角

以往学者的研究表明资本回报率对经济的增长有着重要影响，如果资本收益率高于主观贴现率，则会导致资本积累和经济的长期增长（黄伟力，2007），因此大力发展高回报率的产业可以有效促进经济的增长。邵挺（2010）的研究也发现，如果资本回报率较高的私营企业可以得到更多的金融资源，中国的 GDP 增长速度可以提高 2%—8%，因此对资本回报率的研究具有重要的现实意义。

古典经济学理论认为资本深化会导致资本回报率的下降，许多学者的研究也显示了资本深化和资本回报率下降会同时发生，如刘遵义（1997）对 1965—1991 年间德国经济的研究、乔根森（2001）对 1961—1973 年间韩国经济的研究、徐长生和陈薇薇（2005）对 1820—1913 年美国工业化期间的研究。Young（1994）和 Krugman（1994）也指出，东亚的经济增长几乎完全归结为劳动和资本等生产要素投入的增加，因而不可避免地会出现资本边际报酬递减以及资本生产率下降的问题。张军（2002）则以新古典增长理论为基础，对中国工业部门回报率变动进行了研究，他认为资本劳动比率与资本回报率之间存在着显著的负相关关系。Gordon（1999）却认为资本深化是由技术变化引致的，因此长期内资本深化与资本利润率之间是一种非常复杂的关系，并不必然是负相关。黄伟力（2007）对中国工业资本利润率的研究也发现，从宏观层面上看，资本的"过度深化"对资本利润率的负面影响假说是不成立的。

技术进步是提高劳动生产率最有效的方式之一，如果实际工资不变，劳动生产率提高到一定程度时，利润率将会提高（Moszkowska，1929），Shibata（1934）和 Samuelson（1957）也有类似的观点，因此企业进行技术创新能够提高其回报率（黄德春、刘志彪，2006；赵红、扈晓影，

2010)。也有学者认为全要素生产率的增长或技术进步是决定资本回报率的主因（黄伟力，2007），如 Abramovitz（1993）的研究显示，在美国工业化的初级阶段，全要素生产率对劳动生产率增长的贡献大大低于资本深化的贡献，但后期的影响则会逐渐增强。当然，也有学者持不同看法，如 Mason 和 Harrison（2002）对英国的实证检验结果表明，高技术行业和传统行业的创业投资回报率并没有显著差异。

从研究视角上看，以往文献多使用回归分析的方法，或将资本深化和技术进步分开来单独论证，而本书则从理论上将资本回报率的变动分解为资本深化和技术进步两部分，然后使用不同类型国家的数据分析这两部分如何共同影响资本回报率的变动。

本部分从资本深化和技术进步的视角，将资本回报率的变动分解为乘数效应、资本深化效应和技术进步效应，然后使用不同类型国家的数据计算了各国的资本回报率，并估算了资本边际产出弹性，最后对资本回报率的变动进行了分解，以分析资本深化和技术进步对资本回报率的影响以及在不同类型国家中的差别。

第一节　模型的提出：基于三种类型 生产函数的模型推导

在第五章的第一节中，本书考虑了三种类型的生产函数，并分别推导了资本回报率增长的分解公式。

1. 在柯布道格拉斯生产函数中，即假定一个包含资本、劳动和技术的柯布道格拉斯生产函数：

$$Y = AK^{\beta}L^{1-\beta} \tag{1}$$

资本回报率增长的分解公式为：

$$\frac{\dot{r}}{r} = \frac{\dot{A}}{A} + (\beta - 1)\frac{(\dot{K/L})}{K/L} \tag{2}$$

根据上式可以发现，影响资本回报率提升的因素有三项，技术的变动、资本深化的变动以及资本深化项的乘数 $(\beta - 1)$。

2. 对于 CES 函数，假定一个包含资本、劳动和技术进步指标的生产函数为：

$$Y_t = A_t\big[\gamma(D_tK_t)^{-\rho} + (1-\gamma)(H_tL_t)^{-\rho}\big]^{-\frac{1}{\rho}} \tag{3}$$

在这种情况下，资本回报率增长的分解公式为：

$$\frac{\dot{r}}{r} = \frac{\dot{A_t}}{A_t} + ((\rho+1)\Pi_K - \rho)\frac{\dot{D_t}}{D_t} + (\rho+1)\Pi_L\frac{\dot{H_t}}{H_t}$$

$$+ (\rho+1)(\Pi_K - 1)\frac{(\dot{K_t/L_t})}{(K_t/L_t)} \qquad (4)$$

为了简化分析，假定 $\frac{\dot{G_t}}{G_t} = \frac{\dot{A_t}}{A_t} + ((\rho+1)\Pi_K - \rho)\frac{\dot{D_t}}{D_t} + (\rho+1)\Pi_L\frac{\dot{H_t}}{H_t}$，该项表示技术进步导致的资本回报率的变动，其中技术进步包括了中性的技术进步 $\dot{A_t}/A_t$、资本品体现型的技术进步 $\dot{D_t}/D_t$ 和劳动力质量提高型的技术进步 $\dot{K_t}/K_t$。则（4）式进一步转化为：

$$\frac{\dot{r}}{r} = \frac{\dot{G_t}}{G_t} + (\rho+1)(\Pi_K - 1)\frac{(\dot{K_t/L_t})}{(K_t/L_t)} \qquad (5)$$

由（5）式可知，资本回报率的增长率是由技术进步增长率 $\dot{G_t}/G_t$，乘数 $(1+\rho)(\Pi_K-1)$ 和资本深化速率 $(\dot{K_t/L_t})/(K_t/L_t)$ 共同决定的。

3. 对于隐性的生产函数，本书考虑一个没有具体形式的生产函数，假设一个一般性的总量生产函数为：

$$Y = Y(L, K, t) \qquad (6)$$

在这种情况下，资本回报率增长的分解公式为：

$$\frac{\dot{r}}{r} = \theta_{KK}\frac{(\dot{K/L})}{(K/L)} + \frac{Y_{Kt}}{Y_K} \qquad (7)$$

即资本回报率的增长率是由以下三项共同决定的：乘数（θ_{KK}）、资本深化的速率（$\frac{(\dot{K/L})}{(K/L)}$）、技术进步引起的资本边际产量的增长率（$Y_{Kt}/Y_K$）。资本深化会降低资本的边际报酬，并通过乘数作用放大或缩小这一作用，并最终降低资本回报率的增长率，而技术进步引起的资本边际产量的增长率则会提高资本回报率的增长率。

根据资本回报率增长的分解结果可知，资本回报率的增长主要由以下三部分组成：技术进步、资本边际产出弹性和资本深化。将其归结为一个统一的公式为：

$$\frac{\dot{r}}{r} = \frac{\dot{G_t}}{G_t} + \theta_{KK} \frac{(\dot{K_t/L_t})}{(K_t/L_t)} \qquad (8)$$

该式便是本部分进行实证分析的基础模型。下述内容将以此模型为基础，估算资本边际产出弹性，并从资本深化和技术进步的视角对资本回报率的增长进行分解。虽然在公式（8）中的技术进步是以中性的技术进步方式融入模型中的，但为了分析的简便，本书在实证分析中做了简化处理，认为技术进步的部分等于资本回报率总变动减去资本深化的部分。因此实证分析中的技术进步是一个残差项，可能包含了中性的、资本节约型和劳动节约型的技术进步。由于本书仅是为了说明技术进步和资本深化对资本回报率影响的大小和差异，并不需要区分到底发生了何种类型的技术进步，因此这种简化处理并不会影响到文章的最终结论。

第二节　基于总体跨国数据的实证分析

根据上述理论推导的公式，本部分将对世界 46 个国家的资本回报率的增长率进行分解，以期得出资本深化和技术进步对资本回报率增长率的影响程度。

一　数据来源及处理

发达国家的统计数据较为详细完整，时间跨度也较长，但发展中国家的统计数据则相对欠缺，时间跨度较短，因此本书使用 1995—2009 年数据进行分析。46 个国家为：澳大利亚、奥地利、比利时、加拿大、丹麦、芬兰、法国、德国、希腊、冰岛、爱尔兰、意大利、日本、荷兰、新西兰、挪威、葡萄牙、西班牙、瑞典、瑞士、英国、美国、阿根廷、保加利亚、智利、哥伦比亚、哥斯达黎加、牙买加、马来西亚、巴拿马、波兰、罗马尼亚、土耳其、委内瑞拉、玻利维亚、喀麦隆、危地马拉、伊朗、菲律宾、斯里兰卡、突尼斯、巴西、墨西哥、南非、中国和印度。由于世界各国的货币计量单位不同，本书根据各年汇率将所有数据统一换算为以"美元"为单位的数据。所涉及的数据主要有：

1. 劳动报酬。来自联合国数据库。

2. GDP 及其价格平减指数。GDP 数据和价格平减指数来源于世界银行数据库，其中在计算上会使用到现价和不变价数据，不变价数据以

2005 年为基期进行了调整。

3. 资本存量。资本存量的测算使用永续盘存法。具体公式为：$K_t = K_{t-1}(1-\delta_t) + I_t$，其中，$K_t$ 是 t 期的资本存量，δ_t 是 t 期的折旧率，I_t 是 t 期的资本形成总额。基期的资本存量用基期的资本形成总额比上折旧率与随后 5 年资本形成总额平均增长率之和（单豪杰，2008）。

4. 资本形成总额。来源于 PWT7.0 数据库，其中，不变价数据以 2005 年为基期。

5. 投资价格指数。PWT7.0 数据库提供了 1952—2009 年资本形成总额的现价与以 2005 年为基期的不变价数额，现价与不变价的比值就是投资价格指数，其中 2005 年的价格指数等于 1。

6. 就业人数。来源于联合国数据库。

二 资本边际产出弹性的估算

为减少数据的剧烈波动，首先对数据取对数处理。在做回归分析之前，为了避免伪回归问题，应对其平稳性进行检验，检验结果如表 6.1 所示。LR、LK、LL 分别表示资本回报率、资本存量和劳动力数量的自然对数值。

表 6.1　　　　　　　　　　总体跨国数据的平稳性检验

变量	LLC	IPS	ADF – F	PP – F	单位根
LR	– 9.01 ***	– 9.42 ***	263.43 ***	304.05 ***	否
ΔLR	– 17.03 ***	– 16.86 ***	419.34 ***	582.89 ***	否
LK	2.86	12.52	64.29	73.59	是
ΔLK	– 7.63 ***	– 4.24 ***	147.12 ***	122.23 **	否
LL	– 9.66 ***	0.34	147.31 ***	181.75 ***	是
ΔLL	– 8.46 ***	– 9.01 ***	254.95 ***	305.68 ***	否

注：***，** 和 * 分别表示在 1%、5% 和 10% 水平上通过显著性检验。

由表 6.1 可以发现，资本和劳动数列均是不平稳的，因此对各数列取一阶差分后继续进行平稳性检验，结果显示各数列均是平稳的。由于原数列是非平稳的，因此无法用原数据建立方程，可以考查原数据是否存在长期稳定的协整关系。对数据进行协整检验的结果如表 6.2 所示。

表6.2　　　　　　　　　总体跨国数据的协整关系检验结果

方法	统计量	P 值	方法	统计量	P 值
Panel v	6.58	0.00	Group rho	1.92	0.97
Panel rho	-1.46	0.07	Group PP	-14.34	0.00
Panel PP	-8.53	0.00	Group ADF	-6.67	0.00
Panel ADF	-4.43	0.00			

表 6.2 给出了 7 个协整关系检验的统计量，在小样本情况下，Panel ADF 和 Group ADF 两个统计量的检验效果最好，在检验结果不一致的情况下，以这两个统计量为准（Pedroni，1999）。由表 6.2 可知，Panel ADF 和 Group ADF 统计量分别为 -4.43 和 -6.67，在 1% 水平上通过了显著检验，其他几个检验方法中，除 Group rho 外均通过了显著性检验，据此认为本书所考虑的数列之间具有协整关系。因此可以使用原数据进行回归分析。

考虑到资本的前期投入可能会对后面几期的资本回报率造成一定影响，因此在计量模型中引入资本存量的提前期，由于劳动者数量对资本深化有着重要影响，进而影响到资本的回报率，因此将劳动者数量作为控制变量引入模型，具体模型如下：

$$LR = C + \alpha_1 LK + \alpha_2 LL + \sum \beta_{-i} LK(-i) + \varepsilon \qquad (9)$$

其中，$LK(-i)$ 表示提前 i 期的资本存量，$LK(-i)$ 的引入，除了经济上的原因外，还可以消除解释变量之间的联立性，以及残差序列的序列相关性和非正态分布等，从而得到协整系数的一致估计，ε 表示随机扰动项。参数 α_1 即为需要求解的资本边际产出关于资本的弹性。

表6.3　　　　　　　　　　含滞后项的回归结果

变量	模型 1	模型 2	模型 3
C	4.46 *** (12.85)	9.59 ** (2.07)	4.82 *** (7.40)
LK	4.23 * (1.87)	2.64 (1.22)	3.41 * (1.64)
LL	0.13 *** (5.88)	0.07 (0.16)	0.16 *** (4.16)
$LK(-1)$	-2.28 (-0.47)	-0.95 (-0.22)	-1.76 (-0.41)
$LK(-2)$	-1.85 (-0.36)	-5.47 (-1.22)	-4.07 (-0.91)

续表

变量	模型1	模型2	模型3
LK（-3）	-0.25 （-0.11）	3.47 （1.55）	2.23 （1.04）
R^2	0.23	0.48	0.22
模型	混合效应	固定效应	随机效应

注：1. 由于篇幅所限，个体截面数据没有给出；

2. 括号内数据为 t 统计值。

由于本部分数据的截面较多，而时期较短，因此认为国家间的差异主要表现在横截面的不同个体之间，参数不随时间变化或者变动较小，故可采用变截距模型进行分析（魏楚、沈满洪，2007）。选定变截距模型之后，还要对固定效应和随机效应的选择进行检验，混合效应模型与固定效应模型的选择可以根据似然 F 统计量进行判断，如果似然 F 统计量显示应该选择固定效应模型，则还需根据 Hausman 值进一步判定固定效应与随机效应模型的选择。为了减少截面和年份异方差的影响，本书使用 Cross - section Weights 方法进行加权，并使用 White - Period 方法校正异方差。运用动态最小二乘法，逐步进行回归，并剔除不显著变量，直到所有变量均显著为止。表 6.3 报告了初步的回归结果。

由表 6.3 可以看出，LK 的一阶、二阶和三阶滞后项均是不显著的，而 LK 和 LL 在混合效应和随机效应模型中皆是显著，因此应剔除 LK 的滞后项，只使用原数据进行回归分析，回归结果如表 6.4 所示。

表 6.4　　　　　　　　　　不含滞后项的回归结果

变量	模型4	模型5	模型6
C	5.26 *** （21.32）	2.07 （0.66）	4.98 *** （8.57）
LK	-0.20 *** （-16.34）	-0.08 （-0.68）	-0.20 *** （-6.26）
LL	0.18 *** （13.75）	0.17 （0.52）	0.19 *** （5.69）
R^2	0.57	0.75	0.20
模型	混合效应	固定效应	随机效应
似然 F 值	7.01 ***		
Hausman 值	0.01		
模型选择	随机效应		

表 6.4 报告了三种模型的回归结果，根据似然 F 统计值和 Hausman 值可知，应选择随机效应模型。在该模型中 LK 的系数为 −0.20，即资本边际产出关于资本的弹性为 −0.20。

三　实证结果及其比较分析

由理论分析部分可知，影响资本回报率增长的因素主要包括资本边际产出关于资本的弹性（θ_{KK}）、资本深化的速率（$\frac{(K/L)}{(K/L)}$）和技术进步引致的资本边际产出的增长率（Y_{Kt}/Y_K），其中资本深化数据使用资本存量与劳动者数量相比得到。利用资本回报率增长的分解公式和上述各项数据对资本回报率的增长进行分解，结果如表 6.5 所示。

表 6.5　　　　　　　　总体资本回报率增长的分解

年份	回报率的增长	资本深化部分	资本深化贡献率（%）	技术进步部分	技术进步贡献率（%）
1996	0.005	−0.0016	−18.68	0.007	81.32
1997	−0.112	−0.0020	−1.82	−0.110	−98.18
1998	−0.116	−0.0016	−1.41	−0.114	−98.59
1999	0.204	−0.0024	−1.13	0.206	98.87
2000	0.065	−0.0026	−3.68	0.068	96.32
2001	−0.026	−0.0032	−12.13	−0.023	−87.87
2002	−0.008	−0.0025	−31.69	−0.005	−68.31
2003	−0.039	−0.0035	−8.89	−0.035	−91.11
2004	0.126	−0.0034	−2.54	0.129	97.46
2005	−0.016	−0.0024	−15.26	−0.013	−84.74
2006	0.039	−0.0025	−5.76	0.042	94.24
2007	−0.024	−0.0029	−11.95	−0.021	−88.05
2008	−0.014	−0.0034	−25.24	−0.010	−74.76
2009	−0.272	−0.0055	−2.01	−0.266	−97.99

表 6.5 的第二列报告了 1996—2009 年中 46 个国家平均资本回报率的增长情况，从表中可以看出，多数年份处于负的增长阶段，仅有 4 年是正的增长。但从总体上看，资本回报率变动的幅度并不大，历年降低或增长的速率都较低，平均资本回报率一直在 15% 上下波动，没有出现较大的涨落情况，如图 6.1 所示。

第三列报告了资本回报率增长中的资本深化部分，即资本回报率的增

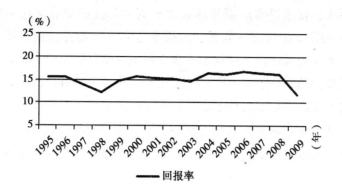

图6.1　总体的平均资本回报率

长中有多少是由资本深化引致的。1995—2009 年间，世界 46 个国家资本深化程度从人均约 10 万美元增长到人均 12 万美元左右，15 年间增长了 21.6%，如图 6.2 所示。从历年增长率看，资本深化的增长较为平稳，除 2009 年外，其他年份的增长率均在 2% 以下，2009 年也仅为 2.73%。由于资本边际产出的弹性为 -0.20，所以资本深化会导致资本回报率的下降，由第三列也可以看出，资本深化对资本回报率增长的影响均为负向的，但由于弹性和资本深化速率都较小，因此对资本回报率的影响程度也较小，资本深化每增长 1%，会导致资本回报率 0.2% 的下降，影响程度较低。

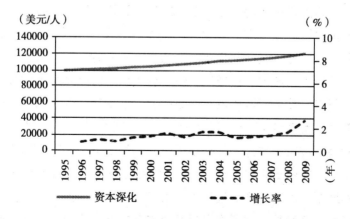

图6.2　总体的资本深化情况

第五列是资本回报率增长中的技术进步部分，即技术进步引致的资本边际产出的增加，进而导致资本回报率增长的部分。对比第三和第五列数据可以看出，技术进步的部分远远大于资本深化的部分，这主要是因为46个国家的资本深化速度较低，且资本边际产出的弹性值也较低，因此影响程度不及技术进步。在技术进步出现正的增长的年份，资本回报率的增长也为正向的，这也在一定程度上说明了技术进步可以提高资本的边际产出，进而提高了资本的回报率。如果当年的技术进步程度较低，无法抵消资本深化对资本回报率的降低作用，则整体的资本回报率就会下降，反之，资本回报率就会上升。因此技术进步是保持资本回报率稳定的重要因素之一。

第四列和第六列显示了资本深化和技术进步对资本回报率增长的贡献率。贡献率的计算公式如下：

$$A\text{ 的贡献率} = \frac{A}{|A| + |B|} \times 100\% \qquad (10)$$

其中 A 和 B 分别表示资本深化部分和技术进步部分，贡献率的正负符号表示对回报率增长的影响方向，正的表示促进了资本回报率的增长，负的表示降低了资本的回报率。从符号上看，资本深化降低了资本的回报率，技术进步则在部分年份提高了资本的回报率，在另外一些年份也出现了负的影响，这可能是因为当年的技术进步水平较低。从数值上看，技术进步对资本回报率的影响都较为明显，技术进步的平均贡献为89.84%，资本深化的影响则相对较低，平均贡献率仅为10.16%，约为技术进步的九分之一。这也进一步解释了世界46个国家资本回报率的增长情况，虽然这些国家的资本深化在逐年提高，而资本深化又会降低资本的回报率，但对这些国家的计算结果却显示，平均资本回报率一直保持在15%左右，并没有出现较大的波动，造成这一情况的主要原因就是技术进步能够提高资本的回报率，降低了资本深化的影响，从而保障了资本回报率的稳定。

本部分使用世界46个国家1995—2009年的数据，对资本边际产出关于资本的弹性进行了估计，估计结果显示弹性值为-0.20，即资本深化每增长1%，资本回报率会下降0.2%。然后使用资本回报率增长的分解公式对资本回报率的增长情况进行了分解，结果显示，虽然这些国家的资本深化程度在逐渐增长，但资本回报率的波动幅度并不明显，这主要是因为技术进步对资本回报率的提升作用在一定程度上抵消资本深化对资本回报率的降低作用，从而保障了资本回报率的稳定。从分解结果也可以发现，技术进步的影响远远大于资本深化的影响，技术进步的平均贡献率为

89.84%，资本深化的平均贡献率仅为 10.16%。因此，不断加强科技研发投入，大力发展高新技术产业，提高技术进步的水平仍是促进资本回报率的重要举措。

第三节　基于发达国家数据的实证分析

根据理论推导的公式，本部分将对世界 22 个发达国家的资本回报率的增长率进行分解，以期得出资本深化和技术进步对资本回报率增长率的影响程度。22 个发达国家主要为 OECD 国家，考虑数据的完整性和收入水平的限定条件，删除了 OECD 国家中数据不完整和人均国民收入低于 11906 美元的国家，剩余的 22 个国家为：澳大利亚、奥地利、比利时、加拿大、丹麦、芬兰、法国、德国、希腊、冰岛、爱尔兰、意大利、日本、荷兰、新西兰、挪威、葡萄牙、西班牙、瑞典、瑞士、英国、美国。

发达国家的统计数据较为详细完整，时间跨度也较长，因此本书使用 1970—2009 年数据进行分析。由于世界各国的货币计量单位不同，本书根据各年汇率将所有数据统一换算为以"美元"为单位的数据。数据来源同所有国家的整体分析部分。

一　资本边际产出弹性的估算

在做回归分析之前，为避免伪回归问题，首先应对其平稳性进行检验。在检验前，先对数据取对数处理，以减少数据的剧烈波动。平稳性检验结果如表 6.6 所示。

表 6.6　　　　　　　　发达国家数据的平稳性检验

变量	LLC	IPS	ADF – F	PP – F	单位根
LR	– 7.28 ***	– 10.33 ***	211.24 ***	222.53 ***	否
ΔLR	– 21.11 ***	– 27.09 ***	547.03 ***	615.78 ***	否
LK	– 1.27	4.00	24.39	16.63	是
ΔLK	– 4.51 ***	– 4.20 ***	88.84 ***	85.69 ***	否
LL	– 5.09 ***	2.89	58.69 *	70.86 ***	是
ΔLL	– 16.75 ***	– 16.15 ***	322.44 ***	326.59 ***	否

注：***，** 和 * 分别表示在 1%、5% 和 10% 水平上通过显著性检验。

　　表6.6报告了资本回报率、资本存量和劳动力取对数后的平稳性检验结果。由表可知，资本和劳动数列均是不平稳的，因此对各数列取一阶差分后继续进行平稳性检验，结果显示各数列均是平稳的。由于原数列是非平稳的，因此无法用原数据建立方程，可以考查原数据是否存在长期稳定的协整关系。对数据进行协整检验的结果如表6.7所示。

表6.7　　　　　　　　　　发达国家数据协整关系检验结果

方法	统计量	P值	方法	统计量	P值
Panel v	10.75	0.00	Group rho	−8.71	0.00
Panel rho	−15.25	0.00	Group PP	−11.77	0.00
Panel PP	−17.91	0.00	Group ADF	−9.21	0.00
Panel ADF	−11.29	0.00			

　　协整关系检验结果显示，7个统计量均在1%水平上通过了显著性检验，即变量之间存在着长期稳定的协整关系。可以使用原数据建立协整方程进行回归分析，从而估算发达国家资本边际产出关于资本的弹性。

　　类似于上文所有国家整体分析中的估算方法，本部分依然使用下述模型进行估算：

$$LR = C + \alpha_1 LK + \alpha_2 LL + \sum \beta_{-i} LK(-i) + \varepsilon \qquad (11)$$

　　其中，$LK(-i)$表示提前i期的资本存量。

　　类似于上一节的面板数据分析方法，本部分使用22个发达国家1970—2009年的面板数据进行回归分析，回归分析结果如表6.8所示。

表6.8　　　　　　　　　　发达国家的回归结果

变量	模型1	模型2	模型3
C	6.38 (0.82)	−3.24 (−0.33)	8.14 *** (7.68)
LK	18.59 *** (4.69)	4.86 (1.16)	−0.49 *** (−6.11)
LL	−0.51 (−0.56)	−1.05 (−1.21)	0.49 *** (6.29)
LK（−1）	−29.72 *** (−3.45)	−4.07 (−1.05)	
LK（−2）	9.19 (1.03)		

续表

变量	模型 1	模型 2	模型 3
LK（-3）	2.08 (0.53)		
R^2	0.49	0.48	0.20
似然 F 值	2.11 ***	2.65 ***	2.22 ***
Hausman 值	11.81 **	6.86 *	3.66
模型	固定效应	固定效应	随机效应

为了考虑资本存量影响的滞后效应，将提前 1—3 期的资本存量加入到模型中进行回归分析，结果如表 6.8 中的模型 1 所示，在该模型中 LK（-2）和 LK（-3）的回归系数均不显著，因此剔除这两个变量继续进行回归分析。回归结果如模型 2 所示，而在模型 2 中，LK（-1）也变得不显著，因此剔除该变量，仅使用 LK 和 LL 作为解释变量进行回归分析，结果如模型 3 所示。在模型 3 中，所有变量的回归系数均显著，因此将此模型作为最终的回归方程。LK 的回归系数便为要估算的资本边际产出弹性，即发达国家的资本边际产出弹性为 -0.49。

二　实证结果及其比较分析

表 6.9 报告了发达国家资本回报率增长的分解结果。

表 6.9　　　　　　　　发达国家资本回报率增长的分解

年份	回报率的 增长	资本深化 部分	资本深化的 贡献率（%）	技术进步 部分	技术进步的 贡献率（%）
1971	-0.125	-0.016	-13.151	-0.109	-86.849
1972	0.108	-0.017	-11.945	0.125	88.055
1973	-0.060	-0.017	-27.787	-0.044	-72.213
1974	0.271	-0.017	-5.650	0.288	94.350
1975	-0.249	-0.018	-7.260	-0.231	-92.740
1976	-0.136	-0.013	-9.461	-0.123	-90.539
1977	-0.090	-0.012	-13.818	-0.078	-86.182
1978	0.107	-0.011	-8.758	0.119	91.242
1979	0.039	-0.009	-15.815	0.047	84.185
1980	0.016	-0.008	-25.717	0.024	74.283

续表

年份	回报率的增长	资本深化部分	资本深化的贡献率（%）	技术进步部分	技术进步的贡献率（%）
1981	−0.117	−0.006	−5.091	−0.111	−94.909
1982	0.039	−0.007	−13.438	0.046	86.562
1983	−0.135	−0.007	−5.463	−0.127	−94.537
1984	0.091	−0.007	−6.484	0.097	93.516
1985	0.031	−0.005	−13.011	0.037	86.989
1986	−0.172	−0.001	−0.778	−0.171	−99.222
1987	0.185	−0.002	−0.852	0.186	99.148
1988	0.090	−0.007	−6.999	0.097	93.001
1989	0.030	−0.009	−18.505	0.039	81.495
1990	−0.155	−0.005	−3.131	−0.150	−96.869
1991	−0.032	−0.001	−1.931	−0.031	−98.069
1992	−0.076	−0.009	−11.362	−0.067	−88.638
1993	0.097	−0.009	−7.601	0.106	92.399
1994	0.052	−0.004	−6.809	0.056	93.191
1995	0.062	−0.003	−3.994	0.064	96.006
1996	−0.001	−0.004	−63.264	0.002	36.736
1997	0.070	−0.005	−5.881	0.075	94.119
1998	−0.015	−0.004	−24.290	−0.011	−75.710
1999	0.054	−0.006	−8.942	0.060	91.058
2000	0.078	−0.006	−6.727	0.084	93.273
2001	−0.077	−0.008	−10.573	−0.069	−89.427
2002	−0.091	−0.006	−6.625	−0.085	−93.375
2003	0.067	−0.009	−10.296	0.076	89.704
2004	0.115	−0.009	−6.523	0.123	93.477
2005	−0.003	−0.005	−69.505	0.002	30.495
2006	0.033	−0.005	−12.212	0.038	87.788
2007	−0.059	−0.006	−9.402	−0.054	−90.598
2008	−0.076	−0.007	−9.744	−0.068	−90.256
2009	−0.278	−0.013	−4.690	−0.265	−95.310

由理论分析部分可知，影响资本回报率增长的因素主要包括资本边际

产出关于资本的弹性（θ_{KK}）、资本深化的速率（$\dfrac{(K/L)\cdot}{(K/L)}$）和技术进步引致的资本边际产出的增长率（$Y_{Kt}/Y_K$），其中资本深化数据使用资本存量与劳动者数量相比得到。利用资本回报率增长的分解公式和上述各项数据对资本回报率的增长进行分解，结果如表 6.9 所示。

　　表 6.9 的第二列报告了 1971—2009 年间 22 个发达国家平均资本回报率的增长情况。在 40 年间，大约一半的时间出现了资本回报率的下降，受 20 世纪 70 年代初期"石油危机"的影响，资本回报率在 1974 年之后出现了连续三年的大幅度下降，从而使得发达国家的资本回报率从 15% 左右的水平下降到 10% 强的水平。20 世纪 90 年代中期以来，随着世界经济的持续增长，资本回报率也在逐渐回升，从第二列的数据也可以看出，这一时期的多数年份资本回报率都呈增长状态。但随着"次贷危机"的爆发，2007 年、2008 年和 2009 年均出现了负增长。发达国家的平均资本回报率如图 6.3 所示。

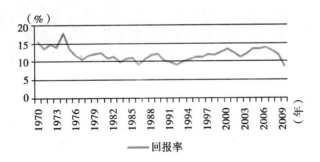

图 6.3　发达国家的平均资本回报率

　　第三列报告了资本回报率增长中的资本深化部分，即资本回报率的增长中有多少是由资本深化引致的。1970—2009 年，发达国家的资本深化在逐年增长，从 1970 年的 116779.07 美元/人，增长到 2009 年的 219645.91 美元/人，如图 6.4 所示。但增长的速度较低，呈缓慢增长状态，年均增长率约为 1.63%。因为发达国家资本边际产出弹性为 -0.49，所以资本深化的增长会导致资本回报率的下降，从第三列可以看出，资本深化部分全为负值，但数值较小，这与上文对世界 46 个国家的总体分析结论较为类似，即资本边际产出关于资本的弹性和资本深化速率都较小，因此资本深化对资本回报率的影响程度也较低。

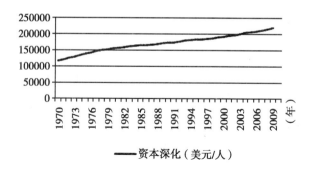

图 6.4　发达国家的资本深化情况

　　第五列是资本回报率增长中的技术进步部分，超过一半的年份中，技术进步部分的数值均是正的，即在这些年份中，技术进步提高了资本回报率的增长。类似于对 46 个国家的整体分析部分，发达国家的技术进步部分也是远大于资本深化的部分，这与发达国家的资本积累现状是符合的。发达国家资本快速积累的时期已经结束，现阶段的资本深化速度已处于较为稳定的状态，或处在缓慢增长状态，因此其对资本回报率的影响较技术进步要小。而发达国家的技术创新是较为迅速的，因此对资本回报率的影响较为明显，这也是发达国家资本回报率没有随资本深化程度加深而快速下降的主要原因。

　　第四列和第六列显示了资本深化和技术进步对资本回报率增长的贡献率，贡献率的计算方法与上文相同。贡献率的正负符号表示对回报率增长的影响方向，正的表示促进了资本回报率的增长，负的表示降低了资本的回报率。从符号上看，资本深化降低了资本的回报率，技术进步则在大部分年份提高了资本的回报率。与 46 个国家总体的分解结果相似，技术进步的贡献率较为明显，平均贡献率为 87.34%，资本深化的贡献率则相对较低，平均贡献率仅为 12.66%。这说明在发达国家，技术进步也是资本回报率保持稳定的重要因素之一。

　　本部分使用 22 个发达国家 1970—2009 年的数据，估算了资本边际产出的弹性，估算结果显示，发达国家资本边际产出的弹性为 -0.49，即资本深化每增长 1%，资本回报率降低 0.49%。然后使用资本回报率的分解公式、资本深化及资本边际产出弹性数值对发达国家的资本回报率增长进行了分解，分解结果发现，发达国家的资本深化速度较低，对资本回报率增长的负向影响较小，技术进步则在多数年份提高了资本回报率的增长，且影响程度远大于资本深化的影响程度。

第四节　基于发展中国家数据的实证分析

很多发展中国家的统计数据并不完整，时间跨度也较短，考虑数据的可得性和完整性，以及发展中国家的经济发展水平和地理分布，本书选取了 19 个发展中国家，包括阿根廷、保加利亚、智利、哥伦比亚、哥斯达黎加、牙买加、马来西亚、巴拿马、波兰、罗马尼亚、土耳其、委内瑞拉、玻利维亚、喀麦隆、危地马拉、伊朗、菲律宾、斯里兰卡、突尼斯，数据的时间跨度为 1995—2009 年。由于世界各国的货币计量单位不同，本书根据各年汇率将所有数据统一换算为以"美元"为单位的数据。所涉及的数据来源同上。

一　资本边际产出弹性的估算

首先对数据取对数处理，然后进行平稳性检验，检验结果如表 6.10 所示。

表 6.10　　　　　　　发展中国家数据的平稳性检验

变量	LLC	IPS	ADF – F	PP – F	单位根
LR	– 8.28 ***	– 7.27 ***	121.17 ***	153.50 ***	否
ΔLR	– 15.42 ***	– 14.50 ***	225.09 ***	353.08 ***	否
LK	2.61	5.88	25.87	38.88	是
ΔLK	– 3.81 ***	– 2.77 ***	64.03 ***	53.89 ***	否
LL	– 8.52 ***	– 2.32 **	74.63 ***	110.27 ***	否
ΔLL	– 5.05 ***	– 5.32 ***	103.90 ***	150.81 ***	否

由表 6.10 可知，LK 存在单位根，而一阶差分后，三个数列皆是平稳的，不存在单位根，满足协整的必要条件，可以进行协整分析，协整检验的结果见表 6.11。

表 6.11　　　　　　　发展中国家数据协整关系检验结果

方法	统计量	P 值	方法	统计量	P 值
Panel v	– 0.82	0.79	Group rho	– 1.06	0.15
Panel rho	– 2.06	0.02	Group PP	– 13.89	0.00

方法	统计量	P 值	方法	统计量	P 值
Panel PP	− 10.69	0.00	Group ADF	− 6.03	0.00
Panel ADF	− 5.75	0.00			

协整检验的结果显示，除 Panel v 和 Group rho 统计量外，其他检验方法的统计量均表明存在协整关系，Pedroni（1999）曾指出，在检验结果不一致时，应以 Panel ADF 和 Group ADF 检验结果为准，因此认为变量之间存在协整关系。

类似于上文的估算方法，本部分依然使用下述模型进行估算：

$$LR = C + \alpha_1 LK + \alpha_2 LL + \sum \beta_{-i} LK(-i) + \varepsilon$$

其中，LK（$-i$）表示提前 i 期的资本存量。使用前文相同的面板数据分析方法，对 19 个发展中国家 1995—2009 年的面板数据进行回归分析，回归结果如表 6.12 所示。

表 6.12　　　　　　　　发展中国家的回归结果

变量	模型 1	模型 2	模型 3	模型 4
C	4.15 *** (5.93)	1.29 (0.24)	4.23 *** (2.76)	3.87 *** (3.21)
LK	3.15 (1.13)	0.45 (0.19)	1.34 (0.58)	− 0.20 ** (− 2.29)
LL	0.29 *** (5.02)	0.54 (0.96)	0.29 ** (2.26)	0.27 ** (2.35)
LK（-1）	− 0.29 (− 0.05)	3.08 (0.64)	2.10 (0.43)	
LK（-2）	− 0.78 (− 0.12)	− 7.29 (− 1.41)	− 6.12 (− 1.19)	
LK（-3）	− 2.33 (0.80)	3.49 (1.37)	2.44 (0.99)	
R^2	0.18	0.53	0.04	0.08
似然 F 值	8.44 ***	8.44 ***	8.44 ***	10.52 ***
Hausman 值	8.41	8.41	8.41	0.03
模型	混合效应	固定效应	随机效应	随机效应

根据表 6.12 可知，在回归模型 1、模型 2 和模型 3 中，LK 的滞后项均是不显著的，因此在模型 4 中将 LK 的滞后项去掉后重新进行回归分析，

结果显示 *LK* 和 *LL* 均在 5% 水平上通过了显著性检验。因此认为模型 4 为本部分的回归模型，其中 LK 的回归系数为 - 0.20，该值即为发展中国家资本边际产出弹性的估算值。

二　实证结果及其比较分析

利用资本回报率增长的分解公式和发展中国家资本边际产出弹性值对资本回报率的增长进行分解，结果如表 6.13 所示。

表 6.13　　　　　　　　发展中国家资本回报率增长的分解

年份	回报率的增长	资本深化部分	资本深化贡献率（%）	技术进步部分	技术进步贡献率（%）
1996	0.113	- 0.003	- 2.62	0.116	97.38
1997	- 0.271	- 0.004	- 1.46	- 0.267	- 98.54
1998	- 0.222	- 0.003	- 1.29	- 0.219	- 98.71
1999	0.368	- 0.002	- 0.54	0.370	99.46
2000	0.091	- 0.004	- 3.72	0.095	96.28
2001	0.026	- 0.002	- 6.17	0.027	93.83
2002	0.026	- 0.003	- 10.01	0.029	89.99
2003	- 0.100	- 0.003	- 2.68	- 0.097	- 97.32
2004	0.143	- 0.003	- 1.74	0.145	98.26
2005	- 0.031	- 0.004	- 13.08	- 0.027	- 86.92
2006	0.043	- 0.006	- 10.30	0.049	89.70
2007	0.020	- 0.007	- 20.91	0.027	79.09
2008	- 0.014	- 0.007	- 47.21	- 0.007	- 52.79
2009	- 0.205	- 0.006	- 3.14	- 0.198	- 96.86

表 6.13 的第二列报告了发展中国家在 1996—2009 年间的资本回报率的增长情况。20 世纪末，资本回报率在 1997 年和 1998 年出现了较大幅度的下降，降幅分别为 27.1% 和 22.2%，进入 21 世纪后，在 2008 年出现了小幅度下降，在 2009 年则出现了 20.5% 的剧烈下降。这主要是因为 1997 年和 2008 年分别爆发亚洲金融危机和"次贷危机"，因此发展中国家在这两个时期的资本回报率都出现了较大幅度的下降。第一次危机使得发展中国家的资本回报率从 1996 年的最高点 20.71% 下降到 1998 年的最低水平 11.76%，而"次贷危机"则使回报率从 2007 年的

19.59%下降到 2009 年的 15.36%。1999—2007 年间则是一个平稳增长的时期，资本回报率从 16% 逐步增长到接近 20% 的水平，如图 6.5 所示。

第三列报告了资本回报率增长中的资本深化部分，即资本回报率的增长中有多少是由资本深化引致的。发展中国家资本深化的速度较慢，1995—2009 年间资本深化仅增长了 7555.57 美元/人，增长幅度为 31.71%，如图 6.6 所示。且发展中国家资本边际产出弹性较小，不到发达国家水平的一半，因此资本深化对资本回报率的影响程度较小，但各年的影响均为负值，即发展中国家的资本深化降低了资本回报率，但降低幅度较小。

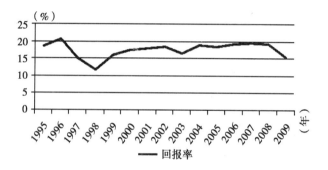

图 6.5　发展中国家的平均资本回报率

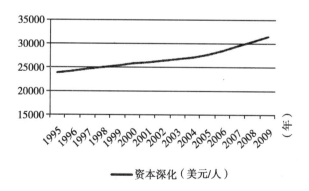

图 6.6　发展中国家的资本深化情况

第五列是资本回报率增长中的技术进步部分。在大部分的年份中，技术进步部分的数值都为正，且绝对值明显大于资本深化部分的绝对值，这与发达国家的情况类似。发展中国家由于缺乏资本深化所必须的资金，因此资本深化的速度较为缓慢，其对资本回报率的影响也相对较小，而技术进步则有着较大的影响，且在大部分年份是正向的促进作用。

第四列和第六列显示了资本深化和技术进步对资本回报率增长的贡献率，贡献率的计算方法与上文相同。从符号上看，资本深化降低了资本的回报率，技术进步则提高了资本的回报率（除少数年份外）。其中技术进步的年均贡献率为91.08%，资本深化的年均贡献率则为8.92%。这在一定程度上说明了技术进步对发展中国家资本回报率提升的重要作用，也是发展中国家进一步提高资本回报率的重要推动力。

本部分估算了1995—2009年发展中国家的资本边际产出弹性，估算结果显示发展中国家资本边际产出弹性为 - 0.20，即资本深化每增长1%。资本回报率降低0.2%。接着使用资本回报率的分解公式对发展中国家的资本回报率进行分解，分解的结果显示，类似于发达国家的情况，发展中国家的资本深化速度较为缓慢，其对资本回报率增长的影响也相对较小，而技术进步则是影响资本回报率的重要因素，在大部分的年份中都明显地促进了资本回报率的提升。

第五节 基于新兴经济体国家数据的实证分析

关于新兴经济体国家，目前还没有统一的定义，主要是指经济持续快速发展的国家或地区，多数研究都认同将"金砖四国"作为新兴经济体国家，即俄罗斯、中国、印度和巴西。近年来由于另外一些国家也开始了快速增长之路，如墨西哥、南非等。由于俄罗斯的资本形成数据只有1990年之后的，计算资本存量时存在较大误差，因此将其排除在外。故本书选取了五个新兴经济体国家进行分析，包括巴西、墨西哥、南非、中国和印度，数据的时间跨度为1995—2009年。由于世界各国的货币计量单位不同，本书根据各年汇率将所有数据统一换算为以"美元"为单位的数据。所涉及的数据来源同上。

一 资本边际产出弹性的估算

首先对数据取对数处理，然后进行平稳性检验，检验结果如表6.14所示。

表6.14　　　　　　　新兴经济体国家数据的平稳性检验

变量	LLC	IPS	ADF－F	PP－F	单位根
LR	－4.33 ***	－4.63 ***	38.03 ***	39.64 ***	否
ΔLR	－4.42 ***	－5.55 ***	44.73 ***	56.02 ***	否
LK	4.87	6.73	0.42	0.82	是
ΔLK	－2.26 **	－1.49 *	16.45 *	8.67	否
LL	－6.09 ***	－1.95 **	25.75 ***	25.91 ***	否
ΔLL	－3.60 ***	－4.33 ***	37.63 ***	43.37 ***	否

由表6.14可知，LK存在单位根，而一阶差分后，虽然PP－F显示LK存在单位根，但其余三个统计量均显示LK是平稳的，因此可以认为一阶差分后，LK已变得平稳，LR和LL也皆是平稳的，不存在单位根。因此满足协整的必要条件，可以进行协整分析，协整检验的结果见表6.15。

表6.15　　　　　　　发展中国家数据协整关系检验结果

方法	统计量	P值	方法	统计量	P值
Panel v	－2.53	0.00	Group rho	－1.18	0.11
Panel rho	－1.65	0.05	Group PP	－6.01	0.00
Panel PP	－4.13	0.00	Group ADF	－2.30	0.01
Panel ADF	－5.75	0.10			

协整检验的结果显示，除 Group rho 统计量外，其他检验方法的统计量均表明存在协整关系（其中 Panel ADF 处在10%显著水平的临界点），因此可以认为变量之间存在协整关系。可以进行回归分析以估算新兴经济体国家的资本边际产出弹性。

仍然使用上文的估算方法，相应的计量模型如下所示：

$$LR = C + \alpha_1 LK + \alpha_2 LL + \sum \beta_{-i} LK(-i) + \varepsilon$$

其中，$LK(-i)$表示提前i期的资本存量。使用前文相同的面板数据分析方法，对新兴经济体国家1995—2009年的面板数据进行回归分析，回归结果如表6.16所示。

表6.16　　　　　　　　　　　新兴经济体国家的回归结果

变量	模型1	模型2	模型3	模型4
C	2.79 *** (3.11)	2.74 *** (3.55)	2.84 *** (3.47)	2.62 * (1.77)
LK	6.90 ** (2.04)	5.16 (1.63)	2.74 ** (2.40)	3.66 *** (3.16)
LL	0.05 (1.52)	0.04 (1.45)	0.03 (0.82)	
$LK(-1)$	-10.45 (-1.54)	-8.19 (-1.42)	-2.77 ** (-2.50)	-3.65 *** (-3.08)
$LK(-2)$	1.59 (0.27)	3.01 (1.12)		
$LK(-3)$	1.93 (0.69)			
R^2	0.19	0.53	0.18	0.17
似然 F 值	0.35	0.21	0.53	0.56
Hausman 值				
模型	混合效应	混合效应	混合效应	混合效应

模型1是包含 LK 三阶滞后项的回归结果，结果显示除常数项和 LK 项外，其他各项的系数均不显著，因此先将 $LK(-3)$ 项剔除继续进行回归分析，回归分析结果如模型2所示，在模型2中，$LK(-2)$ 项仍不显著，因此剔除该项后继续进行回归分析。模型3是剔除 $LK(-3)$ 和 $LK(-2)$ 项的回归结果，在该模型中，只有 LL 项不显著，因此剔除该项，继续进行回归分析，结果如模型4所示。在模型4中，所有变量的回归结果都已显著，因此该模型即为最终的回归模型，其中 LK 的回归系数为3.66，即新兴经济体国家的资本边际产出弹性为3.66。

与46个国家的整体回归结果、发达和发展中国家的回归结果皆为负值相比，新兴经济体国家的资本边际产出弹性为正值，即新兴经济体的资本深化可以促进资本回报率的提高，这与其他类型国家的结果是相反的。造成这种现象的可能原因是，一方面，与发达国家相比，新兴经济体国家的资本存量较低，且劳动力充足，因此资本深化程度不高，继续增加资本投入不会导致资本过剩，进而出现资本回报率下降的情况；另一方面，与发展中国家相比，新兴经济体国家具有相对较为完善的基础设施和人力资源，对新引进资本和技术的消化吸收能力强，资本利用程度高，因此不会出现资本增加而资本回报率却在下降的情况。

二　实证结果及其比较分析

根据资本回报率增长的分解公式和上述各项数据对新兴经济体国家的资本回报率的增长进行分解，结果如表 6.17 所示。

表 6.17 的第二列报告了新兴经济体国家资本回报率的增长情况。与发达国家和发展中国家相比，新兴经济体国家资本回报率的波动略大一些，大部分时间里都处在增长与下降的交替出现的状态，除 1996 年和 2009 年出现过两次大幅度下降外，其他时间均是小幅度的增长或下降，资本回报率基本保持在 20% 左右，如图 6.7 所示。

表 6.17　　　　　　　　　新兴经济体国家资本回报率增长的分解

年份	资本回报率的增长	资本深化部分	资本深化的贡献率（%）	技术进步部分	技术进步的贡献率（%）
1996	− 0.304	0.029	7.98	− 0.333	− 92.02
1997	0.101	− 0.015	− 11.26	0.116	88.74
1998	− 0.077	0.038	24.80	− 0.114	− 75.20
1999	0.233	0.034	14.49	0.199	85.51
2000	− 0.045	0.050	34.60	− 0.095	− 65.40
2001	− 0.048	0.054	34.59	− 0.102	− 65.41
2002	0.109	0.028	25.60	0.081	74.40
2003	− 0.087	0.052	27.13	− 0.139	− 72.87
2004	0.102	0.027	26.05	0.075	73.95
2005	0.000	0.085	49.99	− 0.085	− 50.01
2006	0.044	0.075	70.79	− 0.031	− 29.21
2007	− 0.074	0.122	38.38	− 0.196	− 61.62
2008	0.164	0.093	56.82	0.071	43.18
2009	− 0.467	0.105	15.55	− 0.572	− 84.45

与发达国家和发展中国家相反的是，新兴经济体国家的资本深化可以促进资本回报率的提升（除 1997 年外，其他年份均为正的作用，见表 6.17 的第三列），且从资本深化部分的绝对值来看，新兴经济体国家的资本深化对资本回报率的影响程度远远超过发达和发展中国家。虽然新兴经济体国家资本深化的速度并不是特别迅速（如图 6.8 所示），1995—2009 年增长了 23.36%，但由于资本的边际产出弹性值较大，且为正，因此对

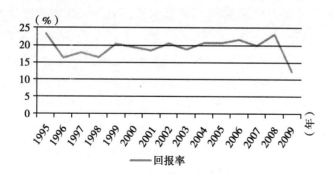

图6.7　新兴经济体国家的平均资本回报率

资本回报率的促进作用较为明显。技术进步部分（表6.17的第五列）则在多数年份都是负的影响，且影响程度较资本深化要大，这与发达国家和发展中国家的情况较为类似，即技术进步仍是影响资本回报率的最主要因素。

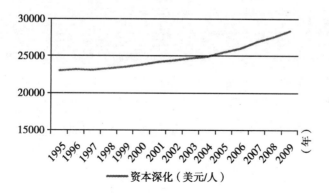

图6.8　新兴经济体国家的资本深化情况

　　表6.17的第四列和第六列分别报告了资本深化和技术进步对资本回报率增长的贡献率。资本深化的平均贡献率为31.28%，相比发达国家的12.66%和发展中国家的8.92%，新兴经济体国家资本深化的贡献要高出3—4倍，即资本深化仍是新兴经济体国家资本回报率提升的措施之一，这也是新兴经济体国家有着较高投资率的原因之一。技术进步的平均贡献率为68.72%，高于资本深化的贡献率37.44个百分点，这说明虽然资本深化对新兴经济体国家非常重要，但仍要重视技术进步的影响。从表6.17也可以看出，在技术进步发生正向影响的年份，资本深化一般会出现正的增长，这也说明了技术进步仍是资本回报率提升的重要推动力。

本部分估算了 1995—2009 年间新兴经济体国家的资本边际产出弹性，估算结果显示新兴经济体国家资本边际产出弹性为 3.66，即资本深化每增长 1%，资本回报率增长 3.66%，这与发达国家和发展中国家负的资本边际产出弹性相反。接着使用资本回报率的分解公式对新兴经济体国家的资本回报率进行了分解，分解的结果显示，虽然新兴经济体国家的资本深化速度较为缓慢，但由于资本边际产出弹性较大，因此对资本回报率增长的正向影响较为明显。类似于前述两种类型的国家，技术进步仍是影响资本回报率的重要因素，在大部分的年份对资本回报率的影响都显著高于资本深化的影响。

第六节　基于中国数据的实证分析

中国经济 30 多年来的高速发展主要是由投资深化所引致的，属于典型的投资推动型经济增长方式。我国固定资产投资率已从 1981 年的 19% 增长到 2009 年的 66%，特别是在 2002 年之后，投资率几乎呈直线方式增长。古典经济学理论认为，资本投资的边际收益是递减的，不断增长的投资会降低资本的收益，从而导致投资的减低。但中国经济 30 多年来却一直处在高投资率的水平，没有任何下降的趋势，这说明中国的资本回报率可能并没有随投资的增长而下降，这与古典经济学理论相矛盾。为什么中国在如此高的投资率情况下，资本回报率没有出现下降的情况？影响中国资本回报率提升的因素有哪些？本书将对中国的资本回报率进行估算，并从资本深化和技术进步的视角出发，对资本回报率进行分解，试图找出资本回报率提升的内在动因及其影响因素，以为政府决策和企业经营提供依据。

关于中国资本回报率的问题，在国内外学术界引起过很大的争论，世界银行的学者 Kuijs（2005）曾指出，近年来中国企业的盈利状况明显改善，资本回报率有了显著提高。但是 Shan（2006）发文对世行的观点提出了质疑，认为世界银行高估了中国的资本回报率，随后世行两位专家 Kuijs and Hofman（2006）撰文反驳，认为世行只是证明中国企业利润状况有了较大改善，使用的数据并不影响研究结果，双方由此展开了一系列论战，许多学者也加入了此次论战（Martin Wolf，2006；Stephen S. Roach，2006）。

有关资本回报率提升的动因研究方面，内生经济增长理论认为资本劳动之比（资本深化）对产出有很大的影响，如果人力资本积累过度，应选择物力资本为主的投资路径，反之应选择人力资本为主的投资路径。现阶段，由于中国的劳动者份额及资本—产出比都处于较低的状态，因此在相当长的时期内，中国的资本会有较高的回报率（孙文凯、肖耿，2010）。张军（2002）以新古典增长理论为基础，对中国工业部门回报率变动进行了研究，他认为我国工业部门的比较优势不是资本，而是廉价的劳动力，因此资本密集型发展之路影响了资本的产出效率，从而导致资本利润率的下滑，资本劳动比率与资本回报率存在显著的负相关关系。黄伟力（2007）却有着相反看法，他对我国工业资本利润率的研究发现，从宏观层面上看，资本的"过度深化"对资本利润率的负面影响假说是不成立的。Gordon（1999）却认为资本深化是由技术变化引致的，因此长期内资本深化与资本利润率之间是一种非常复杂的关系，并不必然是负相关。也有学者从技术进步方面对资本回报的变动进行了研究，黄伟力（2007）认为，全要素生产率的增长或技术进步是决定资本回报率的主因。黄德春、刘志彪（2006）和赵红、扈晓（2010）则认为企业进行技术创新能够提高其回报率。

本书首先建立了资本回报率的计算公式，并从理论上将资本回报率的变动分解为乘数效应、资本深化效应和技术进步效应，并使用1980—2009年的数据对资本产出弹性进行估算，从而对资本回报率的变动动因进行了实证研究。根据前文的理论模型，本部分将对中国资本回报率进行测度，并对其增长率进行分解，以期得出不同因素对资本回报率增长率的影响程度。

一　数据来源及处理

本书使用1980—2009年中国总的宏观数据进行分析，所涉及的数据主要有：

1. 劳动报酬。其中1993—2009年数据来源于中国各省统计年鉴，1993年以前数据根据 Bai Chong－En（2006）的计算结果进行推算得出。

2. GDP 及其价格平减指数。GDP 数据来源于各年的《中国统计年鉴》，价格平减指数来源于世界银行数据库，它与 Bai Chong－En（2006）根据中国数据进行计算的结果基本相同，因此可以认为，世界银行提供的价格平减指数数据与中国的数据是一致的。

3. 资本存量。资本存量的测算使用永续盘存法。具体公式为：$K_t = K_{t-1}(1 - \delta_t) + I_t$，其中，$K_t$ 是 t 期的资本存量，δ_t 是 t 期的折旧率，I_t 是 t 期的资本形成总额。以 1952 年为基期，基期的资本存量用 1952 年的资本形成总额比上折旧率与 1953—1957 年资本形成总额平均增长率之和（单豪杰，2008）。

4. 资本形成总额。来源于 PWT7.0 数据库。[①]《中国统计年鉴》没有提供资本形成总额的数据，只提供了固定资产投资的数据，虽然 PWT7.0 提供的数据可能与中国官方提供的数据不一致，但如果使用中国官方提供的固定资产投资的数据，会将购买土地、旧机器和房屋的支出等无法增加可再生资本的数据计算到资本存量中去，因此会出现更大的误差，而资本形成总额则不包括购买土地、旧机器和房屋的支出，能够更准确地衡量资本存量，两者权衡比较，本书使用资本形成总额这一指标来计算资本存量。

5. 投资价格指数。PWT7.0 数据库提供了 1952—2009 年中国资本形成总额的现价与以 2005 年为基期的不变价数额，现价与不变价的比值就是投资价格指数，其中 2005 年的价格指数等于 1。

6. 就业人数。来源于各年的《中国统计年鉴》。

为了尽可能减少数据的不一致性，本书使用价格指数对原始数据进行了调整，以消除价格波动的影响，所有数据均使用 2005 年为基期的不变价表示，由于中国数据和世界数据的计量单位不同，本书根据各年汇率将所有数据统一换算为以"元人民币"为单位的数据。

二 实证结果及其比较分析

图 6.9 给出了根据（5）式计算的中国资本回报率的测度结果。1980—1992 年这一时期资本回报率的波动较小，平均值为 14.6%，到了 1993—1998 年期间略有下降，平均值在 10.9%，可能的原因是，在这一阶段中国加快了改革开放的步伐，外资大量的进入和竞争的加剧，使得中国企业的经营面临巨大困难，因此利润下降，资本回报率降低。随着改革

---

① Alan Heston, Robert Summers and Bettina Aten, Penn World Table Version 7.0, Center for International Comparisons of Production, Income and Prices at the University of Pennsylvania, May 2011.

进展的不断进行，企业已逐步适应了市场竞争，外资的进入也使得企业整体技术水平有了提高，因此 1998—2008 年中国资本回报率又略有回升，平均值在 14.4%，基本与第一阶段的回报率持平。另外一些原因也可能导致了 1998 年资本回报率的上升。1997 年出现了亚洲金融危机，因此 1998 年的资本回报率出现了较大幅度的下降，随后，经济开始复苏，资本回报率也因此逐渐回升。另外，在 90 年代的中后期，国家实施了国有企业改革措施，显著提高了国企的经济管理效率，"抓大放小"措施也使大企业获得了更多的土地、资金和税收方面的优惠，从而获得了更高的资本回报。1998 年之后的统计对象转变成了国有和规模以上的非国有企业，因此这种统计口径的转变也对资本回报的计算结果造成了一定影响。

2009 年，资本回报率出现了明显的下降，由 2008 年的 19.52% 降为 9.73%，下降幅度较为巨大。造成这一现象的原因可能是，2008 年出现了全球性的金融危机，并波及到了实体经济，由于需求大幅下降，企业出口也出现较大下降，因此企业大量减产甚至倒闭，对企业收益造成了严重冲击，资本回报率也因此大幅下降。

从 1980—2009 年，中国资本回报率一直在 15% 上下波动，很少出现剧烈的上涨或下降情况，虽然个别年份出现了一定偏离，但随后又会逐步恢复，因此总体上看，中国资本回报率是处于大致平稳的状态。

图 6.9 同时还报告了中国固定资产投资的情况。固定资产投资率等于当年的固定资产投资额比当年的 GDP。1993 年之前，中国的投资率基本在 30% 以下，之后随着改革开放的加快，投资率也有了一定提升，但也基本在 30%—33% 之间，2000 年之后便出现了快速增长，到 2009 年达到了 65.96% 的水平。虽然近年来中国投资率一直处于较高水平，但是资本回报率却没有随之下降，一直保持在 15% 附近。因此可以说，虽然中国拥有较高的投资率，但并没有造成资本回报率的下降。

由第五章理论分析可知，资本回报率增长率的影响因素包含了资本边际产出弹性 θ_{KK}，因此应先对资本边际产出弹性进行估计。借鉴黄先海、徐圣（2009）对劳动边际产出弹性的估计方法，本书使用动态最小二乘法（Dynamic Ordinary Least Squares）估计资本产出弹性。该方法是单方程估计协整系数的方法，在非平稳时间序列建模时有其独特的优点：该方法不要求各变量的单整阶数相同，且可以消除解释变量之间可能存在的联立性，在小样本情况下，该方法比 Engle - Granger（1987）、Johansen

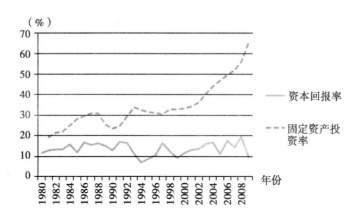

图 6.9　我国资本回报率和固定资产投资率

（1988）等方法更优越。

　　估计资本产出弹性需要用的资本边际产出数据和资本存量数据，为消除价格的影响，数据计算均使用 2005 年为基期的不变价数据，并引入劳动者数量作为控制变量。首先对数据进行平稳性检验，采用 ADF 方法检验结果见表 6.18，*LK*、*LL*、*LR* 分别表示取自然对数后资本存量、劳动者数量和资本边际产出数据。由表 6.18 可知 *LK*、*LL*、*LR* 皆是一阶平稳的。

表 6.18　　　　　　　　　　资本报酬和资本存量的平稳性检验

变量	T 统计值	5% 临界值	P 值	是否平稳
LR	− 3.786	− 2.968	0.008	是
Δ*LR*	− 5.389	− 2.981	0.000	是
LK	0.830	− 2.976	0.993	否
Δ*LK*	− 3.293	− 2.976	0.025	是
LL	− 2.583	− 2.968	0.108	否
Δ*LL*	− 4.802	− 2.972	0.00	是

　　由于原数列是非平稳的，因此无法用原数据建立方程，可以考查原数据是否存在长期稳定关系的协整方程。本书使用 Johansen – Juselius 方法进行协整检验，首先应建立 VAR 模型，在建立 VAR 模型时需确定滞后阶数，表 6.19 给出了滞后阶数的判断结果。五种判断标准中，除 SC 外，其他四个都显示应选择滞后阶数为四阶，因此选择滞后四阶的 VAR 模型。

表 6. 19 VAR 模型滞后阶数的判断

滞后阶数 Lag	LogL 统计量	判断标准				
		LR	*FPE*	*AIC*	*SC*	*HQ*
0	9. 118	NA	0. 0001	− 0. 471	− 0. 325	− 0. 429
1	134. 151	211. 595	1. 68e − 08	− 9. 396	− 8. 816 *	− 9. 229
2	144. 512	15. 1429	1. 56e − 08	− 9. 501	− 8. 485	− 9. 208
3	155. 604	13. 651	1. 45e − 08	− 9. 662	− 8. 210	− 9. 244
4	173. 656	18. 053 *	8. 56e − 09 *	− 10. 358 *	− 8. 471	− 9. 815 *

注：* 表示在 5% 的水平上拒绝原假设，下同。

将取自然对数后的资本边际产出、资本存量和劳动者数据建立 VAR 模型，并进行协整关系检验，表 6. 20 显示了协整关系的检验结果。

表 6. 20 协整关系检验结果

原假设	迹统计量	5% 临界值	最大特征根	5% 临界值
$r = 0$ *	40. 174	29. 797	40. 174	29. 797
$r \leq 1$	13. 514	15. 495	13. 514	15. 495
$r \leq 2$	2. 438	3. 841	2. 438	3. 841

表 6. 20 显示了迹统计量和最大特征根统计量的检验结果，第一列原假设表示协整关系的个数，星号（*）表示在 5% 水平拒绝原假设，当迹统计量和最大特征根统计量分别大于其 5% 临界值时，拒绝原假设，否则接受原假设。由表 6. 20 可知，$r = 0$ 时，迹统计量和最大特征根统计量都大于 5% 临界值，因此表明变量之间存在一个协整关系，可以建立协整方程，具体模型如下：

$$LR = C + \alpha_1 LK + \alpha_2 LL + \sum \beta_{-i} LK(-i) + \varepsilon \qquad (12)$$

考虑前期资本可能对后来的资本回报率产生影响，因此加入了 $\sum \beta_{-i} LK(-i)$ 项，表示提前 i 期的资本存量，ε 表示随机扰动项。运用逐步回归法，并剔除不显著变量，最后选取 $i = 1$，最终的回归方程为：

$$LR = -2.443 + -4.81LK + 4.838LK(-1)$$
$$(-1.509) \quad (-2.052) \quad (2.047) \qquad (13)$$

方程（13）下面括号内为变量系数的 t 统计量。对回归方程的残差进行平稳性检验，结果显示 t 统计量为 − 3. 818，p 值为 0. 007，因此残差序列是平稳的，变量系数的 t 统计量是可信的，LK、LK（-1）的 t 均是显著的。因此可以认为资本边际产出弹性为 -4.81。

由上文可知，影响资本回报率增长的因素包括资本边际产出弹性（θ_{KK}）、资本深化的速率 $\left(\dfrac{(K/L)}{(K/L)}\right)$、技术进步引起的资本边际产出的增长率（$Y_{Kt}/Y_K$），其中资本深化数据使用资本存量与劳动者数量之比。利用资本回报率的分解公式和上述计算所得数据对资本回报率的增长进行分解，结果见表6.21。

表6.21   资本回报率增长的分解

年份	回报率的增长	资本深化部分	资本深化贡献率（%）	技术进步部分	技术进步贡献率（%）
1981	0.094	-0.151	-38.127	0.245	61.873
1982	0.049	-0.149	-42.896	0.199	57.104
1983	0.000	-0.248	-50.039	0.247	49.961
1984	0.175	-0.251	-37.061	0.426	62.939
1985	-0.247	-0.430	-70.158	0.183	29.842
1986	0.416	-0.400	-32.908	0.816	67.092
1987	-0.083	-0.354	-56.637	0.271	43.363
1988	0.051	-0.376	-46.835	0.427	53.165
1989	-0.080	-0.345	-56.526	0.266	43.474
1990	-0.144	0.391	42.246	-0.535	-57.754
1991	0.327	-0.296	-32.206	0.622	67.794
1992	-0.027	-0.351	-51.996	0.324	48.004
1993	-0.321	-0.612	-67.750	0.291	32.250
1994	-0.383	-0.616	-72.521	0.233	27.479
1995	0.264	-0.628	-41.313	0.892	58.687
1996	0.211	-0.548	-41.932	0.759	58.068
1997	0.567	-0.406	-29.453	0.973	70.547
1998	-0.259	-0.372	-76.689	0.113	23.311
1999	-0.245	-0.380	-73.826	0.135	26.174
2000	0.254	-0.338	-36.338	0.592	63.662
2001	0.127	-0.347	-42.255	0.474	57.745
2002	0.039	-0.399	-47.658	0.438	52.342

续表

年份	回报率的增长	资本深化部分	资本深化贡献率（%）	技术进步部分	技术进步贡献率（%）
2003	0.171	− 0.471	− 42.295	0.642	57.705
2004	0.043	− 0.490	− 47.907	0.533	52.093
2005	− 0.329	− 0.496	− 74.837	0.167	25.163
2006	0.566	− 0.506	− 32.061	1.072	67.939
2007	− 0.186	− 0.511	− 61.099	0.325	38.901
2008	0.359	− 0.513	− 37.028	0.872	62.972
2009	− 0.501	− 0.591	− 86.875	0.089	13.125

表 6.21 的第二列是历年资本回报率的增长情况，从表中可以看出，多数年份处于正的增长阶段，也有部分年份是负的增长，总体上看，资本回报一直在 15% 上下波动，没有出现较大的涨落情况，因此资本回报率的增长和下降基本处于平衡状态。

第三列是资本回报率的增长中资本深化的部分，即资本回报率的增长中有多少是由资本深化引致的。中国资本深化的程度一直在提高，1980—2009 年的平均增长率为 8%，2004 年以来更是超过了 10% 的增长率。由上文计算可知，资本深化的乘数，即资本边际产出的弹性为 − 4.81，小于零，所以资本深化会导致资本回报率的下降，从表中可以看出，除 1990 年外，资本深化对资本回报率的影响全是负的，这与我国每年高速的投资增长率有很大关系。而且资本深化乘数的绝对值大于 1，因此乘数放大了资本深化对资本回报率的降低作用，资本深化每增长 1%，会导致资本回报率 4.81% 的下降，影响较为明显。第五列是资本回报率的增长中技术进步的部分，即技术进步引致了资本边际产出的增加，进而导致了资本回报率增长的部分。从表中可知，除 1990 年外，技术进步均促进了资本回报率增长，也就是说，技术进步提高了资本的边际产出，从而提高了资本的回报率。技术进步能够提高资本的边际产出，从而在一定程度上抵消了资本深化对资本回报率的降低作用，所以虽然我国高速增长的投资导致了资本不断深化，但我国的资本回报率并没有出现大的下降情况，因此在高投资率的情况下，技术进步是我国保持资本回报率稳定的重要原因。

第四列和第六列显示了资本深化和技术进步对资本回报率增长的贡献率。贡献率的计算公式如下：

$$A\text{ 的贡献率} = \frac{A}{|A| + |B|} \times 100\% \qquad (14)$$

其中 A 和 B 分布表示资本深化部分和技术进步部分，贡献率的正负符号表示对回报率增长的影响方向，正的表示促进了资本回报率的增长，负的表示降低了资本的回报率。从符号上看，资本深化降低了资本的回报率，技术进步提高了资本的回报率，从数值上看，资本深化和技术进步对资本回报率的影响都较为明显，资本深化的平均贡献为 50.67%，技术进步的平均贡献为 49.33%，虽然两个变量对资本回报率的影响方向不同，但两者的贡献程度基本相同。这进一步解释了我国资本回报率没有随投资增长而下降的原因，从资本深化和技术进步对资本回报率的贡献度来看，虽然投资增长使得资本深化程度逐渐加深，降低了资本的回报率，但是技术进步却提高了资本的回报率。在方向上，两者对资本回报率的贡献是相反的，但在程度上却是相同或接近的，因此在两者的共同作用下，资本回报率不会出现较大的波动，能够长期处在一个相对稳定的水平上。

表 6.21 的结果还可以进一步解释 1998 年之后，我国资本回报率出现较快增长的原因。从绝对数值上看，1998 年之后，技术进步的贡献在大部分的年份都是高于资本深化的，特别是 2000—2004 年，技术进步的平均贡献率达到了 56.71%，而资本深化的平均贡献率却只有 43.29%，因此快速增长的技术进步也是 1998 年之后资本回报率不断升高的重要原因。

本部分借鉴 Bai Chong - En（2006）等学者的研究方法，推导了资本回报率的计算公式，并计算了中国 1980—2009 年的资本回报率，计算结果显示，中国资本回报率一直保持在 15% 附近，虽然近年来中国投资率增长迅速，但并没有导致中国资本回报率的下降。对资本回报率提升机理的研究显示，资本回报率的变动主要受三方面因素的影响：乘数的大小、资本深化的速度和技术进步引致的资本边际产出的变动。使用中国 1980—2009 年的数据进行的实证研究发现，中国的资本深化程度一直在提高，加上乘数的负效应，资本深化导致了中国资本回报率的降低，且乘数的存在放大了这种效应。除 1990 年外，中国发生的技术进步提高了资本的边际产出，从而在一定程度上抵消了资本深化导致的资本回报率的下降，因此技术进步是中国资本回报率没有随投资率上升而下降的重要原因。资本深化和技术进步对资本回报率的变化都有重要影响，资本深化的平均贡献率为 50.67%，技术进步的平均影响为 49.33%。

因此对资本回报率的研究有助于中国经济的发展。中国固定资产投资占 GDP 的比重已超过 60%，可以说中国经济的发展在很大程度上是由投资推动的。另一方面，资本的深化会导致资本回报率的下降，进而导致投资的减少，最终会影响到经济的发展。在中国高投资率的情况下，如何使资本回报率不产生较大幅度的下降，是保证经济发展重要的条件，因此对资本回报率影响因素的研究具有重要现实意义。高投资率不能带来经济的持续发展，中国应转变经济发展的思路，注重技术进步对资本回报率的拉动作用，加大对科研的投入，发展高新技术产业。技术进步能够提高资本的边际产出，在资本深化程度不断提升的情况下，技术进步可以减少资本回报率下降的幅度，甚至提高资本的回报率，因此经济发展要从注重投资的角度，转变到注重技术进步和技术自主创新的角度。加大对科研的投入，发展高新技术产业能够带来技术的进步，提高资本回报率，有利于经济的长远快速发展。

虽然中国属于新兴经济体国家，但是中国的投资率远远高于其他新兴经济体国家，从而导致了中国的资本深化程度较高，因此中国资本边际产出弹性与发达国家较为类似，即中国资本深化的提高会导致资本回报率的下降。但是因为中国同时也在积极进行技术引进与创新，因此中国的资本回报率并没有随着投资的快速增长而下降。这也是中国有着比其他国家更高资本回报率的重要原因之一。

第七节　基于美国数据的实证分析

一　引言与文献述评

美国是世界上最大的资本流入国，2009 年的外资净流入量达 1585.8 亿美元，占世界总量的 11.78%。其国内的投资率也一直处于相对稳定状态，2006 年的固定资产投资率达到最高水平，占 GDP 的 19.94%，固定资产投资与耐用品消费则在 2005 年达到 GDP 的 28.03%，之后虽有所下降，但 2009 年两者占 GDP 的份额仍分别达到 15.58% 和 22.41%。由于固定资产投资不断增加，也使得美国的资本深化程度不断提高，人均资本存量已由 1969 年的 109941 美元增加到 2009 年的 183111 美元，增长了 66.55%。根据古典经济学理论，资本的边际收益是递减的，随着投资的不断增长，资本的收益会快速下降，进而导致投资的减少。但美国自1969 年以来的投资率一直处于增长状态，虽然受"次贷危机"的影响，在 2007 年之后有所下降，但仍保持较高的投资水平，这可能说明美国的资本回报率并没有出现大幅度下降进而影响到投资的情况，这与古典经济学理论相矛盾。为什么美国的资本回报率没有随投资的增长而快速下降呢？

中国自改革开放以来的投资情况与美国极为相似，一直都处于快速增长状态，而在固定资产投资率方面更是远远高于美国，2009 年的固定资产投资已达到 GDP 的 66%。但这种投资驱动型的经济增长方式是存在弊端的，容易因生产和消费不平衡而导致经济危机，不符合可持续发展的要求。因此，在高投资率的情况下，如何保持经济的健康稳定增长是中国必须解决的首要问题。回顾美国 1969 年以来的发展方式可以看出，虽然美国的资本深化深度也在持续增长，但其经济基本处于稳定增长状态。因此本书从资本深化和技术进步的视角，对美国的资本回报率进行研究，以期了解影响资本回报率的因素有哪些，如何在高投资率的情况下保持资本回报率的稳定，从而对中国经济的发展提供启示和借鉴，为中国企业的经营和政府决策提供依据。

以往学者的研究表明资本回报率对经济的增长有着重要影响，如果资本收益率高于主观贴现率，则会导致资本积累和经济的长期增长（黄伟力，2007），因此大力发展高回报率的产业可以有效促进经济的增长。邵挺（2010）的研究也发现，如果资本回报率较高的私营企业可以得到更多的金融资源，中国的 GDP 增长速度可以提高 2%—8%，因此对资本回报率的研究具有重要的现实意义。

在对资本回报率的估算方法上，Baumol 等人（1970）以会计盈余为基础，采用回归分析的方法，最早估算了资本回报率，后来一些学者，如Whittington（1972）和辛清泉、林斌（2007）等，也采用此方法进行过研究。但是这个方法有一定的缺陷，遗漏的变量可能会同时影响资本存量和产出，从而使得估计系数有偏（Friend 和 Husic，1973；McFetridge，1978）。为了克服上述模型的弊端，许多学者开始采用市场价格来估算资本回报率（Mueller 和 Reardon，1993），该方法在 Mueller 和 Yurtoglu（2000）以及 Gugler 和 Mueller 等人（2003，2004）的研究中得以进一步的应用和发展。上面的方法主要靠大量的数据进行复杂的回归运算以估计资本的回报率，计算方法比较烦琐。虽然 Fama 和 French（1999）借鉴"内部报酬率（IRR）"这一思想对资本回报率进行了计算，与上述方法相比有了一定的改进和简化，但这种方法对估计期间的长度有较高要求，且计算结果也很难确保科学性。Feldstein（1977）则提出了一种比较直观的方法，即用资本的产出除以资本存量，由于这种方法直观简便，因此被很多学者采用。Bai（2006）和孙文凯、肖耿等人（2010）进一步发展了这种计算方法，他们使用国民收入核算体系中的劳动报酬以及固定资产存量等指标对资本回报率进行测算，这种方法比较适合对宏观经济中的资本回报率进行测算，因此本书主要参考此类方法估算了美国的资本回报率。

古典经济学理论认为资本深化会导致资本回报率的下降，许多学者的研究也显示了资本深化和资本回报下降会同时发生，如刘遵义（1997）对1965—1991年间德国经济的研究、乔根森（2001）对1961—1973年间韩国经济的研究、徐长生和陈薇薇（2005）对1820—1913年美国工业化期间的研究。Young（1994）和 Krugman（1994）也指出，东亚的经济增长几乎完全归结为劳动和资本等生产要素投入的增加，因而不可避免地会出现资本边际报酬递减以及资本生产率下降的问题。张军（2002）则以新古典增长理论为基础，对中国工业部门回报率变动进行了研究，他认为资本劳动比率与资本回报率之间存在着显著的负相关关系。Gordon（1999）却认为资本深化是由技术变化引致的，因此长期内资本深化与资本利润率之间是一种非常复杂的关系，并不必然是负相关。黄伟力（2007）对中国工业资本利润率的研究也发现，从宏观层面上看，资本的"过度深化"对资本利润率的负面影响假说是不成立的。

技术进步是提高劳动生产率最有效的方式之一，如果实际工资不变，劳动生产率提高到一定程度时，利润率将会提高（Moszkowska，1929），Shibata（1934）和 Samuelson（1957）也有类似的观点，因此企业进行技术创新能够提高其回报率（黄德春、刘志彪，2006；赵红、扈晓影，2010）。也有学者认为全要素生产率的增长或技术进步是决定资本回报率的主因（黄伟力，2007），如 Abramovitz（1993）的研究显示，在美国工业化的初级阶段，全要素生产率对劳动生产率增长的贡献大大低于资本深化的贡献，但后期的影响则会逐渐增强。当然，也有学者持不同看法，如 Mason 和 Harrison（2002）对英国的实证检验结果表明，高技术行业和传统行业的创业投资回报率并没有显著差异。

从研究视角上看，以往文献多使用回归分析的方法，或将资本深化和技术进步分开来单独论证，而本书则从理论上将资本回报率的变动分解为资本深化和技术进步两部分，然后使用美国数据分析这两部分如何共同影响资本回报率的变动。另外，以往文献多使用时间或面板数据进行静态的回归分析，而本书则对美国数据进行了动态研究，分别分析了资本深化和技术进步的短期和长期效应。

本书从资本深化和技术进步的视角，将资本回报率的变动分解为乘数效应、资本深化效应和技术进步效应，然后使用1969—2009年的数据计算了美国的资本回报率，并估算了资本边际产出弹性，最后对美国资本回报率的变动进行了分解并动态地分析了资本深化和技术进步对资本回报率的影响。

二　理论模型

（一）资本深化和技术进步对资本回报率影响的机理分析

假定一个包含资本、劳动和技术进步指标的生产函数为：

$$Y_t = A_t \left[\beta K_t^{-\rho} + (1-\beta) L_t^{-\rho} \right]^{-1/\rho} \tag{1}$$

其中Y_t、K_t和L_t分别是产出、资本品投入和劳动力投入，t为时间。β是生产函数的参数，$0 < \beta < 1$。而参数ρ则决定了资本和劳动之间的要素替代弹性，该要素替代弹性为$\sigma = 1/(1+\rho)$，$-1 < \rho < 0$或$0 < \rho$。在不同的时间点t上，生产函数中的资本投入量和劳动投入量可以不同。假设在某一特定技术水平条件下，该函数满足新古典的完全竞争且规模报酬不变的假设，则资本的回报率r为：

$$r = MPK \tag{2}$$

该式表示资本的回报率r等于资本的边际产出MPK，即生产函数Y_t关于资本投入K_t的导数。根据（1）式可以求出资本的回报率为：

$$r = A_t \left[\beta K_t^{-\rho} + (1-\beta) L_t^{-\rho} \right]^{-1-1/\rho} \beta K_t^{-\rho-1} \tag{3}$$

对（3）式两边取对数并关于时间t求导可得：

$$\frac{\dot{r}}{r} = \frac{\dot{A}_t}{A_t} + (\rho+1) \frac{\beta K_t^{-\rho}(\frac{\dot{K}_t}{K_t}) + (1-\beta) L_t^{-\rho}(\frac{\dot{L}_t}{L_t})}{\beta K_t^{-\rho} + (1-\beta) L_t^{-\rho}} - (\rho+1) \frac{\dot{K}_t}{K_t} \tag{4}$$

其中，$\dot{r} = dr/dt$，表示资本回报率的增长数量，其他几个上方加点变量的意义与之类似。假定总产出中的资本份额为 Π_K，在新古典情况下，资本的份额等于资本的边际产出与资本投入量的乘积占 GDP 的比例。类似地，假定劳动报酬份额为 Π_L，它等于劳动的边际产出与劳动投入量的乘积占 GDP 的比例，即：

$$\Pi_K = K_t MPK / Y_t = \beta K_t^{-\rho} / [\beta K_t^{-\rho} + (1-\beta) L_t^{-\rho}] \quad (5)$$

$$\Pi_L = L_t MPL / Y_t = (1-\beta) L_t^{-\rho} / [\beta K_t^{-\rho} + (1-\beta) L_t^{-\rho}] \quad (6)$$

其中，MPL 表示劳动的边际产出。将（5）和（6）式代入（4）式并进一步改写可得：

$$\frac{\dot{r}}{r} = \frac{\dot{A_t}}{A_t} + (\rho+1)(\Pi_K - 1)\frac{\dot{K_t}}{K_t} + (\rho+1)\Pi_L \frac{\dot{L_t}}{L_t} \quad (7)$$

又因为资本份额与劳动报酬份额之和等于1，所以可将（7）式中的 Π_L 替换成 $1-\Pi_K$，从而得到（8）式：

$$\frac{\dot{r}}{r} = \frac{\dot{A_t}}{A_t} + (\rho+1)(\Pi_K - 1)(\frac{\dot{K_t}}{K_t} - \frac{\dot{L_t}}{L_t}) \quad (8)$$

对 $ln(K_t/L_t) = lnK_t - lnL_t$ 两边关于时间 t 求导可得：

$$\frac{(K_t/L_t)\dot{}}{(K_t/L_t)} = \frac{\dot{K_t}}{K_t} - \frac{\dot{L_t}}{L_t} \quad (9)$$

因此（8）式可进一步转变为：

$$\frac{\dot{r}}{r} = \frac{\dot{A_t}}{A_t} + (\rho+1)(\Pi_K - 1)\frac{(K_t/L_t)\dot{}}{(K_t/L_t)} \quad (10)$$

其中，K_t/L_t 表示资本深化程度。由（10）式可以看出，资本回报率的增长率是由技术进步增长率 $\dot{A_t}/A_t$，乘数 $(1+\rho)(\Pi_K - 1)$ 和资本深化速率 $(K_t/L_t)\dot{}/(K_t/L_t)$ 共同决定的。其中，$\frac{\dot{A_t}}{A_t}$ 和 $(K_t/L_t)\dot{}/(K_t/L_t)$ 的经济含义较为明确，而乘数 $(1+\rho)(\Pi_K-1)$ 所表示的经济含义尚不明了，因此下文将继续对其推导以明确其经济含义。

假定资本边际产出关于 K_t 的弹性为 θ_{KK}，即 $\theta_{KK} = (dMPK/MPK)/(dK_t/K_t)$，其经济含义为：资本投入量每变动1%，资本边际产出变动的百分比，根据边际收益递减规律，在其他要素投入不变的情况下，增加 K_t 的投入，资本的边际收益减少，因此 $\theta_{Kk} < 0$。对 θ_{KK} 进行改写可得：

$$\theta_{KK} = (dMPK/dK_t)(K_t/MPK) \quad (11)$$

由（3）式可以求出 $dMPK/dK_t$ 和 K_t/MPK 的表达式，即：

$$\frac{dMPK}{dK_t} = A_t \left[\beta K_t^{-\rho} + (1-\beta) L_t^{-\rho} \right]^{\frac{-1}{\rho}-1} \beta (-\rho - 1) K_t^{-\rho-2}$$

$$+ A_t \left[\beta K_t^{-\rho} + (1-\beta) L_t^{-\rho} \right]^{\frac{-2}{\rho}-1} \beta^2 (1+\rho) K_t^{-2\rho-2} \quad (12)$$

$$K_t/MPK = A_t^{-1} \left[\beta K_t^{-\rho} + (1-\beta) L_t^{-\rho} \right]^{1+1/\rho} \beta^{-1} K_t^{\rho+2} \quad (13)$$

将（12）和（13）式代入（11）式便可求出 θ_{KK} 的表达式：

$$\theta_{KK} = (\rho + 1) \left[\beta K_t^{-\rho} (\beta K_t^{-\rho} + (1-\beta) L_t^{-\rho})^{-1} - 1 \right] \quad (14)$$

根据（5）式可知，（14）式右边中括号内的前一项便是产出中的资本份额 Π_K，因此（14）式可改写为：

$$\theta_{KK} = (\rho + 1)(\Pi_K - 1) \quad (15)$$

由（15）式可知，资本回报率分解公式中的乘数 $(\rho+1)(\Pi_K-1)$ 便为资本边际产出关于资本投入 K_t 的弹性。结合（10）和（15）式，最终得到资本回报率的分解公式为：

$$\frac{\dot{r}}{r} = \frac{\dot{A_t}}{A_t} + \theta_{KK} \frac{(\dot{K_t/L_t})}{(K_t/L_t)} \quad (16)$$

因此影响资本回报率提升的主要因素有：资本深化的速率 $\left(\frac{(\dot{K_t/L_t})}{(K_t/L_t)} \right)$，乘数（$(\rho+1)(\Pi_K-1) = \theta_{KK}$）和技术进步率（$\dot{A_t}/A_t$）。由于 $\rho+1>0$ 且 $\Pi_K-1<0$，所以乘数是小于零的，故资本深化会降低资本的回报率，且乘数效应会放大或缩小这一作用，并最终降低资本回报率的增长率，而技术进步则会提高资本回报率的增长率。

虽然在公式（16）中的技术进步是以中性的技术进步方式融入在模型中的，但为了分析的简便，本书在实证分析中做了简化处理，认为技术进步的部分等于资本回报率总变动减去资本深化的部分。因此实证分析中的技术进步是一个残差项，可能包含了中性的、资本节约型和劳动节约型的技术进步。[①] 由于本书仅是为了说明技术进步和资本深化对资本回报率影响的大小和差异，并不需要区分到底发生了何种类型的技术进步，因此这种简化处理并不会影响到文章的最终结论。

上述分解公式是在 CES 生产函数下推导得出的，但此分解结果是具有

---

①　如果在生产函数中加入资本节约型和劳动节约型的技术进步，最终分解公式中的技术进步则会包含中性的、资本节约型和劳动节约型的技术进步，推导过程与文中推导类似。

一般性的。在一般性的生产函数下仍是成立的，比如假定一个隐性的生产函数：

$$Y = Y\ (K,\ L,\ t) \tag{17}$$

使用类似的方法，可以推导出资本回报率的分解公式为：

$$\frac{\dot{r}}{r} = \theta_{KK} \frac{(\dot{K/L})}{(K/L)} + \frac{Y_{Kt}}{Y_K} \tag{18}$$

其中，$Y_{Kt}/Y_K = (dY_K/dt)\ /Y_K$，其经济意义是技术进步带来的资本回报率的增长率，即资本回报率增长率中，技术进步的部分。因此 Y_{Kt}/Y_K 可替换成（16）式中的技术进步率（$\dot{A}_t/A_t$）。因此，使用 *CES* 生产函数推导出的（16）式在隐性生产函数下同样成立，即该结果具有普遍性。

（二）资本回报率的计算方法

在对资本回报率测算的上，CCER"中国经济观察"研究组（2007）的研究较具代表性，他们提出了九个资本回报率的测度指标并对中国工业企业的资本回报率进行了计算。但是这种方法并不合适使用宏观数据对整个国家的资本回报率进行测度，因此本书借鉴 Bai（2006）提出的资本回报率模型，使用国民收入核算体系中的宏观数据计算美国的资本回报率。假设在新古典情况下，[①] 企业在市场上购买资本用于生产，且产量只占行业全部产量的很小份额，是产品价格的接受者，则可以使用下述公式计算企业的资本回报率：

$$r'\ (t)\ = P_Y\ (t)\ MPK_j\ (t)\ /P_{kj}\ (t) \tag{19}$$

其中，$r'\ (t)$ 是资本回报率，$P_Y\ (t)$ 是产出品的价格，$MPK_j\ (t)$ 为 j 类资本的边际产出，$P_{kj}\ (t)$ 是 j 类资本品的购置价格。由于无法直接观察到资本的边际产出数据，所以需要根据已有数据进行估算，具体可以通过总产出中的劳动报酬部分和资本部分进行推算，总产出中的资本份额（$\alpha\ (t)$）可以用劳动报酬数据求出：

$$\alpha\ (t)\ = 1 - W\ (t)\ /\ [P_Y\ (t)\ Y\ (t)] \tag{20}$$

其中，$W\ (t)$ 是总产出中劳动报酬部分，$Y\ (t)$ 是总产出。同时，

---

① 在市场存在垄断的情况下，使用完全竞争的假设会低估资本的回报率，如果只比较资本回报率随时间变化的情况，完全竞争假设并不会对研究结论造成较大误差（Bai et al.，2006）。且对垄断势力的测度是困难的，测度结果也会存在一定误差，因此本书使用新古典情况下的模型。

还可以使用资本的边际产出来表示总产出中的资本份额，并结合（19）式可得：

$$\alpha(t) = \frac{\sum_j r'(t) P_{K_j}(t) K_j(t)}{P_Y(t) Y(t)} \qquad (21)$$

其中，$P_K(t)$ 表示经济中总的资本品的价格，$K(t)$ 表示总的资本存量，$K_j(t)$ 是第 j 类资本的存量。令 $P_K(t) K(t) = \sum_j P_{K_j}(t) K_j(t)$，则（21）式可改写为：

$$r'(t) = \alpha(t) P_y(t) Y(t) / [P_k(t) K(t)] \qquad (22)$$

在上面的计算中，我们没有考虑到资本的价格变化和折旧，但在现实中，资本的价格是在不断变动的，且存在一定的折旧，这些都是影响资本回报率的重要因素。另外还应扣除通货膨胀因素的影响，可以使用 GDP 平减指数进行调整。因此本书将这些变量加入到模型中去，则资本回报率的计算公式为：

$$r'(t) = \alpha(t) P_y(t) Y(t) / [P_k(t) K(t)]$$
$$+ P'_k(t) - \delta(t) - P_Y'(t) \qquad (23)$$

其中，$r'(t)$ 表示实际的资本回报率，即经过 GDP 平减指数和投资价格指数调整后的数值，$P'_k(t)$ 表示资本品价格的变化率，$\delta(t)$ 表示资本品的折旧率，$P'_Y(t)$ 是产出品的价格变化率，即 GDP 平减指数。

由于 MPK 表示的是资本的实际租赁价格，有时候也叫做资本使用成本，这与本书计算的资本回报率 $r'(t)$ 存在一定差别，但在假定资本品和产出品价格增长率相同或者两者差别非常小的情况下，[1] 可以证明 $r'(t)$ 的增长率和 MPK 的增长率是相等的，下文在对计算美国的资本回报率时，也发现资本品和产出品价格增长率的差别较小。根据（19）式可以推导出：

$$\frac{\dot{r'}(t)}{r'(t)} = \frac{\dot{MPK}}{MPK} + \frac{\dot{P_y}(t)}{P_y(t)} - \frac{\dot{P_k}(t)}{P_k(t)} \qquad (24)$$

假定 $P_y(t)$ 和 $P_k(t)$ 的变化率相同或者差别非常小，则（24）式

---

[1]　白重恩等（2006）的研究中也有过类似的假设。同时，笔者还计算了美国等 22 个 OECD 国家1970—2009 年的资本品和产出品的价格增长率，结果显示两者在大多数年份都是非常接近的，因此可以近似地认为资本品和产出品的价格增长率是相同的。

可改写为：

$$\frac{r'(t)}{r'(t)} = \frac{\dot{MPK}}{MPK} \qquad (25)$$

根据（25）式可知，资本回报率的增长率和 MPK 的增长率是相等的，因此可以使用理论部分的分解公式对资本回报率的增长率进行实证分解。

三　实证分析

（一）数据来源

1. GDP 及投资数据。GDP、固定资产投资、耐用品消费、资本存量数据均来自美国国家经济分析局（BEA）。

2. 劳动相关数据。劳动者数量和劳动报酬数据均来自联合国数据库。

3. 价格指数数据。GDP 平减指数来自世界银行数据库，投资价格指数来自 PWT7.0 数据库，GDP 和资本存量数据均根据价格指数调整为 2005 年不变价数据。

4. 折旧率数据。可根据历年资本存量数据和投资数据计算得到，具体公式为：$K_t = K_{t-1}(1-\delta_t) + I_t$，其中，$K_t$ 是 t 期的资本存量，δ_t 是 t 期的折旧率，I_t 是 t 期的投资额。对该式进行改写可知，$\delta_t = (K_{t-1} + I_t - K_t)/K_{t-1}$，其中分子便是折旧额，分母为资本存量，美国国家经济分析局（BEA）提供了美国历年的折旧额和资本存量数据，据此便可计算出折旧率数据。

（二）美国资本回报率的测度及投资情况

图 6.10 报告了美国资本回报率的测度结果。总体来看，20 世纪 80 年代中期之前，美国的资本回报率基本在 12%—15% 之间波动，而 80 年代中期至 1997 年和 2003—2007 年之间则处于较为稳定的时期，1997—2003 年和 2007 年之后都处于下降时期。造成这种现象的原因是，20 世纪 80 年代之前，即 1973—1979 年两次爆发的石油危机，造成了西方国家的全面衰退，美国面临着严重的通货膨胀和失业问题，经济停止增长，企业大量减产或倒闭，资本回报率也随之下降，而石油危机的影响减弱之后，随着经济的复苏，资本回报率也逐渐提高，因此这一阶段的资本回报率出现了较大的波动情况；1997 年亚洲爆发了金融危机，随后世界经济也进入不景气阶段，直到 2003 年世界经济才开始逐步复苏，这些都对美国经

济和投资造成严重影响，资本回报率也因此下降；2007 年美国爆发了
"次贷危机"，世界经济面临严重衰退，需求大幅下降，对企业收益造成
了重大冲击，这次危机的影响一直持续至今，且没有明显的好转，因此
2007 年之后的时期，资本回报率出现了一定的下降；而在这三个时期之
外，由于美国经济主体运行较为稳定，因此资本回报率也处于相对稳定
阶段。

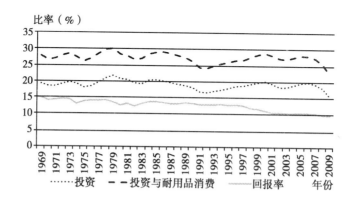

图 6.10 美国的资本回报率和投资率

同时，图 6.10 还报告了美国固定资产投资的情况。根据美国国家经
济分析局（BEA）提供的数据，本书报告的投资率分别用固定资产投资占
GDP 的比重、固定资产投资与耐用品消费占 GDP 的比重表示。总体上看，
两者变化较为同步，且处于相对稳定的状态，固定资产投资率基本在
19% 上下波动，固定资产投资与耐用品消费占 GDP 比重则在 27% 上下波
动。2007 年之后，由于"次贷危机"的影响，投资率出现了一定下滑，
2009 年的投资率仅为 15%，固定资产投资与耐用品消费占 GDP 比重也降
至 22%。这主要是因为美国"次贷危机"的不断恶化，引起了美国股市
的剧烈动荡，并扩散到整个金融市场，进而影响了投资者信心和企业
融资。

（三）资本边际产出弹性（乘数 θ_{KK}）的估算

在资本回报率增长率的分解结果中，包含着资本边际产出弹性这一变
量，而这个变量无法直接观察到，因此需要使用计量模型进行估算。根据
上文可知资本边际产出关于资本 K 的弹性 $\theta_{KK} = (\rho + 1)(\Pi_K - 1)$，在进
行估算之前，本书使用美国数据计算了历年总产出中的资本份额 Π_K，结

果显示美国的资本份额比较稳定，基本保持在 42% 上下，资本份额 Π_K 在一定程度上决定了资本边际产出弹性的变化情况，因此可以认为美国的资本边际产出弹性在 1940—2009 年间是稳定的，可以使用回归分析法估算其大小。本书在 VAR 模型的基础上，检验了变量之间的协整关系，如果结果显示变量之间存在协整关系，则使用动态最小二乘法来估算资本的边际产出弹性。

在对数据进行计量分析之前，首先应检验其平稳性。为了消除数据的剧烈波动和异方差，本书对数据取自然对数处理，LR、LK 和 LL 分别表示资本回报率、资本存量和劳动者数量的对数值。采用 ADF 方法的检验结果如表 6.22 所示，其中 LR 和 LK 原数列是不平稳的，进行一阶差分后，三个变量均变的平稳。

表 6.22　　　　　　　　　　　平稳性检验

变量	T 统计值	5% 临界值	P 值	结论
LR	−0.39	−2.93	0.899	不平稳
ΔLR	−7.17	−2.93	0.000	平稳
LK	−1.89	−2.93	0.329	不平稳
ΔLK	−3.40	−2.93	0.017	平稳
LL	−4.36	−2.96	0.002	平稳
ΔLL	−4.22	−2.93	0.002	平稳

在数据非平稳的情况下，如果直接使用原数据进行回归分析可能会出现伪回归的现象，因此不能用直接建立方程去估算资本边际产出的弹性值。但是可以考虑建立协整方程，以分析原数据是否存在长期稳定的关系，进而进行资本边际产出弹性的估算。本书使用基于 VAR 模型的 Johansen 极大似然检验法进行协整分析。建立 VAR 模型时，首先应选择最为适合的滞后期，判断滞后期的主要依据是 LR 统计量、FPE、AIC、SC 和 HQ 信息准则，具体的检验结果如表 6.23 所示。除 SC 检验显示应选择一阶滞后期外，其他四个检验方法都显示应选择二阶滞后期，因此本书选择滞后二期的 VAR 模型。

表 6.23   VAR 模型滞后期的选择

滞后期	LogL 统计量	LR	FPE	AIC	SC	HQ
0	156.03	NA	6.38e − 08	− 8.05	− 7.92	− 8.01
1	339.99	329.19	6.41e − 12	− 17.26	− 16.75 *	− 17.08
2	353.84	22.60 *	5.01e − 12 *	− 17.52 *	− 16.61	− 17.19 *
3	357.46	5.34	6.82e − 12	− 17.23	− 15.94	− 16.78

注：* 表示该标准所选择的滞后阶数。

为确保模型选择的准确性和稳定性，对 VAR（2）模型的残差进行检验，自相关检验结果为：LM（2）= 4.49，$P = 0.88$，残差序列不存在自相关；AR 根的检验结果如图 6.11 所示，VAR（2）模型所有根的模的倒数小于 1，即位于单位圆内，因此建立的 VAR（2）模型是稳定的。

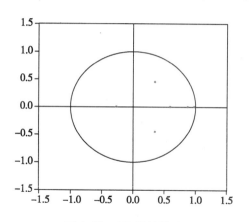

图 6.11　AR 根的检验

根据上文建立的 VAR（2）模型进行 Johansen 检验，具体检验结果如表 6.24 所示。第一列内容（原假设）表示协整关系的个数，星号（*）说明在 10% 水平上拒绝原假设，根据检验结果可知，三个变量在 10% 水平上通过了协整关系的检验，即变量之间存在着长期均衡关系，可以建立协整方程。

表 6.24   Johansen 检验结果

原假设	特征值	迹统计量	10% 临界值	P 值
没有 *	0.35	29.24	27.07	0.06
最多一个	0.24	12.95	13.43	0.12
最多两个	0.07	2.58	2.71	0.11

考虑到资本的前期投入可能会对后面几期的资本回报率造成一定影响，因此在计量模型中引入资本存量的提前期，由于劳动者数量对资本深化有着重要影响，进而影响到资本的回报率，因此将劳动者数量作为控制变量引入模型，最终使用的计量模型如（26）式所示：

$$LR = C + \alpha_1 LK + \alpha_2 LL + \varepsilon \tag{26}$$

其中，ε 表示随机扰动项。参数 α_1 即为需要求解的资本边际产出弹性。运用最小二乘法进行回归，最终的回归方程如（27）式所示，括号内数据为对应变量的 t 统计量。根据回归方程可知，资本的回归参数 $\alpha_1 = -1.31$，该数值即为美国的资本边际产出弹性。

$$LR = 5.33 - 1.31LK + 1.75LL$$
$$(8.89) \quad (-9.25) \quad (7.04) \tag{27}$$

回归方程中 LK 和 LL 的 t 统计量均是显著的，因此认为资本边际产出弹性的估算结果是有效的。

（四）美国资本回报率增长的实证分解

由于市场风险变动对资本回报率有着一定影响，为了进一步减少市场风险对资本回报率提升的影响，本书使用经济周期对应的经济波动反映风险，即假定实际 GDP 与潜在 GDP 的比值 P 作为经济波动的代理变量，即对风险的衡量。假定 r_j 表示扣除风险后的资本回报率，由于资本回报率受市场风险影响，因此假设：$r/r_j = C * GDP/GDP' = C * P$，其中 C 为常数，GDP' 是潜在 GDP，因此 $\dfrac{\dot{r_j}}{r_j} = \dfrac{\dot{r}}{r} - \dfrac{\dot{P}}{P} - \dfrac{\dot{C}}{C} = \dfrac{\dot{r}}{r} - \dfrac{\dot{P}}{P}$。下文对资本回报率的分解便是使用经过风险调整后的数据。潜在 GDP 的计算可以使用 $Hodrick - Prescott$ 滤波方法，具体方法如下：

$$\min \sum_{i=1}^{T} \{ (GDP_t - GDP'_t)^2 + \lambda [C(L) GDP'_t]^2 \} \tag{28}$$

使用上文估算的资本边际产出弹性值，根据资本回报率的分解公式，可将资本回报率的增长分解为资本深化部分和技术进步部分，具体的分解结果见表 6.25，由于本书数据年份达 40 年，限于篇幅所限，部分年份的数据没有列出。

表 6.25   美国资本回报率增长的分解

年份	回报率的增长	资本深化部分	资本深化贡献率（%）	技术进步部分	技术进步贡献率（%）
1970	− 0.024	− 0.037	− 73.013	0.014	26.987
1975	0.124	− 0.057	− 24.040	0.181	75.960
1980	− 0.031	− 0.042	− 79.652	0.011	20.348
1985	0.009	− 0.015	− 37.988	0.024	62.012
1986	− 0.003	− 0.014	− 57.011	0.010	42.989
1987	− 0.016	− 0.009	− 51.746	− 0.008	− 48.254
1988	0.009	− 0.010	− 34.880	0.019	65.120
1989	0.038	− 0.012	− 19.012	0.050	80.988
1990	0.002	− 0.022	− 47.352	0.024	52.648
1991	0.023	− 0.047	− 39.990	0.070	60.010
1992	0.013	− 0.018	− 36.320	0.031	63.680
1993	0.009	− 0.009	− 33.015	0.018	66.985
1994	0.015	0.000	− 1.019	0.015	98.981
1995	− 0.003	− 0.014	− 56.907	0.011	43.093
1996	0.020	− 0.016	− 31.254	0.036	68.746
1997	− 0.002	− 0.010	− 55.193	0.008	44.807
1998	− 0.034	− 0.024	− 71.520	− 0.010	− 28.480
1999	0.006	− 0.029	− 45.198	0.035	54.802
2000	− 0.012	− 0.035	− 60.569	0.023	39.431
2001	0.006	− 0.056	− 47.530	0.062	52.470
2002	0.025	− 0.033	− 36.101	0.058	63.899
2003	− 0.025	0.014	26.848	− 0.039	− 73.152
2004	0.021	− 0.018	− 31.555	0.038	68.445
2005	0.010	− 0.008	− 30.258	0.018	69.742
2006	0.003	− 0.009	− 42.110	0.013	57.890
2007	0.008	− 0.015	− 40.082	0.023	59.918
2008	− 0.008	− 0.030	− 57.623	0.022	42.377
2009	0.001	− 0.010	− 47.485	0.011	52.515

表 6.25 的第二列报告了美国资本回报率的增长情况，1969—2009 年期间，有 24 年是处于正增长状态，有 16 年是处于负增长状态。总体上美

国的资本回报率是下降的，从 1969 年的 15.08% 下降到 2009 年的 9.85%，降幅为 34.68%。

同时美国的资本深化却从 1969 年的 109941.24 美元，增加到 2009 年的 183111.7 美元，即劳动者的人均资本存量增长了 66.55%。由图 6.12 可以看出，1969 年以来，除少数几个年份外，其他年份的资本深化增长率一直都大于零，资本深化较为明显。根据古典经济理论，人均资本的增加会降低资本的边际产出，即资本回报率会降低，因此可以认为资本深化的增长是美国资本回报率下降的重要原因。表 6.25 的第三列报告了资本回报率的增长中资本深化的部分，即资本回报率的变化有多少是由资本深化引致的。由上文计算可知，资本深化的乘数，即资本边际产出的弹性为 -1.31，小于零，即资本深化会导致资本回报率的下降，这与古典经济理论是一致的，由表 6.25 也可以发现，在绝大多数的年份中，资本深化的部分都为负值，即资本深化造成了美国资本回报率的下降。而且资本边际产出的弹性绝对值大于 1，因此放大了资本深化对资本回报率的降低作用，即资本深化每增长 1%，会引致 1.31% 的资本回报率下降。

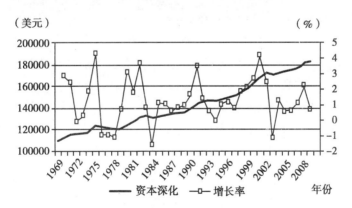

图 6.12　美国的资本深化及其增长率

虽然资本深化会导致资本回报率的下降，且由于资本边际产出弹性的乘数的作用，会放大这种下降作用，但本书计算的结果却显示资本回报率的下降幅度小于资本深化的增长幅度。造成这一现象的原因是，虽然资本深化降低了资本的回报率，但由于生产中技术的进步提高了资本回报率，从而部分弥补了资本深化造成的回报率下降，因而美国的资本回报率下降的幅度要小于资本深化的增长幅度。由表 6.25 的第五列可以发现，技术进步部分在绝大多数年份都是正值，这也说明了技术进步对美国的资本回报率有着明显的促进作用。虽然快速增加的投资导致了美国资本深化的不断提高，但技术进步却提高了资本的边际产出，在一定程度上抵消了资本深化对资本回报率的降低作用，因此美国的资本回报率没有出现剧烈下降的情况。

表6.25还分别报告了资本深化和技术进步对资本回报率增长的贡献率。由于资本深化的影响在多数年份均为负值，如果直接使用原数据计算，则技术进步的贡献率会超过100%，不利于与资本深化进行比较分析，故本书使用绝对值计算两者的贡献率。计算公式为：

$$A \text{ 的贡献率} = A/ \ (\mid A \mid + \mid B \mid) \ \times 100\% \qquad (29)$$

其中，$\mid A \mid$ 和 $\mid B \mid$ 分别表示资本深化部分和技术进步部分的绝对值，贡献率的正负表示对回报率增长的影响方向，正的表示促进了资本回报率的增长，负的表示降低了资本回报率的增长。从符号上看，资本深化仅在七个年份是正的，其余年份都是负的，因此可以认为资本深化降低了美国的资本回报率，而技术进步却与之相反，在大多数年份里都提高了美国的资本回报率。从数值上看，资本深化和技术进步对资本回报率的贡献都较为显著，资本深化的平均贡献率为41.97%，技术进步的平均贡献率为58.03%。在大部分的年份中，资本深化的贡献率都小于技术进步的贡献率，这也进一步解释了美国资本回报率没有因为资本深化的提高而出现大幅度下降的原因。

（五）动态分析

为了研究资本深化和技术进步对资本回报率长期的动态影响，本书使用脉冲响应函数方法做进一步地分析，即分析资本深化和技术进步受到某种冲击时对资本回报率的动态影响。根据（16）式可知，资本回报率的变动是受资本深化和技术进步共同影响的，因此可以使用这三个变量建立协整方程，并进一步检验进行脉冲响应分析，其中技术进步变量使用上文估算的数据。在进行脉冲分析之前，需要对变量之间的协整关系进行检验，本书根据使用资本深化和技术进步数据与资本回报率进行了相关检验。检验方法与资本边际产出弹性估算部分相似，检验结果显示资本深化、技术进步与资本回报率之间均具有长期稳定的协整关系，可以进行脉冲响应分析（由于篇幅所限，具体的检验过程没有给出）。图6.13和图6.14报告了动态分析的结果。

图6.13表明，在本期给资本深化一个正的冲击，资本回报率在最初

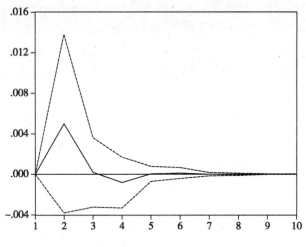

图 6.13 回报率对资本深化的响应

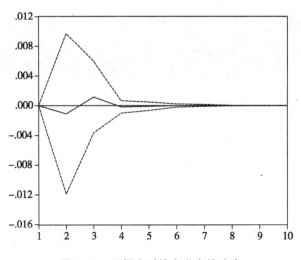

图 6.14 回报率对技术进步的响应

一期会出现一定的增长，但随后却会快速下降并持续一段时间，第四期以后，冲击的影响开始减弱，并逐渐趋近于零。总体上看，资本深化在短期能够提高资本的回报率，但长期却可能大幅降低资本的回报率。造成这一现象的原因可能是，投资在初期使企业的机器、设备等得到了更新，在一定程度上提高了资本的边际产出，但由于投资一直处于快速增长状态，企业的资本劳动比率较高，资本的利用率会快速下降，从而导致资本边际报酬出现递减趋势（张军，2002）。因此投资驱动型的发展模式在经济发展的初期可能是有效，但随着资本深化程度的不断提高，资本的回报率也会逐渐降低，从而导致这一发展模式出现严重问题。

图 6.14 表明，在本期给技术进步一个正的冲击，资本回报率会出现一定的下降，但第三期之后，则会有正的影响。造成这一现象的原因可能是，技术进步能够改进生产工艺和方法，提升资本的使用效率，进而提高资本的回报率，但劳动者对技术的掌握是一个循序渐进的过程，且对技术的提升在前期需要投入大量资金，因此技术进步在前期对资本回报率的提高产生了负向作用，但经过一定时期之后，则会发挥正向的促进作用。另外，先进技术的掌握者会不断加大科研投入，从而使自己一直处于领先地位，进而获取更高的资本回报率。所以，从长期上看，技术进步对资本回报率产生了显著的促进作用，是提高资本回报率最主要的因素。

四　结论及对中国的启示

(一)　结论

本书在以往学者研究的基础上，推导了资本回报率提升的分解公式，并对美国 1969—2009 年的资本回报率和资本边际产出弹性进行了估算，并从资本深化和技术进步的视角对美国资本回报率的变动进行了实证分析，得出的结论主要有以下几点：

1. 美国的资本回报率经历了一个波动期和两个下降期，但总的下降幅度不大。20 世纪 80 年代以前，美国资本回报率的波动较大，之后一段时间则保持相对稳定状态，1997—2003 年和 2007 年至今，由于受经济危机的影响，资本回报率都处于下降状态；虽然美国的固定资产投资增长迅速，但是资本回报率的下降幅度不大，从 1969 年的 15.08%，下降到 2009 年的 9.85%。

2. 资本深化降低了美国的资本回报率，技术进步却有着明显的促进作用。资本深化降低了美国的资本回报率，且由于资本产出弹性的乘数作用，放大了这种降低作用，而技术进步却对资本回报率有着显著的促进作用，从而使美国的资本回报率没有出现大幅度下降情况；总体上看，资本深化对资本回报率的影响小于技术进步的影响；技术进步的存在是美国资本回报率没有随资本深化的提高而下降的重要原因之一。

3. 资本深化和技术进步的动态影响差异显著。资本深化虽然能在短期提高资本的回报率，但长期却降低了资本的回报率，技术进步则在长期能够显著提高资本的回报率。

（二）对中国经济发展的启示

虽然中国与美国的人均资本存量差距较大，但中国自20世纪80年代以来便开始了资本的快速积累，中国资本深化的速度已由最初的年均3%增加到2009年的12%，增长速度十分迅速。通过图6.12和图6.15可以发现，中美两国资本深化的趋势具有很大的相似性，即两国资本深化的程度都在逐年提升。根据Bai（2006）对中国资本回报率的估算可以发现，中国资本回报率的变动趋势与美国的情况比较类似，即总体上是比较稳定的，基本保持在20%附近。虽然中国有着较高的投资率，且资本存量也在逐年增加，但资本回报率却没有出现大幅下降的情况，这方面与美国的情况是相似性。美国经济的发展已处于稳态水平，资本回报率的增长主要是靠技术进步推动的，而中国还处在稳态前的高速发展时期，即中国正在迈向稳态的进程之中，但是中国高速增长的投资已对资本回报率产生了负向影响，使用中国的数据进行初步分析显示，中国资本深化每增长1%，资本回报率下降4.81%。另外中国具有技术后发国的优势，即通过对技术先进国家的学习和进一步创新，可以快速促进技术水平的提高，进而保证资本回报率的稳定，这与美国的情况是相似的。因此对美国相关问题的研究，对中国具有重要的现实意义，并给中国经济的发展提供借鉴。

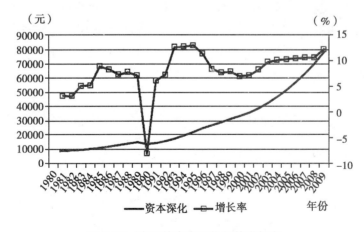

图6.15 中国的资本深化及其增长率

具体的启示有：

1. 对美国资本回报率的研究有助于中国经济的健康发展。中国和美国在投资方面具有很大相似性，两者都是吸引外资的大国，且投资都处于快速增长阶段，在中国投资率较快增长的情况下，如何保持资本回报率的稳定和经济的健康发展是一个重要的问题，因此对美国资本回报率的研究有助于为中国问题提供借鉴。

2. 投资驱动型的发展模式不具可持续性。投资能在短期提高资本的回报率，因此在经济发展的初期，可以通过扩大投资促进经济增长，但长期来看，资本的增长是有限制的，随着资本深化程度的提高，资本回报率也在逐渐下降，投资的吸引力降低，经济发展也会面临缺乏动力的困境，从而陷入停滞状态。因此，中国应该加快经济转型，以避免投资驱动型发展模式带来的各种弊端。

3. 技术进步是经济发展的重要驱动力。技术进步能够提高资本的生产效率，在投资率逐年升高的情况下，可以通过技术进步缓解资本回报率的下降。虽然美国有着较高的资本深化增长速度，但却拥有其他国家无可比拟的科技和人才方面的优势，技术进步的效果明显，因此能够保持经济的持续增长，这对中国经济的发展是一个良好的经验借鉴。中国应将经济发展的方式从资本投入转变到技术投入上来，加大对科研的投入，并鼓励和扶持新兴科技产业的发展，不断从投资大国向科技强国转变，使科技成为经济增长的驱动力。

本书的研究也存在一些不足之处，如本书的理论模型是以完全竞争为假设条件的，这与现实情况可能存在一定差距。虽然美国已是世界上经济市场化水平最高的国家之一，但仍然无法满足完全竞争的所有条件。因此，如何将不完全竞争情况考虑到模型中以及更准确地对垄断势力度进行测度，将是后续研究的努力方向。

第七章

资本回报率提升机制的
实证分析：人力资本视角

人力资本概念首先是由 Schultz（1960）提出的，并经 Becker（1966）等人的补充和发展，最终形成了人力资本理论。很多学者使用教育来衡量人力资本，Schultz（1962）认为健康投资和教育投资都是人力资本的投资，但由于知识和创新能力是财富创造的主导要素，因此应注重"教育培训"对人力资本形成的作用。随着经济的不断发展和技术变革，教育在促进生产力方面的作用会越来越明显（Meng，1995）。教育不仅能够促进增长，还会产生溢出效应，这种溢出效应会进一步影响到产出水平。姚先国（2008）曾指出，教育对地区人均产出增长具有积极的影响，且表现出一定程度的溢出效应。知识外溢可以提高生产力，因此对教育的投入可以提高一国的长期增长率（Romer，1986）。

人力资本及其溢出效应不仅影响经济的增长，还对资本回报率有着重要影响。Lucas（1990）使用人力资本指标解释了有效劳动的概念，并分析了人力资本及其外溢效应对世界资本回报率差异的影响。人力资本能够影响未来的货币和物质收入（Becker，1964），长期来看，劳动力的人力资本水平较低将影响资本的利用效率，而人力资本水平高的地区往往更容易吸引物质资本和先进的生产技术。也就是说，在其他条件相同时，资本和技术更倾向于流向劳动力素质较高的地区（Lucas，1990）。沈坤荣、田源（2002）对中国的研究也支持这一观点，他们发现人力资本存量对 FDI 在中国的区位选择及投资规模都有着重要影响。

人力资本存量的变动还会导致资本劳动比率的变动，即资本深化的程度的变动。资本存量的变动在短期内会影响经济的增长（Solow，1956；Swan，1956），而人力资本存量的差异则有可能直接影响全要素生产力，进而影响长期的经济增长（Romer，1986），因此人力资本和资本存量的变动会对资本回报率有着重要影响，张军（2002）认为资本密集型发展之路影响了资本的产出效率，从而导致资本利润率的下滑，资本劳动比率与资本利润率存在显著的负相关关系。孙文凯、肖耿（2010）也认为中国会有较高的资本回报率，主要是因为中国劳动者份额及资本产出比没有出现大幅增长的态势。黄伟力（2007）却有着相反看法，他对我国工业资本回报率的研究发现，从宏观层面上看，资本的"过度深化"对资本回报率负面影响的假说是不成立的。Gordon（1999）却认为资本深化是由技术变化引致的，因此长期内资本深化与资本利润率之间是一种非常复杂的关系，并不必然是负相关。

从以往学者进行的研究来看，国外学者大多侧重于人力资本对经济增长的研究，也有部分学者的研究涉及了人力资本对资本回报率的影响（如Lucas，1990）。而国内学者关于人力资本对资本回报率影响的相关文献，大多集中在劳动者数量的变动对资本回报率的影响。为了更准确地了解人力资本及其溢出效应对资本回报率的影响，本部分使用教育指标来衡量人力资本，首先从理论上进行了定性分析，然后使用世界46个国家的数据进行了实证检验。

第一节　模型的提出：基于 Lucas 人力资本模型的拓展

在第五章的第二节中，本书借鉴 Lucas（1988）的人力资本模型，分析人力资本及其溢出效应对资本回报率的影响。在原有模型的基础上，本书进一步细分了劳动者的技术状况，增加了无技术水平劳动力变量，并分析了其对资本回报率的影响。

假定在一个完全竞争的经济中，总的生产函数为柯布道格拉斯函数，具体形式如下：

$$Y = A(t)N(t)^{\alpha}K(t)^{\beta} \tag{1}$$

其中，Y 为总产出，$A(t)$ 表示技术水平，$K(t)$ 表示资本存量，$N(t)$ 表示劳动者数量，$0 < \alpha < 1$，$0 < \beta < 1$。进一步考虑人力资本及其溢出效应、无技术水平劳动者后，该生产函数可被改写为：

$$Y = A(t)K(t)^{\beta}[u(t)h(t)N(t)]^{\alpha}h_a(t)^{\gamma}l(t)^{\eta} \tag{2}$$

其中，一个工人的人力资本为 $h(t)$，且工人将非闲暇时间的 $u(t)$ 部分用于生产，$1 - u(t)$ 部分用于人力资本的积累，$h_a(t)^\gamma$ 表示人力资本外溢效应对经济产出的作用，$0 < \gamma < 1$，$l(t)$ 表示无技术水平工人的数量。

令劳动者关于消费的效用函数为：

$$U = \int_0^\infty e^{-\rho t} \frac{1}{1-\sigma} [c(t)^{1-\sigma} - 1][N(t) + l(t)]dt \qquad (3)$$

其中，$c(t)$ 为人均消费，为一流量，ρ 表示贴现率，σ 表示相对风险规避系数，σ^{-1} 也称为跨期替代弹性，且 $\rho > 0$，$\sigma > 0$。

根据资本积累、人力资本积累和消费者最优选择理论，最终可以推导出均衡状态时的方程为：

$$r = \rho + \sigma \frac{\mu + \eta\lambda' + (\alpha + \gamma)\phi + (\alpha + \beta - 1)\lambda}{1 - \beta} \qquad (4)$$

由（4）式可知，在其他参数不变的情况下，平衡增长路径上的资本回报率 r 是由人力资本增长率 ϕ 决定的。因为 $1 - \beta > 0$，$\gamma > 0$，所以 $1 - \beta + \gamma > 0$，且 $\rho > 0$，$\sigma > 0$，由此可知，r 和 ϕ 是同方向变动的，即提高人力资本的增长率 ϕ，资本会得到更高的回报。人力资本溢出效应（γ）的大小影响到 ϕ 的乘数大小，从而放大或缩小了人力资本对资本回报率的影响。根据上式还可以发现，无技术水平工人的变动（λ'）同样会影响到资本回报率的大小。根据上述分析，可以得到如下命题：

命题1：人力资本的提高能够促进资本回报率的上升。

命题2：人力资本溢出效应的存在，放大或缩小了人力资本变化对资本回报率的影响。

命题3：无技术水平工人的增长能够促进资本回报率的上升。

为了进一步验证上述命题，可以根据（2）式推导出资本回报率 r 的表达式，并对其两边取对数可得：

$$\ln r = C + \alpha \ln H + \beta \ln k + \gamma \ln ha + \eta \ln l + \xi \qquad (5)$$

其中，$H = uhN$ 代表技术工人的人力资本存量，k 表示物质资本存量，ha 表示技术工人的人力资本的溢出效应，l 表示无技术水平工人的数量，ξ 是随机扰动项。

本部分将以（5）式作为实证分析的模型，对46个国家的数据进行计量分析，以分析人力资本及其溢出效应对资本回报率的影响以及在不同类型国家中的差别。

第二节　基于总体跨国数据的实证分析

根据上述理论推导的公式，基于人力资本及其溢出效应的视角，本部分将对世界46个国家资本回报率的影响因素进行实证分析。

一　数据来源及处理

发达国家的统计数据较为详细完整，时间跨度也较长，但发展中国家的统计数据则相对欠缺，时间跨度较短，因此本书使用1995—2009年数据进行分析。46个国家为：澳大利亚、奥地利、比利时、加拿大、丹麦、芬兰、法国、德国、希腊、冰岛、爱尔兰、意大利、日本、荷兰、新西兰、挪威、葡萄牙、西班牙、瑞典、瑞士、英国、美国、阿根廷、保加利亚、智利、哥伦比亚、哥斯达黎加、牙买加、马来西亚、巴拿马、波兰、罗马尼亚、土耳其、委内瑞拉、玻利维亚、喀麦隆、危地马拉、伊朗、菲律宾、斯里兰卡、突尼斯、巴西、墨西哥、南非、中国和印度。由于世界各国的货币计量单位不同，本书根据各年汇率将所有数据统一换算为以"美元"为单位的数据。所涉及的数据主要有：

1. 劳动报酬。来自联合国数据库。

2. GDP及其价格平减指数。GDP数据和价格平减指数来源于世界银行数据库，其中在计算上会使用到现价和不变价数据，不变价数据以2005年为基期进行了调整。

3. 资本存量。资本存量的测算使用永续盘存法。具体公式为：$K_t = K_{t-1}(1 - \delta_t) + I_t$，其中，$K_t$是t期的资本存量，$\delta_t$是t期的折旧率，$I_t$是t期的资本形成总额。基期的资本存量用基期的资本形成总额比上折旧率与随后5年资本形成总额平均增长率之和（单豪杰，2008）。

4. 资本形成总额。来源于PWT7.0数据库，其中，不变价数据以2005年为基期。

5. 投资价格指数。PWT7.0数据库提供了1952—2009年资本形成总额的现价与以2005年为基期的不变价数额，现价与不变价的比值就是投资价格指数，其中2005年的价格指数等于1。

6. 就业人数。来源于联合国数据库。

7. 人力资本存量。以往学者的实证研究中，一般使用中小学入学率或教育年限来代表人力资本存量。入学率是一个流量概念，对发展中国家而言，作为存量概念的教育年限更适合作为人力资本的代理变量（姚先国，2008）。因此本书使用教育年限指标，并借鉴 Holz（2005）的方法对人力资本存量进行了估算。教育年限数据来源于 Barro－Lee 教育年限数据库。该数据库将人口受教育状况分为文盲、初等教育、中等教育和高等教育，并估算了不同国家在不同年份中各级别教育的平均教育年限，还对各教育阶段的人口比例进行了估算。由于该数据的时间间隔为五年，因此本书使用平均增长率对中间的年份进行了计算。

8. 人力资本的溢出效应。人力资本的溢出效应可以使用人力资本存量的平均值来表示，在本书的实证分析中，使用工人的平均教育年限来代表人力资本的溢出效应。

9. 无技术水平工人。使用没有受过教育的劳动者数量来作为代理变量，数量来源于 Barro－Lee 教育年限数据库。

为减少数据的剧烈波动，首先对数据取对数处理。在做回归分析之前，为避免伪回归问题，应对其平稳性进行检验，检验结果如表 7.1 所示。LR、LK、LH、Lha、LL 分别表示资本回报率、资本存量、人力资本存量、人力资本的溢出效应和无技术水平劳动力数量的自然对数值。根据检验结果可知，原数列中除资本回报率外，其他变量均存在单位根，对其进行一阶差分后再进行单位根检验，结果显示各数列均不存在单位根，即各变量一阶差分后均是平稳的。

表 7.1　　　　　　　　　总体跨国数据的平稳性检验

变量	LLC	IPS	ADF－F	PP－F	单位根
LR	－9.01***	－9.42***	263.43***	304.05***	否
ΔLR	－17.03***	－16.86***	419.34***	582.89***	否
LK	2.86	12.52	64.29	73.59	是
ΔLK	－7.63***	－4.24***	147.12***	122.23**	否
LH	0.30	7.95	19.44	25.63	是
ΔLH	－22.03***	－16.68***	421.06***	577.42***	否
Lha	－2.73***	5.19	24.74	19.62	是
ΔLha	－17.76***	－12.07***	187.54***	319.92***	否
LL	－2.22**	5.50	101.81	93.75	是
ΔLL	－3.16***	－1.72**	118.08**	111.81*	否

注：***，**和*分别表示在1%、5%和10%水平上通过显著性检验。

　　由于计量方程的截面较多且时期较短，因此使用 Kao 检验方法检验变量之间的协助关系。该方法是由 Kao（1999）和 Kao & Chiang（2000）在推广的 *DF* 和 *ADF* 检验基础上提出的，利用回归的残差项构建统计量以检验面板数据的协助关系。对总体跨国数据进行协整检验的结果如表 7.2 所示。

表 7.2　　　　　　　　　　总体跨国数据的协整关系检验结果

	T 统计量	P 值
ADF	- 5.79	0.00

　　协整检验的结果显示，T 统计量为 - 5.79，P 值为 0.00，说明变量之间存在的协助关系。

二　实证结果及其比较分析

　　由于本部分数据的截面较多，而时期较短，因此认为国家间的差异主要表现在横截面的不同个体之间，参数不随时间变化或者变动较小，故可采用变截距模型进行分析（魏楚、沈满洪，2007）。选定变截距模型之后，还要对固定效应和随机效应的选择进行检验，混合模型与固定效应模型的选择可以根据似然 *F* 统计量进行判断，如果似然 *F* 统计量显示应该选择固定效应模型，则还需根据 *Hausman* 值进一步判定固定效应与随机效应模型的选择。为了减少截面和年份异方差的影响，本书使用 Cross - section Weights 方法进行加权，并使用 White - period 方法校正异方差。根据实证模型（5）式，可以得到具体的回归结果如表 7.3 所示。

表 7.3　　　　　　　　　　总体跨国数据的计量结果

变量	模型 1	模型 2	模型 3
C	5.02 *** (13.51)	4.80 (1.30)	5.13 *** (7.59)
LK	- 0.21 *** (- 8.69)	- 0.12 (- 0.91)	- 0.22 *** (- 3.69)
LH	0.18 *** (4.48)	0.11 (0.31)	0.20 * (1.82)
Lha	- 0.12 (- 1.12)	- 0.05 (- 0.13)	- 0.15 (- 0.67)

续表

变量	模型 1	模型 2	模型 3
LL	0.02 (0.97)	−0.05 (−1.16)	0.007 (0.12)
R^2	0.17	0.75	0.04
OBS	690	690	690
模型	混合效应	固定效应	随机效应
似然 F 值		5.96***	
Hausman 值			2.16

注：***，** 和 * 分别表示在 1%、5% 和 10% 水平下显著；截面数据没有得出（下同）。

表 7.3 报告了总体跨国数据的计量分析结果，根据似然 F 值和 Hausman 值可知，应选择随机效应作为最终的回归模型，即：

$$\ln r = 5.13 - 0.22\ln k + 0.2\ln H - 0.15\ln ha + 0.007\ln l \quad (6)$$

资本存量对资本回报率有着显著的负向关系。这主要是因为，当今世界，特别是发达国家的资本深化程度较高，资本边际产出不断下降，从而导致资本回报率出现递减趋势（张军，2002）。

人力资本则有着明显的促进作用。在资本存量为负的影响，另外两个变量影响不明显的情况下，人力资本的提高对资本回报率的促进作用则显得更为重要，即人力资本是资本回报率提高的主要动力之一。这主要是因为，人力资本的提高可以显著提高工人的技术水平和生产效率，加大对资本的利用程度，进而提高了单位资本的产出能力，因此能够促进资本回报率的增长。

人力资本的溢出效应对资本回报率有着负向影响，但是这种影响并不显著，类似地，无技术水平工人的正向促进作用也是不显著的，这在一定程度上也说明了提高劳动者技术水平的重要性。

本部分使用的数据时期跨度为 15 年，由于各个时期所处的经济环境迥异，因此各指标对资本回报率的影响可能会有不同，为了更清楚地了解资本回报率变化的动因，本部分对不同时期的变量分别进行回归分析，以期发现各影响因素对资本回报率影响的动态变化。具体的结果如表 7.4 所示。

表 7.4　　　　　　　　　　　总体跨国数据的分段计量结果

变量	1995—1999	2000—2004	2005—2009
C	4.28 (7.12)	4.68 *** (5.08)	5.46 *** (6.66)
LK	1.04 ** (2.51)	-0.17 *** (-0.91)	-0.27 *** (-3.29)
LH	-2.05 *** (-2.79)	0.14 (1.47)	0.29 * (1.86)
Lha	1.63 ** (2.14)	-0.18 (-0.70)	-0.28 (-0.84)
LL	0.31 *** (2.98)	-0.03 (0.51)	0.02 (-0.28)
R^2	0.95	0.09	0.10
OBS	230	230	230
模型	固定效应	随机效应	随机效应
似然 F 值	3.35 ***	3.74 ***	1.69 ***
Hausman 值	9.18 *	0.55	6.97

资本存量的增加在前期能够促进资本回报率的提升，但后期会降低资本的回报率。造成这一现象的原因可能是，在经济发展的前期，许多国家资本匮乏，资本有着较高的边际收益，但随着资本的深化，资本边际效益不断递减，甚至为负，因此到了后期资本存量的增长便会对资本回报率造成负向影响。从中也可以看出，资本驱动型的经济增长模式，在初期可能有着显著的成效，但随着经济的不断发展和资本深化程度的提高，这一模式可能会出现投资增长动力缺失进而导致经济增长减缓甚至下降的问题。也就是说，单纯的资本驱动型的经济增长模式是无法满足可持续发展要求的。

人力资本在第一个时期有着显著的负向作用，但第二个时期的影响并不显著，到了最后一个时期则变成显著的正向促进作用。造成这一现象的原因是，提高人力资本会耗费企业大量教育和培训的成本，且人力资本对生产效率的提升存在一定的滞后期，因此投资初期的资本回报率会因成本上升而急剧下降，但随着人力资本对生产效率提升作用的逐渐显现，资本回报率也开始逐渐增长。这也说明了命题 1 在一定条件下也是成立的，即经过一定的时滞期，技术工人人力资本的提高能够促进资本回报率的上升。

人力资本的溢出效应在最初一期有着显著的正向影响，后面两个时期则转变为负的影响，但这种影响并不显著。人力资本溢出效应的增加，会使每个劳动者都从中受益，从而提高全社会的生产效率，资本回报率也因此大幅提高，因此在初期会出现显著的促进作用。但是这种溢出效应却无法长久持续下去，因为人力资本存在外部性，每个劳动者都会发现，即使不提高自身素质，也能从社会平均人力资本的提高中获益，因此大家都不愿意花费时间和精力去提高自身的素质，从而社会的平均人力资本也无法继续提升，因此对资本回报率的促进作用也无法继续，甚至社会平均人力资本的下降还可能对资本回报率造成一定的负面影响。

无技术水平工人在前期能够促进资本回报率的提升，但这种促进作用是短暂的，在后面两个时期，无技术水平工人的影响并不明显，在第二个时期的相关系数甚至为负（没有通过显著性检验）。造成这一现象的原因是，初期增加无技术水平工人的数量能够提高资本的利用效率，增加资本的边际产出，因此可以提高资本回报率。但由于这些工人没有知识和技术基础，学习效率低下，对技术掌握不够熟练和牢靠，因此不能成为资本回报率提升的稳定因素。另外，无技术水平工人的流动性相对较大，与企业之间一般都是短期的雇佣关系，或者大量存在劳动密集型的企业之中，对企业的技术贡献较低，因此不能成为企业提高资本回报率的动力之源。

本部分使用世界 46 个国家 1995—2009 年的数据，基于人力资本及其溢出效应的视角，分析了资本回报率的影响因素。实证结果表明，人力资本对资本回报率有着显著的促进作用，但人力资本的溢出效应却对资本回报率有着负向影响，但是这种影响的显著性不强；无技术工人对资本回报率的增长有着正向的促进作用，但这种促进作用并不显著；资本存量的增长会降低资本回报率，且效果较为显著。分段回归结果显示，人力资本对资本回报率的影响在前期为负，经过中间一个时期的调整，最后则变为显著的正向促进作用；人力资本的溢出效应能提高整体的劳动者的技术水平，因此初期促进了资本回报率的增长，但后期的促进作用则变得不明显，甚至有可能出现负向影响；无技术水平工人在前期能够促进资本回报率的提升，但这种促进作用是短暂的，在后面两个时期，无技术水平工人的影响并不明显；资本存量的增加在前期能够促进资本回报率的提升，但后期会降低资本的回报率。

第三节　基于发达国家数据的实证分析

根据理论推导的公式，本部分将基于人力资本及其溢出效应的视角，对世界 22 个发达国家的资本回报率的影响因素进行实证检验。22 个发达国家主要为 OECD 国家，考虑数据的完整性和收入水平的限定条件，删除了 OECD 国家中数据不完整和人均国民收入低于 11906 美元的国家，剩余的 22 个国家为：澳大利亚、奥地利、比利时、加拿大、丹麦、芬兰、法国、德国、希腊、冰岛、爱尔兰、意大利、日本、荷兰、新西兰、挪威、葡萄牙、西班牙、瑞典、瑞士、英国、美国。

一　数据来源及处理

发达国家的统计数据较为详细完整，时间跨度也较长，因此本书使用 1970—2009 年数据进行分析。由于世界各国的货币计量单位不同，本书根据各年汇率将所有数据统一换算为以"美元"为单位的数据。数据来源同所有国家的整体分析部分。

为减少数据的剧烈波动，首先对数据取对数处理。在做回归分析之前，为避免伪回归问题，应对其平稳性进行检验，检验结果如表 7.5 所示。LR、LK、LH、Lha、LL 分别表示资本回报率、资本存量、人力资本存量、人力资本的溢出效应和无技术水平劳动力数量的自然对数值。根据检验结果可知，原数列中除资本回报率和无技术水平劳动力外，其他变量均存在单位根，对其进行一阶差分后再进行单位根检验，结果显示各数列均不存在单位根，即各变量一阶差分后均是平稳的。

表7.5　　　　　　　　　发达国家数据的平稳性检验

变量	LLC	IPS	ADF - F	PP - F	单位根
LR	- 7. 28 ***	- 10. 33 ***	211. 24 ***	222. 53 ***	否
ΔLR	- 21. 11 ***	- 27. 09 ***	547. 03 ***	615. 78 ***	否
LK	- 1. 27	4. 00	24. 39	16. 63	是
ΔLK	- 4. 51 ***	- 4. 20 ***	88. 84 ***	85. 69 ***	否
LH	- 3. 48 ***	2. 64	25. 92	80. 87	是
ΔLH	- 14. 08 ***	- 13. 36 ***	292. 01 ***	663. 00 ***	否
Lha	0. 93	3. 05	27. 83	70. 89	是

续表

变量	LLC	IPS	ADF－F	PP－F	单位根
ΔLha	－4.30***	－6.70***	124.38***	452.94***	否
LL	－5.15***	－2.70***	119.22***	97.63***	否
ΔLL	－4.60***	－7.78***	153.64***	86.43***	否

注：***，**和*分别表示在1%、5%和10%水平上通过显著性检验。

由于原数列是非平稳的，因此无法用原数据建立方程，可以考查原数据是否存在长期稳定的协整关系。对数据进行协整检验的结果如表7.6所示。

表7.6　　　　　　　　　　发达国家数据协整关系检验结果

方法	统计量	P值	方法	统计量	P值
Panel v	5.71	0.00	Group rho	－2.83	0.00
Panel rho	－7.67	0.00	Group PP	－11.83	0.00
Panel PP	－19.15	0.00	Group ADF	－8.12	0.00
Panel ADF	－9.91	0.00			

表7.6给出了7个协整关系检验的统计量，在小样本情况下，Panel ADF和Group ADF两个统计量的检验效果最好，在检验结果不一致的情况下，可以以这两个统计量为准（Pedroni，1999）。协整关系检验结果显示，7个统计量均在1%水平上通过了显著性检验，即变量之间存在着长期稳定的协整关系。可以使用原数据建立协整方程进行回归分析。

二　实证结果及其比较分析

本部分选取了22个发达国家进行实证分析，且时期较短，因此认为国家间的差异主要表现在横截面的不同个体之间，参数不随时间变化或者变动较小，故可采用变截距模型进行分析（魏楚、沈满洪，2007）。与整体分析部分类似，使用似然F统计量判断混合模型与固定效应模型的选择，根据Hausman值判定固定效应与随机效应模型的选择。为了减少截面和年份异方差的影响，使用Cross－section Weights方法进行加权，并使用White－period方法校正异方差。根据实证模型（5）式，进行实证分析，结果如表7.7所示。

表 7.7　　　　　　　　　　发达国家的计量结果

变量	模型 1	模型 2	模型 3
C	8.28 *** (8.74)	6.97 *** (4.38)	8.62 *** (7.21)
LK	-0.49 *** (-6.48)	-0.61 *** (-5.65)	-0.58 *** (-5.80)
LH	0.45 *** (5.93)	0.77 *** (4.02)	0.57 *** (5.30)
Lha	-0.33 *** (-3.26)	-0.59 *** (-2.82)	-0.29 ** (-2.31)
LL	0.04 ** (2.03)	0.009 (0.40)	0.02 (0.85)
R^2	0.26	0.38	0.04
OBS	880	880	880
模型	混合效应	固定效应	随机效应
似然 F 值		4.67 ***	
Hausman 值			2.89

　　注：***，** 和 * 分别表示在 1%、5% 和 10% 水平上显著；括号内数据为 T 统计量；由于篇幅所限，截面数据没有得出（下同）。

　　表 7.7 是使用发达国家数据进行计量分析的结果，根据似然 F 值和 Hausman 值可知，应选择随机效应作为最终的回归模型，即：

$$\ln r = 8.62 - 0.58\ln k + 0.57\ln H - 0.29\ln ha + 0.02\ln l \quad (7)$$

　　该结果与世界总体数据的分析结果比较类似，各自变量对资本回报率的影响方向是一致的。资本存量的增长仍会降低资本的回报率，在发达国家，资本积累的时间较长，资本深化程度也较高，因此这种降低作用也较为显著，资本深化每增长 1 个百分点，资本回报率便下降 0.58 个百分点。

　　人力资本则有着显著的促进作用，人力资本每提高 1 个百分点，资本回报率便提高 0.57 个百分点，是四个自变量中促进作用最为明显的一个，对资本回报率的提高具有十分重要的作用。

　　人力资本溢出效应的存在会降低资本的回报率，这主要是因为外部性的存在会降低劳动者提高自身素质的积极性，从而对生产效率和资本边际产出造成负面影响。无技术水平劳动者数量的增加能够提高资本的回报率，但是发达国家数据的计量结果并不显著，这可能是因为发达国家的教育状况较好，文盲的比例较低，相较技术工人，其影响程度较低。

　　本部分使用的数据时期跨度为 40 年，由于各个时期所处的经济环境迥异，因此各指标对资本回报率的影响可能会有不同，类似整体分析部分，为了更清楚地了解资本回报率变化的动因，本部分对不同时期的变量分别进行回归分析，以期发现各影响因素对资本回报率影响的动态变化。具体的结果如表7.8所示。

表7.8　　　　　　　　　　发达国家的分段计量结果

变量	1970—1979	1980—1989	1990—1999	2000—2009
C	11. 21 *** (9. 98)	7. 43 *** (8. 13)	- 25. 92 *** (- 4. 02)	13. 55 *** (3. 83)
LK	- 0. 75 *** (- 9. 86)	- 0. 42 *** (- 6. 02)	0. 92 ** (2. 41)	- 0. 94 *** (- 2. 96)
LH	0. 71 *** (10. 63)	0. 42 *** (6. 17)	0. 09 (0. 19)	0. 89 ** (2. 43)
Lha	- 0. 58 *** (- 4. 39)	- 0. 48 *** (- 6. 00)	- 0. 16 (- 0. 33)	- 0. 36 (- 0. 63)
LL	0. 05 (1. 52)	- 0. 009 (0. 92)	0. 11 (1. 64)	0. 001 (0. 02)
R^2	0. 51	0. 28	0. 72	0. 08
OBS	220	220	220	220
模型	混合效应	混合效应	固定效应	随机效应
似然 F 值	1. 22	1. 36	9. 04 ***	2. 86 ***
Hausman 值	—	—	19. 21 ***	7. 60

资本存量在多数年份均对资本回报率有着显著的负向影响（1990—1999 年阶段除外），且影响系数在 2000—2009 年已升至 - 0. 94，为各时期最高水平。尽管在 1970—1979 年，该系数也显著为负，这与整体数据的分析结果不同。造成这一现象的原因可能是，发达国家经济发展较早，资本积累也较快，到 1970—1979 年，资本深化的程度已达到较高水平，因此此时的资本边际产出已开始出现下降的趋势，因此回归系数在此时期已显著为负，且发达国家的资本积累一直在平稳增长之中，因此这种负向影响也在逐步升高，到 2000—2009 年，已升高为 - 0. 94。同时，还应注意到 1990—1999 年的异常情况，不同于其他三个时期，该时期资本存量的系数显著为正，这与上述分析产生明显差异。但对该时期发达国家经济的运行情况进行回归分析可以发现，在 20 世纪 90 年代初期，发达国家普遍进入了衰退期，中期开始逐步恢复，对投资的需求也相应增加，在衰退结束时期，投资的增加一般有利于生产的恢复，能够较好地促进经济的增

长，相比衰退时期，此时投资的效率也较高，因此能够显著促进资本回报率的回升。

人力资本在三个时期都有着显著的促进作用。发达国家有着较为完善的教育体系，劳动者受教育的范围和程度都较高，劳动者对知识和技术的掌握程度高，能够提高资本的生产效率，且在1970—1979年便有着完善的教育体系，因此人力资本能够在所有时期都有着显著的促进作用（1990—1999年，由于受经济衰退的影响，这一时期的影响并不显著）。

人力资本的溢出效应在前两个时期都有着显著的负向影响，但在后两个时期的影响已变得不显著。对这一现象的可能解释是，在前两个时期，由于人力资本的产出存在外部性，人们提高自身素质的动力不足，对整体的人力资本水平造成了负面影响，进而导致了资本利用效率下降，影响了资本回报率的提高。当这种外部性越来越大的时候，对社会造成的影响也越来越严重，因此相关知识产权保护的政策和法律法规也会进一步出台和完善，从而降低了人力资本溢出效应的影响，因此后两个时期的相关系数也变得不显著。

无技术水平劳动力的影响在各时期均是不显著的。这主要是因为发达国家的教育体系较为完善，人均受教育程度较高，文盲劳动力的比例较低，在生产中所起的作用有限，对资本回报率的影响也较小，因此回归系数是不显著的。且发达国家的教育发展较早，因此即使在1970—1979年，无技术水平工人资本回报率的变动也没有明显影响。

本部分使用世界22个发达国家1970—2009年的数据，基于人力资本及其溢出效应的视角，分析了资本回报率的影响因素。实证结果表明，各自变量对资本回报率的影响较整体数据的分析较为类似，人力资本对资本回报率有着显著的促进作用，资本存量的增长会显著降低资本的回报率，人力资本的溢出效应和无技术工人对资本回报率的影响均不显著。分段回归结果显示，由于发达国家完善的教育体系，人力资本在三个时期都对资本回报率有着显著的正向促进作用；人力资本的溢出效应在初期明显阻碍了资本回报率的提高，但随着知识产权保护政策和法规的完善，这种阻碍作用也变得不再显著；相比之下，无技术水平工人在四个时期的影响均不显著；由于发达国家资本深化程度较高，因此资本存量的增加会降低资本的回报率。

第四节　基于发展中国家数据的实证分析

根据理论推导的公式，本部分将基于人力资本及其溢出效应的视角，对世界 19 个发展中国家的资本回报率的影响因素进行实证检验。考虑到地理因素和数据的可获得性，选取的 19 个国家为：阿根廷、保加利亚、智利、哥伦比亚、哥斯达黎加、牙买加、马来西亚、巴拿马、波兰、罗马尼亚、土耳其、委内瑞拉、玻利维亚、喀麦隆、危地马拉、伊朗、菲律宾、斯里兰卡、突尼斯，数据的时间跨度为 1995—2009 年。

一　数据来源及处理

由于世界各国的货币计量单位不同，本书根据各年汇率将所有数据统一换算为以"美元"为单位的数据。数据来源同所有国家的整体分析部分。

为减少数据的剧烈波动，首先对数据取对数处理。在做回归分析之前，为避免伪回归问题，应对其平稳性进行检验，检验结果如表 7.9 所示。

表 7.9　　　　　　　　　　发展中国家数据的平稳性检验

变量	LLC	IPS	ADF – F	PP – F	单位根
LR	– 8.28 ***	– 7.27 ***	121.17 ***	153.50 ***	否
ΔLR	– 15.42 ***	– 14.50 ***	225.09 ***	353.08 ***	否
LK	2.61	5.88	25.87	38.88	是
ΔLK	– 3.81 ***	– 2.77 ***	64.03 ***	53.89 ***	否
LH	– 1.49 *	4.19	8.39	13.45	是
ΔLH	– 16.73 ***	– 11.81 ***	184.51 ***	261.83 ***	否
Lha	– 2.39 ***	3.19	10.25	8.12	是
ΔLha	– 13.84 ***	– 9.47 ***	111.83 ***	205.75 ***	否
LL	0.96	3.13	54.36 **	47.39	是
ΔLL	– 4.46 ***	– 1.77 **	55.68 **	66.71 ***	否

注：***，** 和 * 分别表示在 1%、5% 和 10% 水平上通过显著性检验。

LR、*LK*、*LH*、*Lha*、*LL* 分别表示资本回报率、资本存量、人力资本存量、人力资本的溢出效应和无技术水平劳动力数量的自然对数值。根据检验结果可知，原数列中除资本回报率外，其他变量均存在单位根，对其进行一阶差分后再进行单位根检验，结果显示各数列均不存在单位根，即各变量一阶差分后均是平稳的。

由于原数列是非平稳的，因此无法用原数据建立方程，可以考查原数据是否存在长期稳定的协整关系。对数据进行协整检验的结果如表 7.10 所示。

表 7.10　　　　　　　　发展中国家数据协整关系检验结果

方法	统计量	P 值	方法	统计量	P 值
Panel v	-1.81	0.97	Group rho	2.28	0.99
Panel rho	1.25	0.89	Group PP	-16.15	0.00
Panel PP	-10.58	0.00	Group ADF	-3.41	0.00
Panel ADF	-2.54	0.00			

表 7.10 给出了 7 个协整关系检验的统计量，在小样本情况下，Panel ADF 和 Group ADF 两个统计量的检验效果最好，在检验结果不一致的情况下，可以以这两个统计量为准（Pedroni，1999）。协整关系检验结果显示，7 个统计量中有 4 个均在 1% 水平上通过了显著性检验，其中 Panel ADF 和 Group ADF 两个统计量均通过了显著性检验，因此可以认为变量之间存在着长期稳定的协整关系。可以使用原数据建立协整方程进行回归分析。

二　实证结果及其比较分析

本部分将对 19 个发展中国家的数据进行实证分析，数据时期为 1995—2009 年，因此认为国家间的差异主要表现在横截面的不同个体之间，参数不随时间变化或者变动较小，故可采用变截距模型进行分析（魏楚、沈满洪，2007）。与整体分析部分类似，使用似然 F 统计量判断混合模型与固定效应模型的选择，根据 Hausman 值判定固定效应与随机效应模型的选择。为了减少截面和年份异方差的影响，使用 Cross - section Weights 方法进行加权，并使用 White - Period 方法校正异方差。根据实证模型（5）式，进行实证分析，结果如表 7.11 所示。

表 7.11 　　　　　　　　　　发展中国家的计量结果

变量	模型 1	模型 2	模型 3
C	2.91 *** (2.94)	−2.17 (−0.34)	3.66 *** (2.83)
LK	−0.18 *** (−3.75)	0.07 (0.31)	−0.18 * (−1.78)
LH	0.37 *** (3.44)	0.14 (0.28)	0.25 (1.32)
Lha	−0.64 *** (−2.62)	−0.54 (−0.69)	−0.39 (−0.99)
LL	−0.04 (−0.49)	0.13 (0.55)	0.004 (0.03)
AR (1)	0.48 *** (10.73)		
R^2	0.55	0.66	0.09
OBS	285	285	285
模型	混合效应	固定效应	随机效应
似然 F 值		10.51 ***	
Hausman 值			2.57

注：***，** 和 * 分别表示在 1%、5% 和 10% 水平上显著；括号内数据为 T 统计量。

表 7.11 报告了发展中国家数据的计量分析结果，根据似然 F 值和 Hausman 值可知，应选择随机效应作为最终的回归模型，即：

$$\ln r = 3.66 - 0.18\ln k + 0.25\ln H - 0.39\ln ha + 0d004\ln l \qquad (8)$$

对该结果进行分析可以发现，发展中国家的分析结果与发达国家的区别很大。发展中国家的实证结果中，仅有资本存量通过了 10% 水平的显著性检验，其他变量均是不显著的。其中资本存量对资本回报率有着负向的影响，影响系数为 −0.18，相较发达国家的 −0.58 的回归系数，发展中国家资本存量的增长对资本回报率的影响要平缓很多，这与两种类型国家资本深化的程度有着很大关系。发达国家发展较为充分，基本积累的时间较长，因此资本深化程度较高，而发展中国家则由于历史和国家政策等原因，发展较为缓慢，资本积累不够，资本深化程度也较低，因此资本的增长对资本回报率的负向影响也较小。其他变量的影响均是不显著的，这与发展中国家的发展阶段有关，发达国家经过多年的发展，经济已较为接近稳态，而发展中国家还处于进一步的发展时期，各项指标都在发生着迅速变化。在这种迅速变化的经济中，各种变量对资本回报率的影响也在不断发生变化，各个时期都可能出现不同的影响，因此总的来看，便出现了实证分析结果不显著的情况。

本部分使用的数据时期跨度为 15 年，由于各个时期所处的经济环境迥异，因此各指标对资本回报率的影响可能会有不同，为了更清楚地了解资本回报率变化的动因，本部分对不同时期的变量分别进行回归分析，以期发现各影响因素对资本回报率影响的动态变化。具体的结果如表 7.12 所示。

表 7.12　　　　　　　　发展中国家的分段计量结果

变量	1995—1999	2000—2004	2005—2009
C	4.03 (0.44)	3.37 ** (2.02)	5.12 *** (3.04)
LK	1.04 (1.62)	−0.12 (−0.87)	−0.27 ** (−2.28)
LH	−2.38 ** (−2.04)	0.23 (0.94)	0.33 * (1.68)
Lha	1.37 (0.96)	−0.64 (−1.16)	−0.44 (−1.21)
LL	0.88 * (1.70)	−0.03 (−0.17)	−0.02 (−0.29)
R^2	0.76	0.05	0.13
OBS	95	95	95
模型	固定效应	随机效应	随机效应
似然 F 值	2.85 ***	5.12 ***	5.17 ***
Hausman 值	8.59 *	1.61	5.13

资本存量在初期能够提高资本的回报率，后期则会出现相反的影响。由于发展中国家在发展的初期，资本较为匮乏，因此对投资的需求较为强烈，投资的增加可以极大提高生产的能力和效率，此时的资本边际产出较高，因此资本存量的增长促进了资本回报率的提升。随着资本的进一步增长，资本深化程度也在不断提升，资本出现了"饱和"现象，此时资本的边际产出会不断下降，因此资本存量的增长会降低资本的回报率。与发达国家相比，发展中国家的资本深化程度要低很多，因此发展中国家资本存量的负向影响程度也较低。另外，由于发展中国家人力资本和技术水平较低，对资本的利用效率也低于发达国家，所以虽然资本深化程度远远低于发达国家，但也出现了回归系数为负的现象。

人力资本在初期的影响为负向，在后期已转变为正向的促进作用。这与发达国家也是存在差别的，发达国家由于教育发展较早，在 1970—1979 年就已经有了较为完善的教育体系，因此能够对资本回报率起到很大的促进作用。而发展中国家由于教育起步时间较晚，在前期需要投入大量资本和人力进行基础建设，且人力资本的培养有一定的时滞，需要经过多年的努力才能转化为实际的生产力，因此在初期对资本回报率有着较为明显的负向影响。经过一定的时期后，人力资本便可以转化为实际的生产力，能够提高资本的利用效率，因此在后期能够促进资本回报率的提升。

人力资本的溢出效应在三个时期均没有显著的影响，这与发达国家的影响存在较大差别。在发展中国家，由于教育发展较为落后，前期的人力资本存量较低，因此其外溢效应并不明显，整个社会的劳动者并不能从这种溢出效应中获取很大收益，因此对资本回报率的影响也相对有限。且发展中国家人力资本在不断发展，其溢出效应也可能在逐渐提高，与此同时，相关的知识产权保护政策也随之发展，这也是外溢效应不显著的一个可能原因。

无技术水平劳动力在前期能够促进资本回报率的提升，后期的影响则不再显著。这与发展中国家的发展阶段有着密切关系，前期由于人力资本存量较低，且国家多发展劳动密集型产业，因此无技术水平劳动力能够起到很大的作用，但随着人力资本存量的提高以及高技术产业不断地发展，无技术水平劳动力的影响程度也在逐步下降，因此后期的影响不再显著。

本部分使用世界 19 个发展中国家 1995—2009 年的数据，基于人力资本及其溢出效应的视角，分析了资本回报率的影响因素。总体的实证结果表明，除资本深化外，各变量对资本回报率的影响并不显著，这与发展中国家在所处的发展阶段有着重要关系。分段回归结果显示，发展中国家在发展的前期需要大量资本进行基础设施建设，此时的投资能够提高生产的能力和效率，因此资本存量的增加有着一定的促进作用，随着资本深化程度的提高，后期则出现了负向影响；发展中国家在前期的人力资本存量较低，需投入大量资金发展教育，因此此时人力资本的提高会降低资本的回报率，但随着人力资本不断转化为实际的生产率，后期已出现了显著的促进作用；人力资本溢出效应的影响在各时期均不显著；无技术水平工人在前期能够促进资本回报率的提高，后期的影响则不明显。

第五节　基于新兴经济体国家数据的实证分析

根据理论推导的公式，本部分将基于人力资本及其溢出效应的视角，对世界五个新兴经济体国家的资本回报率的影响因素进行实证检验。关于新兴经济体国家，目前还没有统一的定义，主要是指经济持续快速发展的国家或地区，多数研究都认同将"金砖四国"作为新兴经济体国家，即俄罗斯、中国、印度和巴西。近年来由于另外一些国家也开始了快速增长之路，如墨西哥、南非等。由于俄罗斯的资本形成数据只有1990年之后的，计算资本存量时存在较大误差，因此将其排除在外。故本书选取了五个新兴经济体国家进行分析，主要包括巴西、墨西哥、南非、中国和印度，数据的时间跨度为1995—2009年。

一　数据来源及处理

由于世界各国的货币计量单位不同，本书根据各年汇率将所有数据统一换算为以"美元"为单位的数据。数据来源同所有国家的整体分析部分。

为减少数据的剧烈波动，首先对数据取对数处理。在做回归分析之前，为避免伪回归问题，应对其平稳性进行检验，检验结果如表7.13所示。

表7.13　　　　　　　　　新兴经济体国家数据的平稳性检验

变量	LLC	IPS	ADF – F	PP – F	单位根
LR	– 4.33 ***	– 4.63 ***	38.03 ***	39.64 ***	否
ΔLR	– 4.42 ***	– 5.55 ***	44.73 ***	56.02 ***	否
LK	4.87	6.73	0.42	0.82	是
ΔLK	– 2.26 **	– 1.49 *	16.45 *	8.67	否
LH	– 0.67	2.29	1.82	2.56	是
ΔLH	– 8.86 ***	– 6.04 ***	48.18 ***	73.89 ***	否
Lha	– 1.24	1.30	3.32	3.30	是
ΔLha	– 4.06 ***	– 2.75 ***	9.82 ***	12.16 ***	否
LL	– 5.07 ***	0.27	21.36 **	23.85 ***	是
ΔLL	– 1.76 **	– 1.87 **	20.29 **	19.21 **	否

注：***，** 和 * 分别表示在1%、5%和10%水平上通过显著性检验。

　　LR、*LK*、*LH*、*Lha*、*LL* 分别表示资本回报率、资本存量、人力资本存量、人力资本的溢出效应和无技术水平劳动力数量的自然对数值。根据检验结果可知，原数列中除资本回报率外，其他变量均存在单位根，其中无技术水平工人的四个统计量指标中有一个显示存在单位根，另外三个显示不存在单位根。对各变量进行一阶差分后再进行单位根检验，结果显示各数列均不存在单位根，即各变量一阶差分后均是平稳的。由于原数列是非平稳的，因此无法用原数据建立方程，可以考查原数据是否存在长期稳定的协整关系。对数据进行协整检验的结果如表7.14所示。

表7.14　　　　　　　　新兴经济体国家数据协整关系检验结果

方法	统计量	P 值	方法	统计量	P 值
Panel v	2.08	0.02	Group rho	0.83	0.79
Panel rho	-0.55	0.29	Group PP	-5.81	0.00
Panel PP	-5.18	0.00	Group ADF	0.16	0.56
Panel ADF	-0.37	0.65			

　　表7.14给出了七个协整关系检验的统计量，在小样本情况下，Panel ADF 和 Group ADF 两个统计量的检验效果最好，在检验结果不一致的情况下，可以以这两个统计量为准（Pedroni，1999）。协整关系检验结果显示，七个统计量中有五个没有通过显著性检验，且 Panel ADF 和 Group ADF 两个统计量均没有通过显著性检验，因此无法判断变量之间存在着长期稳定的协整关系。无法使用原数据建立协整方程，由于各变量均是一阶平稳的，因此下文使用一阶差分后的数据进行回归分析。

二　实证结果及其比较分析

　　本部分将对五个新兴经济体国家的数据进行实证分析，数据时期为1995—2009年。与上文类似，本部分将采用变截距模型进行分析，使用似然 F 统计量判断混合模型与固定效应模型的选择，根据 Hausman 值判定固定效应与随机效应模型的选择。为了减少截面和年份异方差的影响，使用 Cross - section Weights 方法进行加权，并使用 White - period 方法校正异方差。根据实证模型（5）式，进行实证分析，结果如表7.15所示，其中符号 Δ 表示该变量的一阶差分。

　　表7.15报告了新兴经济体国家数据的计量分析结果，根据似然 F 值

可判断应选择混合效应作为最终的回归模型，不必再做随机效应模型的分析进行 Hausman 检验，根据上述结果可得最终的回归模型为：

$$\Delta \ln r = -0.56 + 2.59\Delta \ln k + 18.67\Delta \ln H$$
$$- 18.53\Delta \ln ha - 0.98\Delta \ln l + 0.06AR(1) \qquad (9)$$

从（9）式可以看出，资本存量的增长对资本回报率的增长有着正向的促进作用，这与发达和发展中国家的回归结果存在很大差别。发达国家由于资本深化程度较高，资本存量的增长会导致资本回报率的降低，而发展中国家与新兴经济体国家的资本深化程度较为接近，为什么也出现了相反的结果呢？其中可能的原因是，新兴经济体国家实施了较为开放的政策，国内基础建设相对完善，能够吸引国外先进的技术和资本，且国内有着相对完善的教育体系，人力资本较发展中国家更为优越，因此在先进技术和优越的人力资本支撑下，国内的资本利用程度更高，资本的边际产出也较发展中国家要高，故在新兴经济体国家能够出现投资大量增长而不至于导致资本回报率下降的情况。而发展中国家则缺乏相应的技术和人力资本，资本的生产效率低下，边际产出会随着资本的增加而不断降低，从而出现与新兴经济体国家相反的情况。

表 7.15　　　　　　　　　新兴经济体国家的计量结果

变量	模型 1	模型 2	模型 3
C	-0.56 *** (-2.93)	-0.38 *** (-2.99)	
ΔLK	2.59 * (1.89)	-0.13 (-0.23)	
ΔLH	18.67 *** (3.17)	17.89 ** (2.44)	
ΔLha	-18.53 *** (-3.06)	-17.82 ** (-2.39)	
ΔLL	-0.98 *** (-4.74)	-0.71 * (-1.80)	
AR（1）	0.06 (0.63)		
R^2	0.04	0.12	
OBS	75	75	
模型	混合效应	固定效应	随机效应
似然 F 值		0.69	
Hausman 值			

注：***、** 和 * 分别表示在 1%、5% 和 10% 水平上显著；括号内数据为 T 统计量。

人力资本及其溢出效应对资本回报率分别有着促进和降低作用，这与发达国家和发展中国家的情况较为接近。人力资本的增长在各类型的国家都能促进资本回报率的提升，故低回报率的国家应当充分注重提高本国的人力资本水平，从而提高资本的回报率，吸引更多的投资。人力资本的溢出效应对资本回报率产生了较为明显的负向作用，这可能与新兴经济体国家对知识产权保护不足有较大关系。

无技术水平工人能够显著降低资本的回报率，这与发达和发展中国家存在较大差别。上述两种类型的国家中，无技术水平工人要么能够促进资本回报率的提升，要么影响不显著，而在新兴经济体国家则是显著的负向影响，造成这一现象的原因可能是，新兴经济体国家一般都有着较为庞大的人口规模或人口密度，如中国和印度分别为世界人口第一和第二多的国家，这些国家普遍存在着劳动力过剩的现象，因此在单位资本存量所拥有的劳动力会出现过于拥挤的现象，增加无技术水平工人的数量反而会降低资本的生产效率，从而导致资本回报率的下降。

本部分的数据跨度为 15 年，由于各个时期所处的经济环境迥异，因此各指标对资本回报率的影响可能会有不同，为了更清楚地了解资本回报率变化的动因，本部分对不同时期的变量分别进行回归分析，以期发现各影响因素对资本回报率影响的动态变化。本部分仅选取了五个新兴经济体国家进行分析，且使用了一阶差分数据，所以分段的时间不能过短，否则无法进行计量，因此将数据区间分为两段进行，具体的结果如表 7.16 所示。

表 7.16　　　　　　　　新兴经济体国家的分段计量结果

变量	1995—2001	2002—2009
C	-0.24^* (-1.99)	-1.27^{***} (-14.91)
ΔLK	6.29^{***} (3.29)	4.88^{***} (8.07)
ΔLH	-0.29 (-0.07)	34.79^{***} (16.03)
ΔLha	-0.34 (-0.08)	-33.61^{***} (-14.91)
ΔLL	-0.85^{***} (-12.74)	-9.36^{***} (-32.97)
R^2	0.36	0.36

续表

变量	1995—2001	2002—2009
OBS	30	40
模型	固定效应	混合效应
似然 F 值	2.79 *	0.32
Hausman 值	11.19 **	

资本存量在两个时期均有着显著的促进作用。一方面，相对发达国家，新兴经济体国家的投资速度虽然增长较快，但人均资本数量较低，因此资本的增长并不会导致资本过剩的问题；另一方面，相对发展中国家，新兴经济体国家则有着较为完善的基础设施和较为先进的技术水平和人力资本，因此对资本的利用效率较高，资本的增长不会导致资本回报率的下降；再者，新兴经济体国家庞大的劳动力数量也是资本回报率没有出现下降的重要因素之一。

人力资本的增长在前期会降低资本变量的增长，而后期则出现了明显的促进作用，这与发展中国家的情况较为类似。教育的发展，在前期需要投入大量资本和人力进行基础建设，且人力资本的培养有一定的时滞，需要经过多年的努力才能转化为实际的生产力，因此在初期对资本回报率有着较为明显的负向影响。经过一定的时期后，人力资本便可以转化为实际的生产力，能够提高资本的利用效率，因此在后期能够促进资本回报率的提升。

人力资本的溢出效应在前期的影响并不明显，后期则出现了显著的负向影响。这与发达和发展中国家的情况均不相同。发达国家对知识产权的保护较为完善，因此会将这种外部效应内部化，从而降低了溢出效应的负向影响；而发展中国家人力资本水平相对较低，因此溢出效应也较低，从而对资本回报率的影响也相对有限。虽然新兴经济体国家在前期的人力资本水平较低，从而其溢出效应对资本回报率的影响并不明显，但随着人力资本的逐步提高，而知识产权保护政策发展又相对滞后，因此人力资本的溢出效应在后期会出现显著的负向影响。

无技术水平工人在两个时期均有着显著的负向影响，这与前述两种类型的国家存在较大区别。这主要是因为新兴经济体国家存在着庞大的劳动力人口，劳动力资源相对过剩，因此无技术水平工人的投入会降低资本的回报率。

　　本部分使用世界五个新兴经济体国家 1995—2009 年的数据，基于人力资本及其溢出效应的视角，分析了资本回报率的影响因素。总体的实证结果表明，资本存量的增长能够促进资本回报率的提升，这是与发达和发展中国家存在较大差别的；另一个差别是，无技术水平工人的增长会显著降低资本回报率的增长；人力资本对资本回报率的影响则与发达和发展中国家较为类似；人力资本的溢出效应在前期的影响并不显著，后期则有着明显的降低作用。分段回归结果显示，新兴经济体国家资本深化程度较低，且有着较高的技术水平和人力资本，因此资本存量的增长在各时期均促进了资本回报率的提升；新兴经济体国家在前期的人力资本存量较低，对资本回报率的影响较小，但随着人力资本不断转化为实际的生产率，后期已出现了显著的促进作用；人力资本溢出效应在前期的影响也小，但后期则有着显著的负向影响；由于新兴经济体国家存在着庞大的劳动力资源，因此无技术水平工人的增长会降低资本回报率的增长。

第六节　基于中国数据的实证分析

　　改革开放以来，中国固定资产投资率一直处于快速增长之中，到了 2009 年，投资率已达到了 66%。古典经济学认为，投资的增加会降低资本的回报率，进而会出现投资降低情况，但纵观中国 30 多年来的投资，却没有出现任何下降的趋势，这是什么原因造成的呢？在投资快速增长的同时，我们还发现，中国劳动者的数量及其受教育程度也在不断提高。Schultz（1962）曾指出，人力资本投资是解释经济增长的一个重要变量，可以在很大程度上解释相近的要素投入却带来差别较大的产出。在中国存在高投资率的情况下，人力资本的变化是否提高了资本的回报率，进而使投资率保持不断增长的状态？

　　从以往学者进行的研究来看，国外学者大多侧重于人力资本对经济增长的研究，也有部分学者的研究涉及了人力资本对资本回报率的影响（如Lucas，1990）。而国内学者关于人力资本对资本回报率影响的相关文献，大多集中在劳动者数量的变动对资本回报率的影响。为了更准确地了解人力资本及其溢出效应对资本回报率的影响，本书使用教育指标来衡量人力资本，首先从理论上进行了定性分析，然后使用中国数据进行了实证检验。

一　数据来源及处理

数据主要来源于《中国统计年鉴》、《中国人口统计年鉴》、中经专网和国研网。本书对原数据进行自然对数处理，以使时间序列趋势线性化，消除异方差现象。主要变量说明如下：

1. 人力资本存量：以往学者的实证研究中，一般使用中小学入学率或教育年限来代表人资本存量。入学率是一个流量概念，对发展中国家而言，作为存量概念的教育年限更适合作为人力资本的代理变量（姚先国，2008）。因此本书使用教育年限指标，并借鉴 Holz（2005）的方法对人力资本存量进行了估算，具体的方法是：假定小学的教育年限为 6，初中为 9，高中（包括职高）为 12，本科（或大专）为 15，硕士研究生为 16，博士研究生为 19，用工人中各教育阶段的人数乘以其教育年限并加总，所得结果便是人力资本存量的代理变量。

2. 物质资本存量：计算资本存量常用的方法为永续盘存法，具体公式为：$K_t = K_{t-1}（1 - \delta_t）+ I_t$。本书使用固定资产投资代表每年的投资额，因为它是一直沿用的官方统计指标，时间序列较长，大量的实证研究都使用这一个数据进行资本存量的估算。单豪杰（2008）在以往研究的基础上，对中国固定资产投资的折旧率（β）进行了细致的计算，认为1978 年以后，平均折旧率在 10.96% 左右，本书选取这一数据进行计算。Young（2003）用 1953 年的投资数据比上 1953—1958 年间投资的平均增长率与折旧率之和得到基期资本存量，本书也使用相同的方法对基期资本存量进行了估算。

3. 人力资本的溢出效应：人力资本的溢出效应可以使用人力资本存量的平均值来表示，在本书的实证分析中，使用工人的平均教育年限来代表人力资本的溢出效应。

4. 无技术水平工人：自 1980 年以来，中国的文盲率是在逐渐下降的，但是由于劳动者数据增长较为迅速，文盲工人的绝对数量依然较大，所以使用文盲工人占总体工人的比率能更准确地体现中国无技术水平工人的变动情况。因此本书使用工人中文盲的比例作为无技术水平工人数量的代理变量。

5. 资本回报率：本书借鉴 Bai Chong - En（2006）的模型，基于宏观国民经济核算体系对资本回报率进行了估算。

协整关系检验需要各序列是同阶单整的，因此首先应对各变量序列进行平稳性检验。本书选取最常用的 ADF 方法进行平稳性检验，所使用软件为 Eviews6，具体检验结果见表 7.17。资本存量、人力资本的溢出效应和无技术水平工人数据都是原值非平稳的，因此对所有数据取一阶差分继续进行单位根检验，检验结果显示所有序列均是一阶单整序列，满足协整的必要条件，可以进行协整关系检验。

表 7.17　　　　　　　　　　基于中国数据的平稳性检验

变量	T 统计量	是否平稳	变量	T 统计量	是否平稳
$\ln R$	−3.79 ***	是	$\Delta\ln R$	−5.39 ***	是
$\ln K$	0.83	否	$\Delta\ln K$	−3.29 **	是
$\ln H$	−5.40 ***	是	$\Delta\ln H$	−3.64 **	是
$\ln ha$	−2.10	否	$\Delta\ln ha$	−2.65 *	是
$\ln l$	−3.36	否	$\Delta\ln L$	−3.82 ***	是

协整是描述时间序列之间长期关系的一种统计性质，其经济意义在于：对于两个具有各自长期波动规律的变量，如果它们之间是协整的，则它们之间存在一个长期的均衡关系。本书数据只包含五个变量，且样本时间跨度只有 30 年，因此比较适合使用基于 VAR 模型的 Johansen 极大似然检验法进行协整分析。建立 VAR 模型，首先应选择最为适合的滞后期，其主要依据是 LR 统计量、FPE、AIC、SC 和 HQ 信息准则，结果如表 7.18 所示。

表 7.18　　　　　　　　　　VAR 模型滞后期的选择

滞后期	LogL	LR	FPE	AIC	SC	HQ
0	157.28	NA	8.68e−12	−11.28	−11.04	−11.21
1	388.94	360.35	2.03e−18	−26.59	−25.15	−26.16
2	422.54	39.83	1.33e−18	−27.23	−24.59	−26.44
3	477.21	44.54 *	2.79e−19 *	−29.42 *	−25.58 *	−28.28 *

注：* 表示该标准所选择的滞后阶数。

综合表中各项取值情况，选择滞后 3 期为 VAR 模型最优的。对 VAR（3）模型的残差进行检验，自相关检验结果为：$LM（3）=21.24$，$P=$

0.68，残差序列不存在自相关；White 异方差检验结果为：$Chi-sq=316.02$，$P=0.25$，残差不存在异方差。

二　实证结果及其比较分析

（一）Johansen 协整检验

根据上文建立的 VAR（3）模型进行 Johansen 检验，具体检验结果如表 7.19 所示。根据检验结果可知，五个变量在 5% 水平上通过了协整关系的检验，即五个变量之间存在着长期均衡关系。

表 7.19　　　　　　　　　　　　Johansen 检验结果

原假设	特征值	迹统计量	5% 临界值	P 值
None *	0.967	220.29	79.34	0.000
At most 1 *	0.92	128.42	55.25	0.000
At most 2 *	0.72	60.55	35.01	0.000
At most 3 *	0.54	25.77	18.39	0.004

表 7.20 给出了五个变量之间标准化的协整系数。由表 7.20 可知，从长期看，中国技术工人人力资本的提高和无技术水平工人的增长对资本回报率具有明显的促进作用，技术工人人力资本增长 1%，资本回报率提高 1.75%，而无技术水平工人增长 1%，资本回报率提高 0.68%，从中可以看出无技术水平工人对资本回报率的影响远不及技术工人的影响。同时也可以发现，人力资本溢出效应的提高和资本存量的增长会降低资本的回报率，且人力资本溢出效应的影响非常强烈，其 1% 的增长，会带来资本回报率 32.75% 的下降，下降程度最为明显，而资本增长 1% 则导致资本回报率 3.51% 的下降。

表 7.20　　　　　　　　　　　　标准化协整系数

lnR	lnH	lnha	lnK	lnL
1.00	−1.75 (1.01)	32.75 (1.91)	3.51 (0.54)	−0.68 (0.28)

注：括号内为标准误差。

（二）向量误差修正模型

由协整分析可知变量之间存在着长期均衡关系，但却无法观察到短期动态关系。为解释各变量的短期波动对资本回报率短期变化的影响，我们使用各变量的一阶差分序列和长期关系模型所产生的残差序列构造向量误差修正模型（VEC），在对模型进行回归分析的过程中，逐步剔除其中统计不显著的滞后差分项，最终建立的向量误差修正模型为：

$$D(\ln r) = -1.05\big[\ln r(-1) - 0.68\ln l(-1) + 3.51\ln k(-1) +$$

$$32.75\ln ha(-1) - 1.75\ln H(-1) - 0.90@trend(80) - 117.22\big] -$$

$$0.03D(\ln r(-1)) + 0.16D(\ln r(-2)) - 6.43D(\ln l(-1)) -$$

$$9.46D(\ln k(-1)) + 39.96D(\ln ha(-1)) -$$

$$26.65D(\ln H(-1)) + 1.26 - 0.04@TREND(80) \quad (10)$$

由（10）式可以看出，技术工人的人力资本和无技术水平工人的短期调整系数都是负值，即这两个变量对资本回报率存在着显著的负效应，这与它们对资本回报率的长期效应是相反的，也就是说，在短期内，技术工人人力资本的提高和无技术水平工人的增长都只能降低资本回报率，而不像长期关系那样，可以提高资本回报率。同样地，人力资本溢出效应的短期影响也与其长期影响是相反的，即短期内，人力资本溢出效应的提高能够显著促进资本回报率的提高。只有资本存量的短期效应与其长期效应是一致的，即资本存量的提高在短期也会导致资本回报率的下降，但短期调整系数为 9.46，大于长期均衡系数，也就是说，资本存量的提高在短期内会引起资本回报率较大的下降，后期影响则变弱。

三　脉冲响应

为了更加明确地显示各变量在不同时期对资本回报率的动态影响，我们在向量误差修正模型的基础上，使用脉冲响应函数方法作进一步地分析，即分析模型受到某种冲击时对系统的动态影响。图 7.1—7.4 给出了脉冲响应函数的分析结果。

1. 在本期给 l 一个正的冲击，r 在下一期会剧烈下降至最低点，随后会在波动中逐渐回升，在后期促进了资本回报提升，但最终趋向于零（如图 7.1 所示）。这是因为，在本期增加无技术水平工人的数量，会提高人员成本，但这些无技术的工人却无法带来利润的上升，因此资本回报率下降。随着这些工人工作经验的增加，其技术水平也会有所提升，因此后期能够提高资本的回报率，但是从图中可以看出，这种促进作用的波动很大，最终会消失，这可能是因为这些工人没有知识和技术基础，学习效率

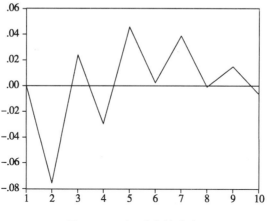

图7.1 *r*对*l*冲击的响应

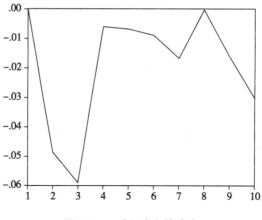

图7.2 *r*对*k*冲击的响应

低下，对技术掌握不够熟练和牢靠，因此不能成为资本回报率提升的稳定因素。由上述分析可知，命题3在一定条件下是成立的，即经过一定的滞后期，无技术水平工人对资本回报率的提升是有促进作用的。

2. 在本期给*k*一个正的冲击，*r*会在下一期出现剧烈的下降，后来冲击会变小，并出现连续波动，在第4期以后开始稳定。总体上看，投资的增长会对资本回报率造成剧烈的负向影响，且这种影响持续的时间较为持久。这可能是因为中国的固定资产投资率近年来一直处于快速上升状态，使得企业资本劳动比率较高，资本深化程度提高，从而导致资本边际报酬出现递减趋势（张军，2002）。因此投资驱动型的发展模式在经济发展的初期可能是有效的，但随着资本深化程度的提高，资本回报率会逐渐降

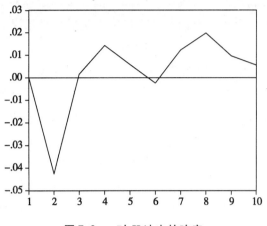

图 7.3　*r* 对 *H* 冲击的响应

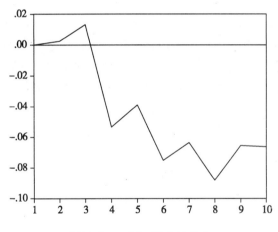

图 7.4　*r* 对 *ha* 冲击的响应

低，这一模式最终将无法持续。

3. 在本期给 *H* 一个正的冲击，*r* 在下一期会剧烈下降至最低点，第 3 期的冲击会减少到零，随后则会对资本回报率产生较为长久的促进作用。造成这一现象的原因是，提高人力资本会耗费企业大量教育和培训的成本，且人力资本对生产效率的提升存在一定的滞后期，因此投资初期的资本回报率会因成本上升而急剧下降，但随着人力资本对生产效率提升作用的逐渐显现，资本回报率也开始逐渐增长。这也说明了命题 1 在一定条件下也是成立的，即经过一定的时滞期，技术工人人力资本的提高能够促进资本回报率的上升。由于现代社会知识急剧膨胀，知识淘汰频率加快，人力资本增长的红利也不会持续很长时间，因此资本回报率也不可能持续增长下去，由图 7.3 也可以看出，冲击影响在最后一期已降到较低水平。虽然人力资本增长的影响不能长期持续下去，但相比较无技术水平工人，其对资本回报率的影响仍要稳定的多，且持续时间也较长。这可能是因为技术工人的知识水平较高，对新技术的掌握速度和牢靠程度都强于无技术水平的工人，因此能对资本回报率的提升起到相对稳定和持久的影响。

4. 本期给 ha 一个正的冲击，r 在下一期会出现较大增长，但随后便开始下降，而且这一冲击对 r 具有显著的副作用和较长的持续效应。人力资本溢出效应的增加，会使每个劳动者都从中受益，从而提高全社会的生产效率，资本回报率也因此大幅提高。但是这种外部效益却无法长久持续下去，因为人力资本存在外部性，每个劳动者都会发现，即使不提高自身素质，也能从社会平均人力资本的提高中获益，因此大家都不愿意提高自身的素质，从而社会平均人力资本也无法继续提升，因此对资本回报率的促进作用也无法继续。因此政府应该出台政策，使这种外部性内部化，从而提高劳动者提升自身素质的积极性，以使得经济从人力资本的溢出效应中获取最大的收益。

由图 7.3 和图 7.4 可以发现，技术工人的人力资本和人力资本的溢出效应对资本回报率的影响是相反的，在本期给人力资本一个正的冲击，也会使人力资本的溢出效应获得一个正的冲击，人力资本一个正的冲击在初期会使资本回报率下降，但是人力资本的溢出效应会使资本回报率上升，从而部分抵消了资本回报率的下降，而后期则相反，即人力资本的溢出效应会降低人力资本对资本回报率的促进作用。这也说明了中国 1980—2009 年的发展情况能够很好地支持命题 2 的论证。

根据人力和物质资本对资本回报率影响的分析结果，我们可以对中国高投资率现象进行相应的解释。虽然古典经济学理论认为高投资率会降低资本的边际产出，进而导致投资的下降，但是这一解释却没有考虑到人力资本对资本边际产出的影响，因此不能合理地解释中国高投资率和高资本回报率共存的现象。中国人力资本存量已从 1980 年的 274428.44 万年，增加到 2009 年的 683468.8 百万年，增长了 149.05%，由此可以看出中国教育事业的发展已大幅提高了人力资本的水平，而人力资本的提高又能促进生产效率的提高，进而促进了资本回报率的提升，而较高的资本回报率又会吸引更多的资本投资。因此在高投资率的情况下，由于人力资本对生产效率的促进作用，资本回报率不会出现大幅下降的现象，因此投资率能够长期处于上升的状态。

本部分借鉴 Lucas（1988）的人力资本模型，并对模型进行了部分修正，从理论上分析了技术工人的人力资本及其外溢效应和无技术水平工人对资本回报率的影响，并使用中国 1980—2009 年的数据进行了实证检验，主要得到以下几点结论：

1. 对人力的投资能够促进资本回报率的提升，但具有一定的滞后期。从短期动态调整系数来看，对人力的投资在初期会增加企业成本，从而降低资本的回报率，但从长期均衡关系来看，不论是无技术水平工人的增长，还是技术工人人力资本的提升，均能显著提高资本的回报率。因此，企业对员工的投资应是一项长期的战略投资，虽然在短期可能会降低企业的利润，但在长期会取得较大的收益。这点与世界其他国家的情况也比较类似，特别是与发达国家的情况比较接近，即人力资本的提高在不同类型的国家均能促进资本回报率的提升。与人力资本相比，无技术工人在不同类型国家所起到的作用也是存在较大差异的。

2. 相比无技术工人，技术工人对资本回报率的促进作用更具稳定性。虽然无技术工人在长期也能提高资本的回报率，但是存在很大的波动性，从而使得资本回报率的提高具有很大的不确定性，增加资本运营的风险。而技术工人的促进作用则十分稳定，能够更好地保证资本回报率的稳步提升。因此，企业提高利润的主要动力应是技术工人，而非无技术工人。企业在对人力进行投资时，不应单纯增加人员的数量，而应该注重员工技术水平的培训，提高企业整体的人力资本水平。

3. 人力资本溢出效应的存在，会降低人力资本对资本回报率的促进作用。短期内，人力资本的溢出效应能够促进资本回报率的提升，长期却会导致资本回报率的下降，且这种负面效应持续时间较长。因此政策制定者应该出台相关政策，使得这种外部效应内部化，从而提高企业和员工提升自身素质的积极性，以提高资本的回报率，保障经济运行的效率。只有激励机制完善了，员工的潜能才会被充分激发，人力资本才能转化为现实的生产率。由于世界各国知识产权保护程度的差异，人力资本溢出效应所起到的影响也存在很大差异，中国的情况与发达国家较为类似，也说明了中国对知识产权保护的力度在增大，而发展中国家则应该采取进一步措施，以使人力资本溢出效应能够起到正向作用。

4. 增加投资会降低资本的回报率。投资的增长在短期和长期均会导致资本回报率的下降，这也说明在中国高投资的背景下，资本深化程度较高，投资的边际报酬已经开始下降。因此，企业在增加投资的时候，还有注重对人力资本的投资，没有一定程度的人力资本积累，再多的物质资本也是徒劳的（姚先国，2008）。

5. 人力资本的增长是中国投资率保持较高水平的重要原因。在过去的 30 多年里，中国出现了投资率一直在增长的现象，却没有出现资本回报率大幅度下降的情况，这在很大程度上是因为人力资本对资本回报率的促进作用。虽然投资的增长会导致资本回报率的下降，但由于人力资本也在增长，其对资本回报率的促进作用会抵消投资增长带来的下降作用，因此中国资本回报能够长期处于一个较高的水平，从而吸引更多的投资。

第七节 基于美国数据的实证分析

美国每年吸引的外资数量一直处于世界首位，2010 年吸引外资达到 2280 亿美元，其国内投资率自 1969 年以来也基本处于稳定增长之中，虽然 2007 年之后有所下降，但 2010 年仍达 16.8%。除了在物质资本上的投资之外，美国还十分重视对人力资本的投资，特别是对教育的投入，20 世纪 70 年代之后，美国多数年份对教育的投入经费都大于 GDP 的 7%，大量的投入使得美国的教育取得了巨大进步，也对美国人力资本的积累起到了重要作用。在美国物质资本稳定增长的同时，美国的资本回报率却保持着较为稳定的变动状态，并没有随着投资的增加而剧烈下降（图 7.5），这与美国人力资本的投入是否有着重要联系、人力资本又会通过什么机制影响到资本回报率的变动？对这一问题的研究，不仅可以探索美国人力资本与资本回报率之间的关系，对中国投资驱动型增长模式的转变也有着重要的启示与借鉴。

资本回报率、利润率等在一定程度上都可以反映资本的回报（CCER，2007），因此早期的学者对资本回报率的研究多与利润率相关，到了 20 世纪中后期，对资本回报率的研究逐渐增多，如 Baumol、Heim 对资本回报率的界定，在此基础上，Friend and Husic 通过加入控制变量，对该概念的界定进行了修正完善。随后国外一些学者继续对这一问题进行了研究（Feldstein，1997）。近年来，国内大量学者也进行了相关研究（陈立泰、叶长华，2010；方文全，2012）。在资本回报率的计算方法方面，根据指标数据的来源差异，可以分为两类：一是基于企业财务会计报表数据的微观方法（单豪杰、师博，2008），二是基于国民收入账户数据的宏观方法（孙文凯、肖耿、杨秀科，2010）。

在影响资本回报率提升的因素方面，许多学者从人力资本的角度进行了研究。人力资本存量的变动会影响到资本与劳动之间的比例关系，即资本深化的高低，进而影响到产出水平和资本回报率的变动，如张军利用中国数据的研究显示，资本深化的加深不利于资本回报率的提升。中国现阶段有着较高的资本回报率，主要是由于中国的资本积累相对较低和人力资本向高效率部门的流动（Song，2011）。相比物质资本的影响，人力资本积累对经济的影响更加长远（Romer，1986），因而也有可能对资本回报率的变动产生重要影响。在资本不断深化而导致资本回报率下降的情况下，人力资本的提高则在一定程度上缓解了这种不利影响。但也有学者（黄伟力，2007）的研究认为，资本与劳动比率的提高不一定会降低资本的回报率。另外，人力资本存在着溢出效应，该效应可以通过未来收入水平的变化影响到资本回报率的变动（Becker，1964）。Lucas 则通过使用有效劳动这一指标，阐述了人力资本及其溢出效应在解释世界资本回报率差异方面的重要性。长期来看，较低的人力资本水平不利于资本的充分利用，而较高的人力资本水平对资本和技术的吸引力更为明显。沈坤荣、田源对中国的研究也支持这一观点。

以往学者从人力资本存量角度对资本回报率进行的研究相对较少，现有文献多是从劳动力数量的视角进行定性的研究，忽略了人力资本对资本回报率的重要影响，更是很少提及溢出效应的影响机理。为了更好地理解人力资本对资本回报率的影响机制，本书首先从理论上进行了分析，然后使用美国数据进行了实证检验，以期对中国经济的发展提供经验借鉴和启示。

一 理论模型

借鉴 Lucas 对人力资本的研究模型，将劳动力区分为人力资本、人力资本的溢出效应和无技术水平劳动力，在完全竞争的条件下，本书假定一个包含人力资本的柯布道格拉斯生产函数，具体形式如下：

$$Y = A(t)K(t)^{\beta}[u(t)h(t)N(t)]^{\alpha}h_{a}(t)^{\gamma}l(t)^{\eta} \qquad (1)$$

对式（1）求导可得资本的回报率为：

$$r = MPK = \beta A(t) K(t)^{\beta-1} [u(t) h(t) N(t)]^{\alpha} h_a(t)^{\gamma} l(t)^{\eta} \quad (2)$$

其中，Y 为总产出，$A(t)$ 表示技术水平，$K(t)$ 表示资本存量，$N(t)$ 表示技术工人（即本书计算人力资本的劳动者）的数量，$0 < \alpha < 1$，$0 < \beta < 1$。假定人力资本为 $h(t)$ 的工人数量为 $N(h)$，工人将非闲暇时间的 $u(t)$ 部分用于物质资本的生产，$1 - u(t)$ 部分用于人力资本的生产，为了简化分析，假定技术工人是同质的，因此总的人力资本为 $u(t)$ $h(t)$ $N(t)$，h_a 为人力资本的平均技术水平，即人力资本的溢出效应（Lucas，1990），在同质性的假定下，$h_a = h$。$l(t)$ 表示无技术水平工人的数量。

借鉴 Uzawa、Rosen 和 Lucas 的研究，人力资本的积累函数如下：

$$\dot{h}(t) = h(t)(1 - u(t))\delta \quad (3)$$

其中，δ 表示人力资本积累的系数。

经济中的净投资量用 $\dot{K}(t)$ 表示，人均消费为 $c(t)$，劳动者数量为 $N(t) + l(t)$，则总产出函数可改写为：

$$Y = [N(t) + l(t)]c(t) + \dot{K}(t)$$
$$= A(t) K(t)^{\beta} [j(t) h(t) N(t)]^{\alpha} h_{\alpha}(t)^{\gamma} l(t)^{\eta} \quad (4)$$

令劳动者关于消费的效用函数为：

$$U = \int_0^{\infty} e^{-\rho t} \frac{1}{1 - \sigma} [c(t)]^{1-\sigma} - 1][N(t) + l(t)]dt \quad (5)$$

其中，$c(t)$ 为人均消费，ρ 表示贴现率，σ 表示相对风险规避系数，$\rho > 0$，$\sigma > 0$。

消费者的最优选择则是在人力资本积累（式3）和生产增长（式4）的约束下，最大化个人的消费效应（式5）。经济最终的均衡状态为：

$$r = \rho + \sigma \frac{\mu + \eta \lambda' + (\alpha + \gamma)\phi + (\alpha + \beta - 1)\lambda}{1 - \beta} \quad (6)$$

其中，$\psi = \frac{\dot{c}(t)}{c(t)}$，$\mu = \frac{\dot{A}(t)}{A(t)}$（技术进步增长率），$\phi = \frac{\dot{h}(t)}{h(t)}$（人力资本增长率），$\lambda' = \frac{\dot{l}(t)}{l(t)}$（无技术水平工人增长率），$\lambda \frac{(\dot{N}(t) + \dot{l}(t))}{N(t) + l(t)}$（总的劳动力增长率）。

由式（6）可知，在其他技术条件不变的情况下，均衡状态时的资本

回报率 r 是由人力资本增长率 ϕ 决定的。因为 $1-\beta>0$，$\rho>0$，$\sigma>0$，所以，人力资本水平的提高（即 ϕ 的增加），能够促进资本回报率的提高，但是由于人力资本溢出效应（γ）的存在，ϕ 对资本回报率的影响程度会发生变动，即人力资本的溢出效应加大或降低了人力资本对资本回报率的影响。无技术水平工人的变动（λ'）也会对资本回报率的变动产生影响。

二　数据来源及初步处理

（一）计量模型与数据说明

根据上文建立的理论模型，并对（2）式进一步改写，可得到本书的计量分析模型。根据该模型，本书使用美国 1969—2010 年数据进行进一步的计量分析。具体的计量模型如下：

$$\ln r = C + \alpha \ln H + \beta \ln k + \gamma \ln ha + \eta \ln l + \xi \qquad (7)$$

其中，H 为人力资本存量，ha 代表人力资本的外部效应，k 为物质资本存量，l 为无技术水平工人的数量，ξ 是随机扰动项。实证数据主要来源于美国商务部经济分析局（BEA）、美国人口普查局（U. S. Census Bureau）和 PWT7.0 数据库。本书分析的数据跨度为 42 年，可以建立 VAR 模型（向量自回归模型）进行实证分析，以研究各变量对资本回报率的长短期影响。为了消除数据的剧烈变动导致的异方差，在计量分析之前，先对所有变量取对数处理，具体的数据来源与处理如下：

1. 人力资本存量：本书使用教育年限作为人力资本的代理变量，教育年限为存量概念，相对升学率指标能更好地反映人力资本存量的变化（姚先国）。美国人口普查局（U. S. Census Bureau）提供了美国 25 岁及以上年龄的人口教育情况，包括基础教育（Elementary）中受过 1—4 年和 5—8 年教育的人数、高级中学（High School）中受过 1—3 年和 4 年教育的人数、大学教育（College）中受过 1—3 年和 4 年及以上教育的人数。本书借鉴 Holz 的方法对美国人力资本存量进行了估算，具体方法为：不同教育程度的人数乘以其教育年限并加总即为人力资本的代理变量。将受过 5—8 年基础教育的教育年限设定为 7 年，受过 1—3 年高级中学教育的教育年限设定为 10 年，受过 4 年高级中学教育的教育年限设定为 12 年，受过 1—3 年大学教育的教育年限设定为 14 年，受过 4 年及以上大学教育的教育年限设定为 16 年。由于本书使用美国劳动力数量作为计量分析的一个变量，而美国人口普查局却只提供了美国总人口的教育情况，因此还需对数据进一步处理。本书使用不同教育程度的人数占总人口的比例来代表劳动力中各教育程度人数的比例，进而求出使用劳动力表示的人力资本存量。

2. 物质资本存量：根据历年投资数据和折旧数据，可以计算出物质资本存量，具体公式为：$K_t = K_{t-1}(1-\delta) + I_t$。美国商务部经济分析局（BEA）提供了美国固定资产投资的存量数据，包括政府投资存量、私人投资存量数据及其投资价格指数，根据投资价格指数将历年数据换算为以2005年为基期的不变价数据。美国商务部经济分析局（BEA）还提供了美国固定资产投资的数据，利用资本存量的计算公式，便可推导出历年的折旧率数据。

3. 人力资本的溢出效应：Lucas 的研究曾对人力资本的溢出效应进行了详细阐述，本书借鉴其研究理论，将劳动力的平均受教育年限作为人力资本溢出效应的代理变量。

4. 无技术水平工人：使用未完成基础教育即仅受过 0—4 年教育的人数来计算无技术水平工人的数量，即使用这部分人数占美国人口的比率乘以美国的劳动力数量，即为美国劳动力中无技术水平工人的数量。

5. 资本回报率：本书借鉴 Bai Chong - En 的估算模型，基于美国1969—2010 年的资本回报率进行了估算，具体公式如下：

$$r(t) \frac{\alpha(t)}{P_K(t)K(t)/P_\gamma(t)Y(t)} + P'_K(t) - \delta(t) - P'_\gamma(t) \quad (8)$$

其中，$r(t)$ 是扣除价格波动因素的资本回报率，$\alpha(t)$ 是总产出中的资本份额，$P_K(t)$ 表示经济中总的资本价格，$K(t)$ 是经济中总的资本存量，$P'_\gamma(t)$、$P'_K(t)$ 分别表示产出品和资本品的价格变动百分比，$\delta(t)$ 是资本的折旧率。

美国资本回报率的计算结果如图 7.5 所示。美国 1969—2010 年的资本回报率基本处在 10%—15% 之间，除 1998—2000 年之间出现明显下降之外，其他年份均保持较为稳定状态，但 2000 年之后的资本回报率总体上比 1998 年之前低 2—5 个百分点。受美国次贷危机的影响，2008 年和2009 年的资本回报率降至 10% 以下，但与前后年份的差距并不明显，即总体上看仍处于较为平稳状态。

6. GDP 和劳动报酬：美国商务部经济分析局（BEA）提供了历年的GDP 和劳动报酬数据。

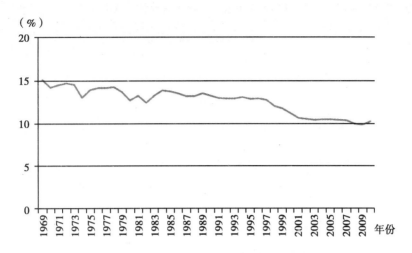

图7.5　美国1969—2010年的资本回报率

（二）单位根检验

进行协整分析应保证数列是同阶单整的，所以需要进行单位根检验，以确保平稳性。使用 ADF 方法检验的结果如表7.21 所示。根据检验结果可知，资本回报率、资本存量和无技术水平工人数据均是非平稳的，因此继续对一阶差分进行检验，检验结果显示各序列均是平稳的，可以进行协整分析。

表7.21　　　　　　　　　　　　ADF 平稳性检验结果

变量	T 统计量	是否平稳	变量	T 统计量	是否平稳
$\ln r$	− 0.81	否	$\Delta \ln r$	− 7.09 ***	是
$\ln k$	− 0.51	否	$\Delta \ln k$	− 4.59 ***	是
$\ln H$	− 2.93 *	是	$\Delta \ln H$	− 3.56 **	是
$\ln H$	− 7.94 ***	是	$\Delta \ln H$	− 3.32 **	是
$\ln ha$	− 0.93	否	$\Delta \ln ha$	− 6.20 ***	是

（三）滞后期的选择

本书使用1969—2010 年的美国数据进行分析，时期为42 年，因此考虑基于 VAR 模型的检验方法，即 Johansen 极大似然检验法，该方法首先需要根据 LR 统计量和 FPE、AIC、SC、HQ 信息准则选择最优滞后期。计量检验的结果如表7.22 所示，根据 LR、FPE、AIC、SC 和 HQ 标准选择的都是滞后一阶模型，因此本书建立滞后一阶的 VAR 模型。

表 7.22　　　　　　　　　　　　VAR 模型滞后期的选择

滞后期	LogL	LR	FPE	AIC	SC	HQ
0	343.80	NA	1.96e-14	-17.37	-17.16	-17.29
1	613.79	456.91*	6.93e-20*	-29.94*	-28.66*	-29.48*
2	638.41	35.34	7.56e-20	-29.92	-27.57	-29.08
3	658.62	23.84	1.15e-19	-29.67	-26.26	-28.45

注：*表示该标准所选择的滞后阶数。

三　实证检验

（一）Johansen 协整检验

根据初步检验结果，选择一阶滞后期，建立 VAR（1）模型进行 Johansen 检验。本书使用迹统计量和最大特征值的方法检验变量之间存在的协整关系个数，具体检验结果如表 7.23 和表 7.24 所示。根据迹统计量和最大特征值的检验结果可知，五个变量在 5% 水平上通过了存在一个协整关系的检验，据此本书认为五个变量之间存在着长期均衡关系。

表 7.23　　　　　　　　　　　　迹统计量的检验结果

原假设	特征值	迹统计量	5% 临界值	P 值
None *	0.59	78.56	69.82	0.009
At most 1 *	0.39	43.07	47.86	0.131
At most 2	0.28	23.38	29.79	0.228
At most 3	0.22	10.04	15.49	0.278

注：*表示拒绝原假设，表 7.24 同。

表 7.24　　　　　　　　　　　　最大特征值的检验结果

原假设	特征值	最大特征值	5% 临界值	P 值
None *	0.59	35.49	33.88	0.032
At most 1	0.39	19.69	27.58	0.363
At most 2	0.28	13.34	21.13	0.421
At most 3	0.22	9.76	14.26	0.228

根据迹统计量和最大特征值的检验结果，本书继续对变量间的协整关

系进行分析。表7.25报告了资本回报率及其影响因素之间标准化的协整系数。由表7.25可知，在长期，美国技术工人人力资本的提高和无技术水平工人的增长能够提高美国的资本回报率，其中，技术工人人力资本每增长1%，资本回报率提高1.74%，无技术水平工人每增长1%，资本回报率提高1.06%，从中也可以看出无技术水平工人对资本回报率的影响要小于技术工人的影响，从数值上看，无技术水平工人的影响仅为技术工人影响的60.92%。同时也可以发现，人力资本外部效应的提高和资本存量的增长会降低资本的回报率，且人力资本外部性的影响非常强烈，其1%的增长，会带来资本回报率7.04%的下降，仅从影响程度上看，其影响大小是人力资本的4.05倍，无技术水平工人的6.64倍，而资本增长1%则导致资本回报率0.63%的下降，影响程度相对较小。

表7.25　　　　　　　　　　**标准化协整系数**

R	L	K	ha	H
1.00	−1.06	0.63	7.04	−1.74
标准误差	1.09	0.54	12.27	3.27

（二）向量误差修正模型

协整分析结果表明资本回报率与各影响因素之间存在着长期均衡关系，为了研究各影响因素的短期变动对资本回报率的影响，本书根据协整分析的结果建立误差修正模型（VEC）作进一步分析，计量分析结果如下：

$$d(\ln r) = -0.02[\ln r(-1) - 1.06\ln l(-1) + 0.63\ln k(-1) +$$
$$7.04\ln ha(-1) - 1.74\ln(-1) + 30.59] - 0.09\ln d(r(-1)) +$$
$$0.06d(\ln l(-1)) - 0.14d(\ln k(-1)) + 2.07d(\ln ha(-1)) -$$
$$1.02d(\ln H(-1)) + 0.01 \qquad (9)$$

式（9）中除人力资本变量外，其他变量的t统计量均没有通过显著性检验，因此需对模型作进一步回归分析，逐步剔除其中统计不显著的滞后差分项，最终建立的向量误差修正模型为：

$$d(\ln r) = -0.03[\ln r(-1) - 1.06\ln l(-1) + 0.63\ln k(-1) + 7.04$$
$$\ln ha(-1) - 1.74\ln H(-1) + 30.59] - 1.11d(\ln H(-1)) + 0.04$$
$$(10)$$

其中，误差项的t值为−2.20，$d(\ln H(-1))$的t值为−3.24，常

数项的 t 值为 1.69，均通过了显著性检验，因此模型的估计是有效的。

由向量误差修正模型的分析结果可以看出，技术工人的人力资本对资本回报率的短期影响最为显著，在式（9）和式（10）中，其 t 统计量是显著的，因此可以认为在短期内技术工人人力资本的变动是资本回报率提升的重要影响因素。但是与其在长期能够促进资本回报的提升相反，技术工人人力资本的提升在短期内会降低资本回报率的水平。由（9）式可知，在短期内，人力资本的外部效应可以提高资本的回报率，但是这种提升作用并不显著，这可能是因为人力资本的外部效应不能立刻提高周围劳动者的技术水平，而是需要经过一段时间的学习才能熟练掌握运用，进而提高资本回报率的水平。类似地，由于无技术水平工人的技术水平低下，生产率不高，单纯的劳动力的数量增长对企业产出的影响较小，因此其短期影响虽然为正，但这种影响并不显著。由于资本存量的提高会增加企业的资金投入成本，因此在短期内也会造成资本回报率的下降，但从式（9）可以看出，这种影响并不明显。

（三）对实证结果的进一步分析

人力资本的提高在短期内会降低资本的回报率，但长期却能够提高资本的回报率。这与人力资本水平的提高需要投入大量要素和资金有关，要素和资金的投入会提高企业的生产成本，且这种成本的提高会在当期表现出来，而人力资本转化为企业的生产力则需要较长的一段时期才能实现，因此短期内企业的资本回报率会出现下降。经过一定时期后，人力资本的提高对企业生产提升作用已大于人力资本投入带来的成本增加时，企业的资本回报率便会获得提升，因此对人力资本的投入在短期不会发生作用，而是一种长期的投资行为，且由于当今世界知识更新换代的时间越来越短，对人力资本的投入也应是一个持续不断的过程。

人力资本的溢出效应的短期促进效应不明显，长期却有着显著的降低作用。人力资本外部效应的存在会提供劳动力整体的技术水平，技术水平的提高会促进生产率的提升，进而提升资本的回报率。由于对技术的掌握需要一定的时间，外部效应对技术水平的提高无法在短期内实现，因此外部效应的短期效应无法充分显现，需要在长期才能发挥作用。但是对美国数据的分析发现，在长期，人力资本的外部效应却降低了资本回报率，这与上述分析出现了矛盾。出现这一矛盾的原因是人力资本的外部效应无法长久持续下去，由于人力资本存在外部性，每个劳动者都会发现，即使不提高自身素质，也能从社会平均人力资本的提高中获益，而这种收益不需额外成本的付出，因此大家都不愿意提高自身的素质，而是希望从他人的素质提高中获益，从而每个人都失去了提升自身素质的动力，社会平均人力资本便不在提升，因此对资本回报率的促进作用也无法持续发挥。这种外部性无法靠市场的力量解决，因此政府应该出台政策，使这种外部性内部化，从而提高劳动者提升自身素质的积极性，以使得经济从人力资本的外部效应中获取最大的收益。

无技术水平工人对资本回报率有着一定的正向影响。不论在短期还是长期，无技术水平的工人对美国资本回报率都有着促进作用，但是短期的作用并不显著，且长期的促进作用也远远低于人力资本提高对资本回报率的促进作用。这是因为无技术水平的工人的生产效率低下，虽然增加劳动力数量能够提高资本的利用效应，但是这也会增加企业的人力成本，因此无技术水平工人数量的增加对资本回报率的提升作用是有限。所以企业应加大对工人素质的提升，提高工人的生产效率，而不是简单地增加工人的数量。

黄先海等曾对中国资本回报率的变动情况进行过分析，在资本存量的影响方面，美国数据的分析结果与中国数据的分析结果存在一定的差别。美国资本存量的增加在短期内对资本回报率的降低作用并不显著，而中国资本存量的增长则会对资本回报率造成较大的负向影响。造成这种差别的原因可能是，中美两国的经济增长方式有着较大差异，中国是典型的投资推动型的经济增长方式，从中美两国近年来的投资率也可以看出（见图7.6），中国的投资率一直处于快速增长的状态，2010年已达到69.88%，远高于美国16.80%的水平，因此中国企业进行生产时可能存在资本拥挤现象，从而降低了资本的生产效率，因此投资的进一步增加对资本回报率的降低作用十分明显。美国的投资率基本处于20%以下，虽然投资的增加也会造成资本回报率的下降，但是短期效应并不显著。在长期上，资本存量的增加会对资本回报率造成明显的负向影响，中美数据的分析结果均符合这一论断，这也与古典经济理论相符，即资本的边际收益是递减，资本投入的增长会降低资本的边际收益，因此从长期来看，资本存量的增加会在一定程度上降低资本的回报率。

四 结论与启示

本书从理论推导了人力资本变动对资本回报率的影响机理，然后使用

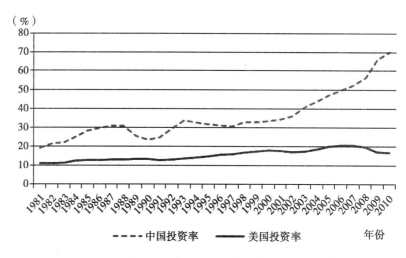

图 7.6　中国和美国的投资率

美国 1969—2010 年的数据进行了实证检验，具体的结论有：

1. 人力资本在长期与短期对资本回报率的影响有着显著差异。人力资本的增长是以投入成本的增加为基础的，但人力资本的影响却存在时滞效应，因此，在短期内资本的回报率会因成本的上升而下降，但长期来看，资本回报率却得到了提升。

2. 人力资本的溢出效应在长期会降低资本的回报率。人力资本溢出效应的存在，会降低劳动者提高自身知识和技术的动力，最终导致了社会总的人力资本水平的下降，因此对资本回报率有着不利的影响。

3. 无技术水平工人的增加可以提高资本的回报率。工人数据的增长可以降低资本密集度，在一定程度上提高资本的利用效率，但这种促进作用远远低于人力资本的作用。

4. 资本存量的提高会降低资本的回报率。资本存量的提高，一方面会因资金投入增加而提高成本，另一方面会因资本密集度提高而降低资本利用效率，因此会造成资本回报率的下降。

对中国的启示有：

1. 对美国问题的研究有助于中国经济的转型发展。美国资本存量远远高于中国，且仍在持续增长之中，但其资本回报率的变动却较为稳定。从人力资本角度对美国经济的发展进行研究，可以为处于转型期的中国经济发展提供重要的参考借鉴作用。

2. 人力资本投入对经济健康持续增长有着重要影响。物质资本投资在经济发展初期可以促进经济的增长，但长期却因资本回报率的下降导致经济增长乏力。因此，中国应转变投资驱动型的增长模式，重视人力和技术的投入，进而提高投资的质量和效益，加快经济发展方式转变。

3. 加强政府调控，减少外部性。人力资本的溢出效应会降低资本的回报率，而市场的力量无法解决这种外部性，因此政府应进行适当的宏观调控，规避外部性对经济发展的不利影响，从而使得人力资本的投入可以取得更大的收益。

第八节　基于杭州市级数据的实证分析

积极探索资本回报率的提升路径是杭州扩大有效投资的重要思路之一，也是杭州加快转变经济发展方式，推动经济持续较快发展的战略选择。而如何从人力资本的视角揭示资本回报率的变动机制，改变传统的投资驱动型经济增长方式，是杭州经济突破资本约束、实现科教人才强市战略的关键手段。

Schultz 较早地对人力资本进行过研究，后经 Becker 等人的进一步研究和完善，进而形成了人力资本理论。人力资本还会产生溢出效应，进而影响到资本的回报率。国内外学者研究的代表性观点有以下三点：一是认为人力资本通过吸引先进资本和技术，进而影响到资本回报率的变动。如 Lucas 和沈坤荣等人的研究都支持这一观点；二是认为人力资本存量的变动会导致资本劳动比率的变动，进而提高或降低资本的回报率。如 Romer、张军和孙文凯等人的研究都有着类似看法；三是认为因人力资本存量变动导致的资本深化并不必然导致资本回报率的变化。如 Gordon 和黄伟力认为，资本深化对资本回报率的负向影响并不一定存在，两者之间存在着复杂的关系。

从以往文献来看，现有研究至少还存在以下几方面的不足：一是现有研究多是基于国家层面对中国资本回报率进行分析，但国家层面的研究结论很难应用在杭州市级层面；二是对资本回报率提升机制的分析上，还未出现相应的理论模型，更没有形成统一的理论分析框架；三是现有文献多是从"劳动力数量"的视角进行研究，忽略了"人力资本及其溢出效应"对资本回报率的重要影响。针对上述不足，本书修正并完善了 Lucas 的人力资本模型，区分了人力资本的不同类型，进而得到分析资本回报率提升机制的理论分析框架，并以理论分析框架为基础建立计量模型，对杭州规模以上工业数据进行了动态的分析，以为企业和政府决策提供理论依据。

一 理论模型

本部分借鉴 Lucas 的研究模型，并将劳动者区分无技术水平工人和人力资本（技术工人），并认为人力资本存在溢出效应，进而构建经济总的生产函数为：

$$Y = A(t)K(t)^{\beta}[u(t)h(t)N(t)]^{\alpha}h_a(t)^{\gamma}l(t)^{\eta} \qquad (1)$$

对式（1）求导可得资本的回报率为：

$$r = MPK = \beta A(t)K(t)^{\beta-1}[u(t)h(t)N(t)]^{\alpha}h_a(t)^{\gamma}l(t)^{\eta}$$

$$(2)$$

其中，Y 为总产出，$A(t)$ 表示技术水平，$K(t)$ 表示资本存量，$N(t)$ 表示劳动者数量，$0 < \alpha < 1$，$0 < \beta < 1$。假定人力资本为 $h(t)$ 的劳动者数量为 $N(h)$，工人将总生产时间的 $u(t)$ 部分用于物质生产，剩余部分（$1 - u(t)$）生产人力资本（如劳动者自身技能的提高），则经济中全部的人力资本为 $u(t)h(t)N(t)$，为人力资本的溢出效应（Lucas，1990），本书假定 $h_a = h$。$l(t)$ 表示无技术水平工人的数量。

同时假定消费的效用函数为：

$$U = \int_0^{\infty} e^{-\rho t} \frac{1}{1-\sigma}[c(t)^{1-\sigma} - 1][N(t) + l(t)]dt \qquad (3)$$

其中，$c(t)$ 为人均消费，ρ 表示贴现率，σ 表示相对风险规避系数，$\rho > 0$，$\sigma > 0$。

假设所有产品均被用来消费和资本积累，根据最优消费理论，并借鉴 Uzawa 和 Rosen 关于人力资本的积累模型，可以推导出经济的均衡：[①]

$$r = \rho + \sigma \frac{\mu + \eta\lambda' + (\alpha + \gamma)\varphi + (\alpha + \beta - 1)\lambda}{1 - \beta} \qquad (4)$$

其中，$\psi = \frac{\dot{c}(t)}{c(t)}$ 表示消费的增长率，$\mu = \frac{\dot{A}(t)}{A(t)}$ 是技术进步增长率，$\varphi = \frac{\dot{h}(t)}{h(t)}$ 是人力资本的增长率，$\lambda' = \frac{\dot{l}(t)}{l(t)}$ 是无技术水平工人的增长率，$\lambda = $

---

① 由于篇幅所限，具体的推导过程略，如读者感兴趣，可向笔者索取。

$\dfrac{(N(t) + l(t))}{N(t) + l(t)}$ 是经济中全部劳动力的增长率。在其他条件保持不变的情况下，人力资本增长率 ϕ 和无技术水平工人的变动（ λ' ）对资本回报率 r 有着重要影响。因为 $1 - \beta > 0$， $\rho > 0$， $\sigma > 0$，所以，可以通过提高人力资本的增长率（ ϕ ）的途径来提高资本回报率，另外，因为人力资本存在着溢出效应（ γ ），所以 ϕ 的系数（ $\alpha + \gamma$ ）会受到影响。

二　资本回报率的计算

根据 Bai 等的研究，资本回报率的计算模型如（5）式所示：

$$r(t) = \frac{\alpha(t)P_Y(t)Y(t) - \delta(t)P_K(t)K(t)}{P_Y(t)K(t)} \tag{5}$$

其中， $\alpha(t)$ 表示总产出中的资本份额， $P_K(t)$ 表示资本的价格， $P'_Y(t)$ 和 P'_K 分别代表产出品价格变化率和资本品价格的变化率， $\delta(t)$ 表示资本的折旧率。该模型比较适合计算基于宏观数据的资本回报率，由于数据的可得性，本课题仅对杭州市规模以上工业企业的资本回报率进行计算并分析了其影响因素，为了使上述模型适用于计算工业资本回报率，本课题进行了简化处理，可以认为该模型的分母表示资本存量，分子表示利税总额（单豪杰、师博）。

数据主要来源于历年《杭州市统计年鉴》。为了使时间序列趋势线性化，消除异方差现象，在下文的计量分析部分对原数据进行了自然对数处理。物质资本存量：本课题使用企业的固定资产总计[①]作为代理变量；人力资本存量：衡量了劳动者知识和技术的积累程度，本课题使用企业技术人员数量作为人力资本存量的代理变量。人力资本的溢出效应：根据 Lucas 的研究，经济中所有劳动者平均的人力资本水平可以作为人力资本溢出效应的代理变量，因此本课题使用工业企业技术人员数量占总的劳动工人的比例作为溢出效应的代理变量；无技术水平工人：使用总的劳动工人数量减去技术人员的数量作为代理变量。

使用 1990—2012 年杭州市规模以上工业企业的数据，对其资本回报率进行计算，结果如图 7.7 所示，其中纵轴表示资本回报率，单位为：%，

[①] 《杭州市统计年鉴》统计了固定资产累计折旧与本年折旧数据，本课题使用的固定资产总计数据已扣除折旧。

横轴表示年份。杭州规模以上工业企业资本回报率总体上呈 U 型，1995
年资本回报率出现了较大幅度下降，到 1996 年降至最低水平，位于 15%
以下，然后开始逐渐回升。这主要是因为 20 世纪 90 年代初期，改革开放
加剧了市场的竞争程度，因此工业企业的资本回报率出现了大幅回落。进
入 21 世纪之后，企业的资本回报率已增长至较高水平，基本在 25%—
30% 之间，但在美国次贷危机的影响下，2008 年和 2009 年的资本回报率
略有下降。根据理论分析可知，人力资本等因素对资本回报率有着重要影
响，因此下文将使用杭州市的具体数据进行实证分析。

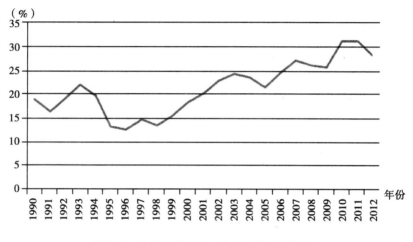

图 7.7   杭州规模以上工业企业资本回报率

三   实证检验

（一）单位根检验

在表 7.26 中，r 表示资本回报率，k 表示资本存量，H 表示人力资
本，ha 表示人力资本的溢出效应，l 表示无技术水平工人，ln 表示对变量
取自然对数，△△表示变量的二阶差分，数据具体说明及来源同资本回报
率的计算部分。首先对各个变量进行单位根检验，以确定各单位序列是否
满足协整分析所需的同阶单整的要求。ADF 检验方法是较为常用的方法之
一，因此本课题采用该方法进行单位根检验，所使用软件为 Eviews6，检
验结果如表 7.26 所示。原数据的检验结果均是不平稳的，一阶差分后仍
是不平稳，但二阶差分后则不再存在单位根，符合进行协整分析所需的同
阶单整的条件。

表7. 26 ADF 单位根检验结果

变量	T 统计量	是否平稳	变量	T 统计量	是否平稳
$\ln R$	-1.52	否	$\Delta\Delta\ln R$	-7.05^{***}	是
$\ln K$	-0.39	否	$\Delta\Delta\ln K$	-6.77^{***}	是
$\ln H$	-0.24	否	$\Delta\Delta\ln H$	-6.99^{***}	是
$\ln ha$	-2.25	否	$\Delta\Delta\ln ha$	-4.83^{***}	是
$\ln L$	-2.55	否	$\Delta\Delta\ln L$	-3.46^{***}	是

（二）滞后期选择

本部分实证分析的变量有五个，每个变量均包含 1990—2012 年的数据，因此可以使用基于 VAR 模型的 Johansen 极大似然检验法进行协整检验。VAR 模型滞后期的选择可以根据下列信息进行判定：一个统计量（LR）和四个准则（FPE、AIC、SC、HQ），相关的结果见表 7. 27。根据检验结果可知，所有指标均显示选择滞后 2 期的 VAR 模型是最优的。

表7. 27 滞后期检验结果

滞后期	LogL	LR	FPE	AIC	SC	HQ
0	56. 91	NA	$4.91e-09$	-4.94	-4.69	-4.89
1	221. 41	234. 99	$9.04e-15$	-18.23	-16.74	-17.91
2	262. 05	38.711^{*}	$3.35e-15^{*}$	-19.72^{*}	-16.98^{*}	-19.13^{*}

注：＊表示该标准所选择的滞后阶数。

为了确保所建立的二阶滞后模型是准确的和稳定的，需进一步进行自相关检验。检验结果表明，LM（2）的值为 31. 07，概率 P 等于 0. 19，因此可以拒绝残差序列存在自相关的假设；AR 根的检验显示 VAR（2）模型所有根的模的倒数均位于单位圆之内，因此本课题建立的 VAR（2）模型是稳定的（如图 7. 8 所示）。

（三）Johansen 协整检验

根据上述检验结果，选择二阶滞后期，建立 VAR（2）模型进行 Johansen 检验。迹统计量和最大特征值方法可以检验变量之间存在的协整关系个数，进而确定变量之间是否存在长期均衡关系，检验结果如表 7. 28 和表 7. 29 所示。

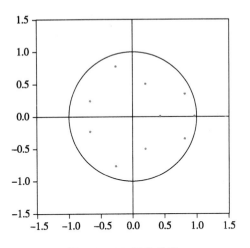

图 7.8   AR 根的检验

表 7.28   迹统计量的检验结果

原假设	特征值	迹统计量	5%临界值	P 值
没有 *	0.89	119.97	69.81	0.00
最多 1 个 *	0.82	73.03	47.86	0.00
最多 2 个 *	0.63	36.59	29.79	0.00
最多 3 个 *	0.34	15.54	15.49	0.04

注：* 表示拒绝原假设，表 7.29 同。

表 7.29   最大特征值的检验结果

原假设	特征值	最大特征值	5%临界值	P 值
没有 *	0.89	46.94	33.88	0.00
最多 1 个 *	0.82	36.44	27.58	0.00
最多 2 个	0.63	21.05	21.13	0.05
最多 3 个	0.34	9.02	14.26	0.28

    迹统计量和最大特征值检验结果均表明五个变量之间存在着长期均衡关系，因此可以对变量之间的协整关系进行分析。杭州市资本回报率与其影响因素之间的标准化系数如表 7.30 所示，该标准化系数显示了各因素对杭州资本回报率的长期影响。由表 7.30 可知，杭州人力资本在长期对资本回报率有着显著的促进作用，人力资本每提高 1%，资本回报率提升 5.46%；同时，人力资本溢出效应的存在却导致了资本回报率的下降，溢

出效应增加1%，资本回报率下降7.23%，影响较为明显；无技术水平工人的增加会降低杭州的资本回报率，无技术水平工人增长1%，资本回报率下降5.78%；资本存量的增长在长期能够提高杭州的资本回报率，资本存量每增加1%，资本回报率增长0.53%，由此可见，资本存量对资本回报率的促进作用要小于人力资本的促进作用。

表7.30　　　　　　　　　　　标准化协整系数

R	L	K	HA	H
1.00	5.78	− 0.53	7.23	− 5.46
	(0.83)	(0.23)	(1.01)	(0.90)

注：括号内表示标准误差。

（四）向量误差修正模型

上文对变量间的长期均衡关系进行了分析，为了进一步分析人力资本等因素的短期变动对资本回报率的影响，可以使用上述标准化协整系数分析的残差序列与各变量的一阶差分序列构建向量误差修正模型（VEC），进而观察变量之间的短期动态关系。计量分析结果见式（6）：

$$d(\ln r) = -0.69 \big[\ln r(-1) - 5.78 \ln l(-1) + 0.53 \ln k(-1) - 7.23 \ln ha(-1)$$
$$+ 5.46 \ln h(-1) - 5.57 \big] - 0.42 \ln d(r(-1)) - 5.28 d(\ln l(-1))$$
$$- 1.05 d(\ln k(-1)) - 6.63 d(\ln ha(-1)) + 5.59 d(\ln H(-1)) + 0.18$$

$$(6)$$

由式（6）可知，人力资本短期调整系数为正，其他三个影响因素的短期调整系数均为负。因此认为人力资本的提升在短期也可以促进资本回报率的提升，这与其长期影响是相同的，人力资本的溢出效应和无技术水平工人在短期对资本回报率也有着负向影响，而资本存量在短期的影响却与长期影响有着相反的效果，短期来看，资本存量的增长降低了杭州的资本回报率。

（五）脉冲响应

脉冲响应可以更加清晰地反映各影响因素与资本回报率之间的长短期关系，因此本课题在VEC模型的基础上，使用脉冲响应函数分析了各影响因素受到冲击时对资本回报率的动态影响，具体的分析结果如图7.9—7.12所示，其中横轴表示冲击的时间，纵轴表示各冲击对r的累积效应，中间实线表示r对各种冲击的影响，上下两条虚线表示正负两倍标准差的偏离带。

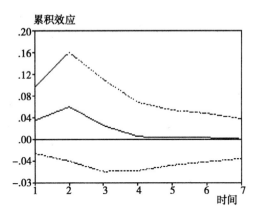

图7.9 r 对 H 冲击的响应

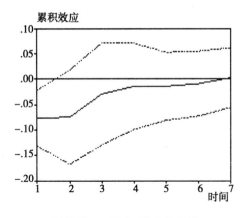

图7.10 r 对 ha 冲击的响应

1. 在本期给人力资本（H）一个正的冲击，资本回报率（r）在第二期会上升到最高点，随后人力资本冲击的效应会逐渐下降并最终趋向于零（如图7.9所示）。这说明工人的人力资本水平在短期和长期对资本回报率都有着较为显著的促进作用，但这种促进作用最终会随着时间的增加而消失。较高的人力资本水平意味着较高的生产效率，进而增加资本的产出并提高资本的回报率，且这种促进作用能够持续一段较长的时期。但由于知识更新速度越来越快，人力资本的促进作用也不可能无期限的持续下去，因此在一个更为长期的时间范围内，对人力资本的投资并不是一劳永逸的，而应是一个持续的过程。即企业应不断进行人力资本的投入，提高工人的技术水平和生产效率，从而保持资本回报率的稳定增长。

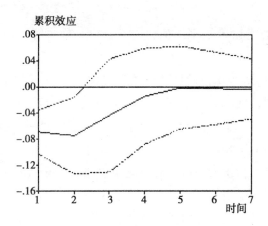

图 7.11　r 对 l 冲击的响应

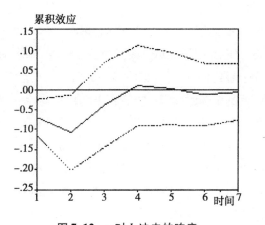

图 7.12　r 对 k 冲击的响应

2. 在本期给人力资本溢出效应（ha）一个正向冲击，资本回报率（r）会出现剧烈下降，且持续一个较长的时间，但资本回报率下降的幅度随着时间的增加而不断减弱，最终趋向于零（如图 7.10 所示）。人力资本溢出效应的提高会降低资本回报率，且这种降低作用会持续一个较长时期。人力资本外溢效应的出现，会导致企业技术知识的损失，从而降低企业的资本回报率。从长期来看，这种溢出效应使得企业无法获取人力资本投入的全部回报，因此不愿意持续进行人力资本投入，资本回报率也因人力资本的下降而下降。溢出效应属于市场无法解决的一种外部性，因此政府应该进行适当的宏观调整，出台相应政策使这种溢出效应内部化，增加企业投资人力资本的积极性，从而降低人力资本溢出效应的不利影响，促进经济的健康发展。

3. 在本期给无技术水平工人（l）一个正向冲击，资本回报率（r）会出现剧烈下降，在第5期之后，冲击的效应逐步趋向于零（如图7.11所示）。这与人力资本溢出效应的结果比较类似，即无技术水平工人数量的增长在短期和长期都会导致资本回报率的下降。无技术水平工人的增加会提高企业的人力成本，而无技术水平工人由于知识和技能的缺乏，对企业生产效率提高的影响较弱，在回报增加小于人力成本上升的情况下，企业的资本回报率便会出现下降，且该影响会持续一个较长的时期。这也在一定程度上说明，随着杭州总体工资水平的增长，无技术水平工人使用成本的不断上升已导致了企业资本回报率的下降，因此相关企业，特别是劳动密集型企业，应改变低端发展之路，加大工人的知识和技能投入，实现投资质量和效益的提升。

4. 在本期给资本存量（k）一个正向冲击，资本回报率（r）会出现较大幅度的下降，随后下降幅度会逐渐减少，在第4期出现了一个较小的增长情况，随后逐渐趋向于零（如图7.12所示）。这与上文分析结论一致，即在一个较短的时期内，资本存量的增加会导致投资成本的大幅提高，进而降低资本的回报率，在长期，资本存量对资本回报率有着促进作用，但程度较低。政府主导的投资驱动增长模式使得资本深化程度较高，但杭州发展所缺的并不是资本，单靠投资已无法保证经济的持续增长。且企业的投资会使当期成本急剧增长，进而在短期出现资本回报率的快速下降，在长期虽有可能因此规模扩大带来资本回报率的提升，但效果可能并不明显。

四　结论与启示

本部分首先从理论上分析了人力资本及其溢出效应对资本回报率的影响，然后使用杭州工业企业的数据进行了实证检验，具体的结论与启示有：

1. 杭州规模以上工业企业的资本回报整体上呈U型。20世纪90年代初期，中国市场化改革加速，竞争加剧，杭州市规模以上工业资本回报率开始出现较大幅度下降，进入21世纪之后，资本回报率已增长至较高水平，基本处在25%—30%之间。

2. 人力资本在长期和短期均促进了资本回报率的提升。人力资本的提升可以显著提高杭州的资本回报率，因此大力进行人力资本投资，提高工人的技术水平和生产效率，可以保持资本回报率的稳定增长。

3. 人力资本的溢出效应和无技术水平工人增长对资本回报率则有着负向作用。人力资本溢出效应的不利影响是企业自身无法解决的，因此政府应出台相关政策鼓励企业进行人力资本投资。另外，仅仅增加企业工人的数量已无法提高资本的回报率，甚至出现负向影响，不利于经济的持续健康发展，因此企业在增加工人的同时，更应注重对人员技能的培训。

4. 资本存量在短期对资本回报率有着显著负的影响，长期则有着促进作用，但程度较弱。当前杭州经济发展已由资本短缺向资本高度深化转变，投资数量的增加已无法带来资本回报率的显著提高，因此企业应转变投资驱动型的增长模式，加大对人员、技术的投资，跨入集约化增长之路。

根据上述研究结论，本部分认为人力资本及其溢出效应视角下杭州资本回报率提升的最优路径有：

1. 路径之一：要素质量提升

由于长期高投入、低效率的使用物质资本，使得投资效率低，物质资本面临着边际报酬递减的威胁。为此，维持杭州经济的稳定持续增长，一个不可或缺的条件是把经济增长的驱动基础，从粗放型向集约型转变。而要素质量的提升（包括人力资本提升和物质资本质量提升）是结构转型的关键环节，因此也是杭州市资本回报率提升的重要路径之一。

2. 路径之二：要素配置优化

该路径从产业结构、资源空间配置和市场结构三个方面分析入手，提出了杭州要素优化配置促进资本回报率提升的路径，具体表现为三个方面：以要素的"产业再配置"作为结构均衡化的调整机制，优化要素的纵向配置；以"空间再配置"作为经济结构战略调整的着眼点，促进要素由发达区块向发展中区块流动；以发挥市场配置资源的基础性作用作为结构均衡化的调整机制，促进要素向更高生产效率的部门和企业流动，从而整体提高杭州市的资本回报率。

3. 路径之三：技术创新增进

本部分从技术创新增进与资本回报率提升之间的关系进行分析，提出了技术创新增进是提升杭州资本回报率的新动力源之一。杭州市应从技术结构、需求结构和贸易结构三个方面，提升产业的技术创新能力。在此基础上，实施以技术创新促进资本回报率提升的路径选择与政策举措。

第八章

价值链低端生产是否限制了
中国的资本回报率

随着全球分工和中国对外贸易的深入发展，中国也在逐渐融入全球价值链的生产之中。由于价值链"技术阶梯"的存在（Humphrey，2004），其高端环节往往被技术领先的发达国家占据，发展中国家则更多地从事价值链低端的生产环节。按照比较优势战略，丰富的劳动力资源决定了中国在全球分工中极易陷入低端生产的困境，而中国近些年来的发展经验和部分学者（王茜，2013；高敬峰，2013）的研究也都显示了中国现阶段仍处于全球价值链的低端位置。融入全球价值链的生产之中对中国的资本和技术积累都产生了重要影响，进而还会影响到资本回报率的高低。现阶段，中国大多数的企业仍停留在价值链的低端水平进行生产，该生产模式对中国的资本回报率究竟产生了何种影响？这一影响是否存在地区差异？对这些问题的研究，不仅有助于中国更好地参与全球价值链生产，还能为地区差异化发展之路提供参考借鉴。

第一节　相关文献综述

参与全球价值链，可以获得更大的市场、信息和机会，并且能够更快地学习和获得技术（刘仕国、吴海英，2013），即便是参与低端水平的加工贸易也存在着"干中学"的机制（姚洋、张晔，2008），通过逆向工程吸收发达国家的技术溢出，后发国无须高昂的研发投入就可以掌握新产品的生产技术和工艺流程（张杰、刘志彪，2007），从而促进国内技术水平的上升。而加工环节本就是全球价值链中不可缺少的环节之一，因此国外上下游企业为提高产品竞争力，也乐于在一定范围内帮助其提高技术水平（Humphrey and Schmitz，2002），且国际垂直分工的发展也使得部分先进的生产环节转移到发展中国家，进而提升了东道国的技术水平（Wang and Wei，2007）。而技术进步——特别是资本偏向型技术进步，仍是中国资本回报率提升的重要动力之一（黄先海等，2012），因此参与全球价值链在一定程度上能够促进资本回报率的提高。

　　另外，参与全球价值链还会导致要素收入分配结构的变化，特别是技术和资本密集型行业的发展，导致了劳动需求的相对下降，并形成了利润侵占工资的现象，进而影响到资本回报率的变动。如 Krugman（1979）通过构建两国技术转移模型的研究显示，全球价值链分工导致了分配向资本要素倾斜，且基于中国事实进行的研究也发现，国际分工使得中国的出口收益越来越偏向于资本要素（Rodrik，2006；付文林、赵永辉，2014），进而对资本回报率产生了正向促进作用。

　　既然参与全球价值链有可能提升企业的技术水平，为什么中国在很长一段时期内都处在全球价值链的低端位置呢？在开放的初期，中国参与全球价值链的确在一定程度上促进了技术的提高，但这种提升是存在一定限制的。首先，掌握价值链核心环节的控制企业往往拥有价值链的控制权，通过不断强化自身的掌控将弱势企业锁定在价值链的低端（Gereffi et al.，2005）；其次，处于价值链低端的企业因自身创新不足，极易被价值链高端的发达国家"俘获"并锁定（刘志彪，2009），这也是发达国家最佳的路径选择（卢福财、胡平波，2008）。而相关的经验事实也显示中国东部地区基于全球价值链的外向型经济无法实现产业升级的任务（张少军、刘志彪，2013）。南亚的巴基斯坦等国也由于过度依赖纺织品出口，所以在全球价值链中始终停留在低端环节（Lall et al.，2005），而中国在这方面也存在类似问题（卓越、张珉，2008），因此中国企业在全球化生产过程中并没有利用技术溢出和创新等途径实现价值链的攀升，而是陷入了低端增长的境地（曹亮等，2008）；另外，人力资本的短缺也是限制中国价值链进一步提升的重要因素（唐海燕、张会清，2009），受人力资本低、研发创新能力有限以及生产基础差等因素的限制，中国在价值链提升方面还有一段很长的道路要走（马涛、刘仕国，2013）。

　　由此可以看出，参与全球价值链使得生产越来越分散化，但一个值得注意的事实却是生产的分散化并没有伴随着收益的分散化（kaplinsky，2000）。一国出口的商品体现了劳动技能、科学技术等在加工价值链中的状况，出口商品越复杂，意味着该国所处的价值链位置也越高（Lall et al.，2005），价值链高端国家立足自身优势并通过治理行为获取了绝大部分的利润分配（Gereffi et al.，2005）。价值链各个环节的市场结构也在一定程度决定其利润获取能力的大小（文婧、张生丛，2009），而中国所处的加工环节往往是竞争尤为激烈的一环，因此利润获取能力较弱。在全球价值链分工导致了利润不断向发达国家倾斜的情况下，中国的资本回报率极有可能出现降低的情况。

因此，参与全球价值链，特别是低端生产环节，是一把双刃剑。由此便产生了一个疑问，参与全球价值链低端生产到底对中国资本回报率产生了什么样的影响呢？已有文献对本书的研究提供了深入的理论基础和现实参考，但现有研究多从收益分配的方面论述参与全球价值链的影响，且多停留在理论分析层面，鲜有关于价值链低端生产如何影响中国资本回报率的研究，无法回答上文提出的疑问。考虑到中国参与全球价值链程度的不断加深，以及当前中国总体资本回报率出现下降的事实，本书将使用中国总体和东中西部三个地区的数据进行实证分析，以研究两者之间的关系，不仅对中国更好地参与全球价值链有着重要的现实意义，还能为理解地区差异发展提供参考和启示。

第二节　中国资本回报率的测度

一　测度方法

本书借鉴 Bai Chong – En（2006）的研究，基于国民收入核算体系中的宏观数据对中国各省份的资本回报率进行了测度。在不考虑资本的折旧和价格变化的情况下，资本回报率的测度模型如下：

$$i(t) = \frac{P_Y(t)MPK(t)}{P_k(t)} \tag{1}$$

其中，$i(t)$ 是资本回报率，$P_Y(t)$ 是产出品价格，$K(t)$ 表示资本存量，$P_k(t)$ 和 $MPK(t)$ 分别表示资本的价格和边际产出。其中 $MPK(t)$ 数据可使用以下方法求出：

$$\alpha(t) = \frac{P_Y(t)MPK(t)K(t)}{P_Y(t)Y(t)} \tag{2}$$

结合（1）式和（2）式，并将资本的折旧和价格变化加入模型中去，最终的测度模型可以改写为：

$$r(t) = i(t) + P_K{'}(t) - \delta(t) - P_Y{'}(t)$$

$$= \frac{\alpha(t)}{\dfrac{P_K(t)K(t)}{P_Y(t)Y(t)}} + P'_K(t) - \delta(t) - P'_Y(t) = \qquad (3)$$

其中，$r(t)$ 表示最终的资本回报率，下文对资本回报率的测度即以（3）式为基础。$P'_Y(t)$ 和 P'_K 分别表示产出品和资本品的价格变化率，$\alpha(t)$ 表示总产出中的资本份额，$\delta(t)$ 表示资本的折旧率。

测度资本回报率所需数据来源于历年《中国统计年鉴》以及各省份统计年鉴。其中，单豪杰（2008）估算了 2006 年之前各省份的资本存量数据，本书使用资本形成总额数据，采用永续盘存法对 2007—2012 年各省资本存量进行了估算。

二　测度结果分析

本书使用（3）式对中国总体以及 31 个省份的资本回报率进行了测度，具体的结果如表 8.1 所示。总体上看，我国的资本回报率出现了一定程度的下降。2008 年之前中国各省资本回报率大多在 15% 上下波动，之后则有所下降，大多在 10% 上下波动，这与张勋和徐建国（2014）的研究结论基本吻合，造成 2008 年之后中国资本回报率下降的可能原因是全球金融危机的蔓延，以及中国投资率的不断升高。

分地区来看，[1] 东部和中部较为接近，西部地区则有较大差距。东部和中部地区资本回报率的平均值较为接近，且变动趋势基本一致，2004 年之前和 2009 年之后，东部地区比中部高大约 2—3 个百分点，其他时间则较为接近。而西部地区的资本回报率则远远低于东中部地区，大约有 7 个百分点的差距，其中西藏和宁夏的资本回报率在多数年份中都处于靠后行列。造成这一情况的原因可能是经济落后地区在吸引高新技术投资方面缺乏竞争力，且经济活力不及中东部地区，因此投资回报率较低。从资本回报率的地区差异的变动和时间趋势来看，我国资本回报率存在着较大的惯性，这也印证了白重恩和张琼（2014）的研究结论。

---

① 本书按东部、中部、西部将全国分为三个区域，其中东部包括河北、辽宁、山东、江苏、浙江、福建、广东、北京、天津、上海和海南；中部：吉林、黑龙江、山西、河南、安徽、江西、湖南和湖北；西部：内蒙古、新疆、甘肃、陕西、宁夏、四川、重庆、贵州、云南、广西、西藏和青海。因为西藏部分数据缺失，下文在进行回归分析时，将其剔除。

表8.1　　　　　　　　中国资本回报率的测度结果　　　　（单位:%）

地区	1992	1995	2000	2005	2010	2011	2012
北京	30.37	17.38	10.51	10.98	11.68	13.01	11.63
天津	19.86	7.55	14.96	14.56	11.67	12.24	10.12
河北	40.27	18.57	16.48	17.43	6.71	7.27	9.72
辽宁	35.04	16.77	24.88	9.35	6.86	9.20	7.79
上海	32.91	15.71	18.95	18.69	18.06	19.39	16.82
江苏	36.19	24.97	22.16	12.38	14.53	14.94	12.79
浙江	42.85	29.16	21.95	17.00	14.5	16.32	14.45
福建	35.58	23.22	21.91	20.86	10.06	11.37	9.44
山东	26.35	25.5	23.09	17.80	16.6	17.05	13.99
广东	43.93	32.42	22.39	23.19	23.37	21.70	20.15
海南	61.78	-0.68	7.38	5.96	6.81	6.13	5.47
山西	29.06	8.92	25.15	23.01	7.17	9.21	12.20
吉林	31.45	11.35	9.99	16.86	6.30	6.70	7.28
黑龙江	33.83	22.54	23.13	26.7	15.23	15.73	15.06
安徽	34.76	20.6	18.22	18.44	12.21	12.62	12.96
江西	25.57	10.62	14.00	14.47	11.28	13.14	15.59
河南	20.06	10.98	20.95	15.48	7.12	10.28	6.76
湖北	38.23	20.32	9.02	14.49	13.42	11.74	11.00
湖南	23.66	15.02	14.23	15.67	9.88	10.61	11.37
内蒙古	33.48	7.13	25.99	18.57	10.98	7.48	9.09
广西	27.53	10.08	18.41	11.04	0.30	1.23	4.23
重庆				9.75	7.04	9.04	10.55
四川	-11.00	13.31	15.16	17.63	16.78	20.2	13.56
贵州	23.67	19.73	9.03	7.94	7.44	7.05	4.46
云南	30.64	24.54	22.42	14.13	7.53	3.74	4.13
西藏	8.80	0.43	4.68	5.92	-0.89	-1.67	-3.96
陕西	14.86	4.80	16.79	10.32	8.19	9.63	11.63
甘肃	16.42	26.58	13.94	15.64	3.91	8.06	12.46
青海	15.6	5.00	7.89	4.84	1.85	3.77	6.63
宁夏	21.83	1.54	11.18	4.89	-2.76	0.4	4.79
新疆	17.59	-6.98	5.13	5.27	-4.01	5.21	4.00
全国	20.72	10.29	14.26	14.62	10.6	11.08	9.17

续表

地区	1992	1995	2000	2005	2010	2011	2012
东部	36.83	19.14	18.6	15.29	12.8	13.51	12.03
中部	29.58	15.04	16.84	18.14	10.33	11.25	11.53
西部	18.13	9.65	13.69	10.50	4.70	6.18	6.80

注：1. 由于重庆在 1997 年才开始设立直辖市，故前期部分年份数据缺失。

2. 由于篇幅所限，部分年份的测度结果没有在此报告。

三　Kernel 密度分析

由图 8.1 可以看出，全国 Kernel 密度图和东部地区较为相似，由 1992 年的单顶点逐步演变为 2012 年的双顶点，即资本回报率出现了两极分化现象。从各地区资本回报率的时间趋势也可以看出，近年来西部地区与中东部地区之间的差距比 20 世纪 90 年代有所扩大。另外，相对中部和西部地区而言，东部地区 Kernel 密度图的总体形状变化并不是十分明显，且东部地区峰值较高、开口较窄，这说明东部各省份资本回报率差异较小，分布较为趋同。中西部地区 Kernel 密度图的变化则较为明显，这说明中西部地区省份之间资本回报率的变动较大。但中部地区 2012 年的 Kernel 密度图仍有着明显的单顶点特征，从中部地区各省份的资本回报率变动趋势来看，1996 年之后省份之间的差异在加深，但近几年来该差异却有一定程度的缩小。2012 年西部地区的 Kernel 密度图多顶点特征较为明显，且较以往年份更为平滑，这说明西部地区省份间的资本回报率出现了较为严重的分化现象，且差异在逐渐加深。西部地区地域面积辽阔，各省份在资源、技术、劳动力等方面差异巨大，随着经济的发展，各省份的差距越来也明显，因而在资本回报率上也存在着较大差异。

第三节　模型的设定与计量分析

一　模型的设定

本书使用 2002—2012 年省级面板数据进行计量分析，具有截面较多时期较短的特点，因此本书选择动态面板数据进行分析。计量分析的模型为：

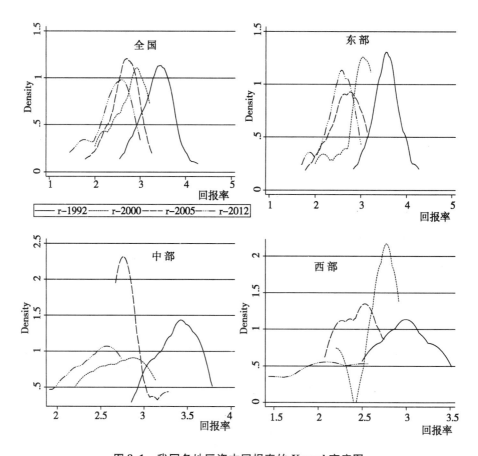

图 8.1 我国各地区资本回报率的 Kernel 密度图

$$r(i,t) = \alpha r(i,t-1) + \beta' X(i,t) + \lambda(i) + \varepsilon(i,t) \qquad (4)$$

其中，$r(i,t)$ 表示各省市的资本回报率，$X(i,t)$ 表示解释变量以及各控制变量，$\lambda(i)$ 为不可观察的省份效应，$\varepsilon(i,t)$ 为残差项。

上述模型仍然存在着省份效应，因此需要进一步对（4）式进行修改。Arellano 和 Bover（1995）的研究认为，使用广义矩估计方法（GMM）通过差分可以消除上述问题，另外通过使用工具变量的方法还可以克服变量的内生性问题。对（4）进行差分可得：

$$r(i,t) - r(i,t-1) = \alpha[r(i,t-1) - r(i,t-2)] +$$
$$\beta'[X(i,t) - X(i,t-1)] + \varepsilon(i,t) - \varepsilon(i,t-1) \qquad (5)$$

由此可知，（5）式有效地消除了省份效应的 $\lambda(i)$ 影响。另外为了解决可能存在的内生性问题，并考虑到样本的有限性，本书使用解释变量和控制变量的一阶滞后项作为工具变量。同时还应对工具变量的有效性进行进一步检验，本书使用 AR（2）检验和 Sargan 检验对模型和工具变量的有效性进行判断。

二　变量的选取与数据的来源

1. 被解释变量。本书主要分析价值链低端生产对资本回报率的影响，因此被解释变量为中国各省市的资本回报率。同时为了消除数据剧烈变动造成的异方差，本书还对数据进行了对数处理，计量分析中使用 $ln（1 + r）$ 表示。

2. 解释变量。本书的解释变量是价值链低端生产，但是对一国在全球价值链中位置的量化是存在较大难度的，特别是产品的价值链属性和非生产性环节，如研发、设计等都存在很大差异，难以量化其价值链位置（唐海燕、张会清，2009）。从国际分工格局的角度看，中国制造业大多位于全球价值链的中低端位置（孙晓飞，2010），由于装配工艺和技术多掌握在传统发达国家手中（王茜，2013），中国以加工贸易参与全球化生产往往处于价值链的低端位置（闫国庆等，2009）。因此本书使用加工贸易占对外贸易的比例（ds）作为中国参与价值链低端生产的代理变量。计量分析中使用 $ln（1 + ds）$ 表示。加工贸易数据来源于国研网统计数据库以及各省市统计年鉴与统计公报。

3. 控制变量。本书主要考虑对资本回报率有着重要影响的变量作为控制变量。各变量数据来自中国统计局网站统计数据库及笔者计算。具体的控制变量为：

资本存量（k）。国内多数学者的研究表明，中国较高的资本存量已导致了资本回报率的下降（黄先海等，2012），即资本不断深化会导致资本生产效率的下降，进而降低资本的回报率。计量分析中使用 $ln（k）$ 表示。

人力资本水平（l）。人力资本的提高能够提高资本的生产效率，且较高的人力资本水平本身就是一种先进生产技术的代表。借鉴钱学锋和陈勇兵（2009）的研究，本书使用大专及以上人口来衡量各省市人力资本水平。计量分析中使用 $ln（l）$ 表示。

经济发展水平（g）。经济发展水平的不同会导致市场化水平、投资质量等的差异，进而影响到资本回报率。本书使用各省市人均 GDP 表示经济发展水平。计量分析中使用 $ln(1+g)$ 表示。

对外开放（op）。一个地区开放程度越高，对先进技术和资本的利用程度越高，同时，开放程度的提高也会加剧该地区的竞争程度，这些都对资本回报率有着不同程度的影响。本书使用对外贸易额占 GDP 的比例表示对外开放水平。计量分析中使用 $ln(1+op)$ 表示。[①]

所有变量的时期为 2002—2012 年，初步处理后变量的描述性统计如表 8.2 所示。

表 8.2　　　　　　　　　　变量的描述性统计

变量	观察值	均值	标准差	最小值	最大值
ds	330	0.1896	0.1299	0.0001	0.5344
r	330	0.1286	0.0576	−0.0409	0.2691
l	330	14.5719	0.7602	11.9117	15.9962
op	330	0.2541	0.2605	0.0351	1.0012
k	330	1.2172	0.6721	−0.2932	2.9016
g	330	0.9754	0.3836	0.2766	2.0749

三　计量分析

为了避免伪回归问题，在做 GMM 估计之前，需对数据进行平稳检验，具体的检验结果如表 8.3 所示。其中，全国层面的原数据是平稳的，东中西部数据一阶差分之后也是平稳的。

表 8.3　　　　　　　　　　平稳性检验

变量	全国	东部	中部	西部
r	−8.73 ***	−5.51 ***	−3.99 **	−5.53 ***
ds	−6.52 *	−2.25	−3.98 **	6.16 **
l	−6.91 ***	−2.38	−3.09	−8.02 ***
op	−6.74 *	−5.83 **	−4.81 **	−1.93

①　为了方便起见，下文使用 ds 代表 $ln(1+ds)$，r 代表 $ln(1+r)$，l 代表 $ln(l)$，op 代表 $ln(op)$，k 代表 $ln(k)$，g 代表 $ln(1+g)$。

续表

变量	全国	东部	中部	西部
k	− 1. 83 *	− 3. 09 ***	− 3. 20 ***	3. 84
g	− 3. 41 ***	− 7. 32 ***	− 3. 63 ***	6. 42
Dr		− 17. 05 ***	− 9. 95 ***	− 16. 07 ***
Dds		− 7. 16 ***	− 5. 84 *	− 11. 25 ***
Dl		− 7. 62 **	− 7. 98 ***	− 10. 05 ***
Dop		− 9. 13 ***	− 10. 19 ***	− 11. 82 ***
Dk		− 7. 15 ***	− 7. 28 ***	− 6. 58 ***
Dg		− 6. 86 ***	− 8. 65 ***	− 4. 33 ***

注：* 、** 和 *** 分别表示在 10% 、5% 和 1% 水平上显著，下同。

本书首先使用全国层面的数据分析价值链低端生产对资本回报率的影响。仅仅使用差分方法进行回归分析可能会存在弱工具变量问题，Blunde 和 Bond（1998）认为使用系统 GMM 估计能够提高差分估计中工具变量的有效性，因此，为了确保回归结果的稳健性，本书分别使用差分 GMM 和系统 GMM 方法进行估计，并采用交替加入控制变量的方法进行回归分析。具体的回归结果如表 8.4 所示。通过在差分 GMM 估计中依次加入其他控制变量，价值链低端生产的估计结果都是一致的，且使用系统 GMM 估计的结果也与差分 GMM 的结果保持一致，这说明本书的估计结果是稳健的。另外，AR（2）检验和 Sargan 检验也显示本书设定的模型是合理的，且工具变量的选取是有效的。

根据全国层面的回归系数来看，价值链低端生产对资本回报率有着显著的正效应，这说明中国参与全球价值链生产过程中，在一定程度上提高了本国的资本回报率。由于中国经济发展的区域性和阶段性特点，现阶段参与价值链低端生产有利于融入全球化生产体系（陈晓华、刘慧，2013），因此对中国资本回报率的提高有着积极作用。控制变量的估计结果显示，资本存量对资本回报率有着显著的负向影响；人力资本对资本回报率有着负向影响，这与理论预期存在较大差异；开放水平的提高促进了中国资本回报率的提升，而经济发展水平的提升却降低了资本的回报率，后文将综合三地区的估计结果做进一步的解释。

表8.4　　　　　　　　　　　全国层面的估计结果

r	差分 GMM	差分 GMM	差分 GMM	差分 GMM	系统 GMM	系统 GMM
L1. r	0.175 *** (6.11)	0.159 *** (5.63)	0.159 *** (4.45)	0.133 *** (2.82)	0.373 *** (18.51)	0.225 *** (8.29)
ds	0.050 *** (3.64)	0.056 *** (6.09)	0.069 *** (4.71)	0.030 ** (2.53)	0.208 *** (12.03)	0.058 *** (3.22)
k		− 0.046 *** (− 33.53)	− 0.038 *** (− 13.83)	− 0.035 *** (− 10.33)		− 0.031 *** (− 14.23)
l			− 0.201 *** (− 7.58)	− 0.020 *** (− 5.52)		− 0.017 *** (− 5.94)
op				0.215 *** (11.62)		0.197 *** (18.20)
g	− 0.096 *** (− 20.01)				− 0.071 *** (9.53)	
C	0.188 *** (33.98)	0.153 *** (41.78)	0.439 *** (10.27)	0.382 *** (6.79)	0.109 *** (9.53)	0.317 *** (7.86)
OBS	270	270	270	270	300	300
AR (2)	0.127	0.127	0.074	0.094	0.666	0.342
Sargan	0.970	0.969	0.974	0.989	0.997	0.998

注：括号内为标准差，下同。

表8.5报告了东部地区的估计结果。与全国层面的结果相反，东部地区价值链低端生产对资本回报率有着显著的负向影响，可能的原因是，中国东部地区以低端要素加入全球价值链的第一波全球化发展的红利已经透支（张少军、刘志彪，2013），因此价值链低端生产可能使东部地区出现了"低端锁定"困局。另外，过多的企业从事低附加值环节的生产，使得竞争加剧并形成"合成谬误"式的困境（Mayer，2002），不利于地区产业结构的优化与资本回报率的提升。其他变量的回归结果与全国层面基本一致。

表8.5　　　　　　　　　　　东部地区的估计结果

r	差分 GMM	差分 GMM	差分 GMM	差分 GMM	系统 GMM	系统 GMM
L1. r	0.082 (1.57)	0.050 (1.00)	0.069 (0.89)	0.142 *** (3.19)	0.441 *** (4.17)	0.331 *** (3.62)
ds	− 0.597 ** (− 2.92)	− 0.550 ** (− 2.93)	− 0.684 ** (− 2.71)	− 0.453 *** (− 3.46)	− 0.584 ** (− 2.31)	− 0.602 ** (− 2.54)

r	差分 GMM	差分 GMM	差分 GMM	差分 GMM	系统 GMM	系统 GMM
k		-0.049*** (-4.71)	-0.038* (-1.94)			-0.039** (-2.51)
l			-0.053** (-2.59)	-0.088*** (-4.24)		
op				0.156*** (7.62)		0.059 (1.10)
g	-0.090*** (-4.10)				-0.057* (-1.86)	
常数项					0.133 (1.64)	0.127* (1.70)
OBS	99	99	99	99	110	110
AR (2)	0.298	0.339	0.267	0.133	0.366	0.292
Sargan	0.134	0.130	0.192	0.102	0.106	0.082

表8.6报告了中部地区的估计结果。与全国层面类似，中部地区价值链低端生产的回归结果大多都通过了显著性检验（部分结果略大于10%的显著水平）且符号为正，这说明其对资本回报率有着一定的正向促进作用。这与东部地区的结果恰好相反，造成这一现象的可能原因是，在经济发展的前期水平，因地区产业结构远远落后于世界水平，即使参与价值链低端生产也能够优化本地区的产业结构，提高技术水平，如钱学锋、陈勇兵（2009）利用加工贸易数据进行的研究就显示，参与全球价值链促进了中部地区的产业集聚，进而通过内部关联提升了产业的竞争力。加入全球价值链一定时间之后，由于生产积聚和专业化分工的加深，以及与外部体系的上下联动，地区出口技术结构能够得到部分提升（陈晓华、刘慧，2013），近年来，中部地区加工贸易所占进出口比重大多已在20%以上，参与全球价值链的程度在逐渐加深，因此在技术水平还较为落后的情况下，中部地区可利用"逆向工程"等方式提升其技术水平，进而在一定程度上促进资本回报率的提升。但随着发展水平的进一步提高，中部地区则可能会遇到与东部地区相似的提升困境。除了人力资本回归系数不显著外，其他变量的回归结果与全国层面的结果类似。

表 8.6　　　　　　　　　　　中部地区的估计结果

r	差分 GMM	差分 GMM	差分 GMM	差分 GMM	系统 GMM	系统 GMM
L1. r	0. 248 ** (2. 77)	0. 244 ** (2. 48)	0. 255 ** (2. 89)	0. 253 (1. 26)	0. 211 (0. 88)	0. 264 (1. 09)
ds	0. 223 * (1. 95)	0. 204 (1. 67)	0. 290 * (2. 26)	0. 288 (1. 65)	0. 581 * (1. 76)	0. 617 * (1. 70)
k		− 0. 066 ** (− 3. 09)	− 0. 054 *** (− 3. 51)		− 0. 121 ** (− 2. 41)	
l						0. 025 (0. 25)
op				0. 484 (0. 87)	0. 448 *** (3. 61)	0. 527 ** (2. 95)
g	− 0. 118 ** (− 2. 93)			− 0. 119 *** (− 4. 43)		− 0. 285 (− 1. 60)
C					0. 111 * (1. 96)	− 0. 146 (− 0. 10)
OBS	72	72	72	72	80	80
AR (2)	0. 320	0. 331	0. 293	0. 471	0. 274	0. 255
Sargan	0. 751	0. 762	0. 732	0. 607	0. 828	0. 797

表 8.7 报告了西部地区的估计结果。与前面要么是正、要么是负的回归结果不同的是，西部地区价值链低端生产对资本回报率的影响并不显著。这可能是因为，西部地区深入中国内陆，参与全球价值链的程度较低，大部分西部省市进出口占 GDP 的比重都在 10% 以内，且加工贸易占进出口比重也远低于国内其他地区，因此价值链低端生产对经济的影响较弱，从而使得回归结果不显著。其他变量的回归结果与前面部分基本相同。

表 8.7　　　　　　　　　　　西部地区的估计结果

r	差分 GMM	差分 GMM	差分 GMM	系统 GMM	系统 GMM	系统 GMM
L1. r	− 0. 020 (− 0. 09)	− 0. 087 (− 0. 44)	0. 162 * (1. 65)	− 0. 202 (− 0. 44)	− 0. 08 (− 0. 26)	− 0. 108 (− 0. 36)
ds	0. 016 (0. 25)	− 0. 002 (− 0. 04)	− 0. 101 (− 1. 10)	− 0. 107 (− 0. 34)	0. 007 (0. 12)	− 0. 104 (− 0. 55)
k		− 0. 051 *** (− 3. 20)	− 0. 029 ** (− 2. 66)		− 0. 070 ** (− 2. 42)	

续表

r	差分 GMM	差分 GMM	差分 GMM	系统 GMM	系统 GMM	系统 GMM
l		-0.016^{**} (-2.79)	-0.005 (-0.45)			-0.075^{*} (-1.79)
op			0.384^{*} (1.83)			
g	-0.169^{**} (-2.33)			-0.165^{*} (-1.82)		
C				0.278^{*} (2.00)	0.210^{**} (2.35)	1.199^{*} (1.94)
OBS	77	88	99	99	99	99
AR（2）	0.958	0.857	0.094	0.410	0.832	0.581
Sargan	0.148	0.083	0.085	0.350	0.276	0.359

　　综合以上估计结果可知，价值链低端生产促进了中国整体资本回报率的提升，但地区差异较为明显。价值链低端生产对东部地区资本回报率有着显著的负向影响，对中部地区却有着一定的促进作用，而在西部地区的影响又变得不显著，即价值链低端生产对资本回报率的影响呈现先上升后下降的倒 V 型。对这一结果的可能解释是，在经济发展初期，由于资本和技术的极度缺乏，从事价值链低端生产可以在一定程度上弥补国内资本缺乏的难题，且部分在国外被淘汰的落后技术在国内仍存在较大的市场空间，因此促进了国内资本回报率的提升。随着经济的进一步增长，价值链低端产业已无法满足国内需求发展，但因核心技术被国外控制，国内容易出现价值链低端锁定的困局，进而不利于资本回报率的提升。虽然东部地区现阶段处于倒 V 型曲线的下降阶段，但国内企业融入全球价值链体系还存在另外一个拐点（姚洋、张晔，2008；陈晓华、刘慧，2013），当越过这个拐点，企业便可以融入价值链中高端位置，进而提高资本的回报率。而中西部地区则应争取利用后发优势，通过技术蛙跳，实现产业跨越式升级，从而进入价值链高端位置。

　　控制变量的估计结果在三个地区基本保持一致。资本存量对资本回报率有着显著的负向影响，这主要是因为近年来中国投资率（固定资产投资占 GDP 比重）一直保持在较高水平（如图8.2所示），特别是在2003年，投资率超越40%的水平之后便出现快速增长的势头，到2012年已接近80%的水平，从而使得资本深化程度不断加深，进而导致了资本生产效率的下降，这也印证了其他学者的研究结论（黄先海等，2012）。另外，不仅在东部，在中西部地区资本存量也有着显著的负向影响，这也说明经济相对落后的中西部地区并不缺乏经济发展所需的普通资本，而是缺少能够推动地区产业攀升价值链高端位置的高新技术资本。

人力资本水平对资本回报率有着负向影响，这与理论预期存在较大差异。理论上，人力资本较高的地区更容易吸引到先进技术与资本的流入，而且较高的人力水平能够提高资本的使用效率，进而提高资本的回报率。但现实情况是，中国的投资方向在很大程度上是"政策导向型"的，即资本的流动是由地区的优惠政策所吸引，当该政策优惠足够大，资本便会忽略人力资本等其他因素（郑江淮等，2008；钱学锋、陈勇兵，2009）；另外，中国高等教育的扩招可能造成了教育质量的下降，人力资本水平并没有随着大学毕业生的增长而增长，因此便出现了本书的估计结果与理论预期的差异。

开放水平的提高促进了中国资本回报率的提升。对外开放对经济有着两个方面的影响：一是使国内企业能够更多地接触到外部的先进技术和管理理念，通过不断学习和引进，国内企业提高了自身水平，进而促进了资本回报率的提升；二是对外开放也会引入大量竞争者，造成回报率的下降。根据本书的估计结果可知，现阶段中国对外开放的积极作用仍然大于消极作用，因此对资本回报率有着正的影响。

而经济发展水平的提升却降低了资本的回报率，造成这一现象的可能原因是，一方面，中国的经济增长属于典型的投资驱动型的（如图8.2所示），高的经济发展水平往往意味着资本积累程度的加深，根据古典经济理论，资本的边际收益是递减的，因而资本回报率会出现下降；另一方面，随着经济增长水平的提高，国内竞争程度也在不断加深，这也可能造成资本回报率的下降，这也在一定程度上说明了随着中国经济的增长，仅仅依靠参与价值链低端生产已无法对资本回报率形成有效提升，甚至在经济较为发达的东部地区产生了阻碍作用。

第四节　进一步的稳健性检验

为了确保估计结果的稳健性，前文使用差分GMM和系统GMM两种方法进行了实证分析。钱学锋、陈勇兵（2009）等学者指出可以使用工具面板数据估计方法检验GMM分析结果是否有效和稳健，因此本书继续

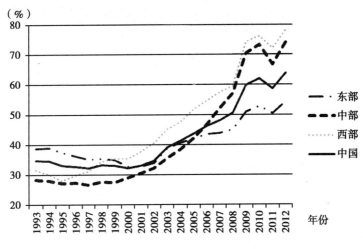

图8.2　中国固定资产投资率

使用工具面板估计方法进行稳健性检验，检验结果如表8.8所示。根据检验结果可知，解释变量的回归结果在系数、符号和显著性上与 GMM 估计结果基本保持一致。除个别回归结果外，控制变量的回归结果也与 GMM 估计结果保持较大的相似性。因此可以认为，本书的回归结果是有效和稳健的。

表8.8　稳健性检验：面板工具变量法的估计结果

r	全国	全国	东部	东部	中部	中部	西部	西部
ds	0.057 *** (3.17)	0.055 *** (2.90)	-0.280 ** (-2.05)	-0.298 ** (-2.20)	0.241 * (1.92)	0.084 (0.75)	-0.058 (-1.18)	-0.062 (-1.14)
k		-0.008 ** (-2.53)	-0.064 *** (-2.66)	-0.038 *** (-5.19)		-0.069 *** (-7.01)		-0.043 *** (-6.33)
l		0.006 * (1.94)		-0.011 (-1.10)		0.009 (0.40)		0.018 ** (2.17)
op				0.061 ** (1.98)		0.535 *** (3.18)		0.064 (0.65)
g	-0.004 (-0.83)		0.039 (0.85)		-0.155 *** (-6.85)		-0.099 *** (-6.46)	
C	0.020 *** (3.11)	-0.056 (-1.32)	0.122 *** (3.65)	0.287 * (1.94)	0.259 *** (14.75)	0.013 (0.04)	0.170 *** (10.31)	-1.131 (-1.11)
OBS	300	300	110	110	80	80	110	110

第五节　结论与启示

本书借鉴 Bai Chong – En（2006）的研究，对中国 31 个省份的资本回报率进行了测度，并采用动态面板 GMM 方法，从中国整体以及东中西部研究了价值链低端生产对资本回报率的影响，得到的主要结论与启示如下：

1. 总体上看，我国的资本回报率出现了一定程度的下降；分地区来看，西部地区较东部和中部仍有较大的差距，且存在着两极分化的趋势。2008 年之后，我国资本回报率整体上比以往下降了 5 个百分点左右，由于世界经济危机的蔓延，加上高投资率等一系列因素的影响，中国较高的资本回报率无法长期保持下去，这与国内其他学者（张勋、徐建国，2014）的研究结论也较为一致。Kernel 密度图显示，东部省份间的资本回报率在逐渐趋同，中西部存在着分化现象。中西部地区由于缺乏经济实力较强省份的主导，经济集聚比较困难，因而资本回报率也出现较大差距，而东部地区则在主导省份（如上海和广东等，这两个省份的资本回报率在东部地区也属于前列位置）的影响下有着较强的趋同动力。

2. 价值链低端生产对资本回报率的影响呈倒 V 型。三个地区的估计结果显示，在经济发展较为落后的西部，由于参与全球价值链的程度较弱，价值链低端生产对资本回报率的影响并不明显。而随着经济进一步融入全球化生产网络，如中部地区，价值链低端生产能够带来大量的资本和先进的技术，有利于资本回报率的提升。但过度依赖低端生产，也容易产生"低端锁定"困局，从而不利于产业结构的升级和资本回报率的提升。因此，我国在融入全球价值链的同时，还应大力进行技术研发和人力资本投资，以掌握价值链核心环节，实现价值链位置的高端攀升。

3. 资本存量、人力资本和经济发展水平的提高对三地区资本回报率均有着负的影响。不论在经济较为发达的东部，还是相对处于落后的中西部地区，资本存量的提升都导致了资本回报率的下降，这说明随着地区经济的发展，资本深化程度不断提升，产业竞争也在逐渐加剧，投资驱动型增长模式的弊端已经显现。另外，由于投资的"政策导向"和教育质量的下降，人力资本也没有发挥其提升资本回报率的作用。因此地区发展应更加注重投资的质量，并加快人力资本投资，以技术和人力的提升促进产业结构升级，进而实现质量和效益的提升。

4. 开放水平的提高促进了资本回报率的提升。现阶段，加大对外开放仍能扩展市场空间，激发企业生产的活力，因此加大开放力度仍是解决中国发展问题的重要选项，也是促进资本回报率提升的关键措施之一。

第九章

结论与政策建议

第一节 研究结论

本书根据 Bai Chong – En（2006）和孙文凯、肖耿等（2010）的研究，对世界 46 个国家和中国各区域的资本回报率进行了测度，并从资本深化和技术进步、人力资本及其溢出效应的视角分析了资本回报率提升的机理，并使用世界 46 个国家的数据进行了实证检验。根据以上研究得出的基本结论如下：

1. 发达国家总体的资本回报率最低，发展中国家次之，新兴经济体国家最高，中国在多数年份中的资本回报率超过 20%，高于其他国家的水平；发达国家的资本回报率差异较小，而发展中国家的资本回报率差异则较大。发达国家的经济发展水平也相对较高，因而有着大量的资本投资，资本存量的增加会降低资本的边际收益，因此经济发展程度较高的国家一般都有着相对较低的资本回报率。同时还应注意到，发展中国家里也有许多国家的资本回报率较低，这与它们的基础设施建设、教育水平、人力资本和科技水平落后有着很大关系。新兴经济体也属于发展中国家，但是却有着最高的资本回报率，除了这些国家的资本深化程度较低之外，还可能与这些国家的基础设施、技术水平和人力资源等有一定关系。

2. 中国区域资本回报率的测度结果显示，中国资本回报率在时间上呈 "U" 形趋势，工业分行业的资本回报率在地区间的差异明显。中国资本回报率在时间上呈 "U" 形趋势是与以往学者研究相符合的，但与以往学者研究结论不同的是，从省级标准差的比较发现，中国地区间的差异并没有明显缩小的趋势。资本回报率的计算结果显示，东部地区的工业资本回报率最高，东北地区次之，西部和中部居于最低层次，而各省市分行业的资本回报率情况则比较复杂。东部省份在资本和技术密集型行业具有绝对的优势,而其他地区则在劳动密集型行业具有一定的竞争能力;西部资源相对较为丰富,其资源密集型行业的资本回报率也相对较高;东部地区的污染密集型行业有向西部转移的可能,因为西部地区污染行业的资本回报率有上升的趋势,而东部则不断下降或保持稳定。

3. 资本回报率的变动可以分解资本深化、技术进步和资本深化的乘数项三个部分。从资本深化和技术进步的视角对资本回报率的影响机理进行的分析显示:影响资本回报率提升的因素有三大项,技术的变动、资本深化的变动以及资本深化项的乘数;在一般性生产函数和 CES 生产函数的情况下,资本深化项的乘数的经济含义是资本边际产出关于资本投入 Kt 的弹性;对技术进步的类型进行细分后发现,技术进步包括了中性的技术进步 $\dot{A}_t/A_t$、资本品体现型的技术进步 $\dot{D}_t/D_t$ 和劳动力质量提高型的技术进步 $\dot{K}_t/K_t$。

4. 利用 Lucas(1988)的人力资本模型进行的机理分析显示,人力资本及其溢出效应、无技术水平工人对资本回报率有着不同的影响。人力资本的提高能够促进资本回报率的上升,而人力资本外部性的存在,放大或缩小了人力资本变化对资本回报率的影响,无技术水平工人的增长能够促进资本回报率的上升。

5. 发达国家和发展中国家资本边际产出关于资本的弹性为负,而新兴经济体国家为正,中国资本边际产出关于资本的弹性则出现了异常情况。即资本深化在发达和发展中国家降低了资本的回报率,而在新兴经济体国家却提高了资本的回报率,技术进步则在所有国家都促进了资本回报率的提高。中国资本边际产出关于资本的弹性出现了异常情况,中国虽然属于新兴经济体国家,但中国资本边际产出关于资本的弹性却与新兴经济体国家的估算结果相反,反而与发达国家的结果相似,为负值,即中国的资本深化降低了资本的回报率。

6. 人力资本对资本回报率的促进作用更具稳定性,人力资本的溢出效应和无技术水平工人在不同国家的影响差异也较大。人力资本在短期和长期一般都有着明显的促进作用,在前期,虽然部分国家出现了人力资本对资本回报率的负向影响,但后期则转变为明显的促进作用。由于发达国家对知识产业的保护较为完善,人力资本的溢出效应在发达国家的负向影响并不明显,在新兴国家则有着明显的负向影响。由于新兴经济体国家

（特别是中国和印度）拥有着庞大的劳动力资源，劳动力相对资本较为过剩，因此无技术水平工人的增长会降低资本的边际产出，从而降低了资本的回报率，在其他国家，这种影响并不显著。

7. 技术进步和人力资本的增长是中国资本回报率没有出现大幅下降的重要原因。实证结果显示，中国发生的技术进步（包括人力资本的提升）提高了资本的边际产出，从而在一定程度上抵消了资本深化导致的资本回报率的下降，因此技术进步是中国资本回报率没有随投资率上升而下降的重要原因。对人力的投资能够促进资本回报率的提升，但有一定的滞后期。从短期动态调整系数来看，对人力的投资在初期会增加企业成本，从而降低资本的回报率，但从长期均衡关系来看，不论是无技术水平工人的增长，还是技术工人人力资本的提升，均能显著提高资本的回报率。因此，企业对员工的投资应是一项长期的战略投资，虽然在短期可能会降低企业的利润，但在长期会取得较大的收益。

8. 价值链低端生产对资本回报率的影响呈倒 V 型。在经济发展较为落后的西部，由于参与全球价值链的程度较弱，价值链低端生产对资本回报率的影响并不明显。而随着经济进一步融入全球化生产网络，如中部地区，价值链低端生产能够带来大量的资本和先进的技术，有利于资本回报率的提升。但过度依赖低端生产，也容易产生"低端锁定"困局，从而不利于产业结构的升级和资本回报率的提升。因此，我国在融入全球价值链的同时，还应大力进行技术研发和人力资本投资，以掌握价值链核心环节，实现价值链位置的高端攀升。

第二节　政策建议

2009 年中国固定资产投资占 GDP 的比重已超过 60%，可以说中国经济的发展在很大程度上是由投资推动的。另外，资本的深化会导致资本回报率的下降，进而导致投资的减少，最终会影响到经济的发展。在中国高投资率的情况下，如何使资本回报率不产生较大幅度的下降，是保证经济发展的重要条件。基于上述研究结论，对保障中国的投资和经济发展而言，可以从以下几方面入手：

1. 高投资率不能带来经济的持续发展，应转变经济发展的思路。在经济发展的初期，由于缺乏资本，投资会促进经济的发展，但资本不可能无限制的增长，随着资本深化程度的提高，资本回报率会下降，进而导致投资的下降，不利于经济进一步发展。

2. 注重技术进步对资本回报率的拉动作用，加大科研投入，发展高新技术产业。技术进步能够提高资本的边际产出，在资本深化程度不断提升的情况下，技术进步可以减少资本回报率下降的幅度，甚至提高资本的回报率，因此经济发展要从注重投资的角度，转变到注重技术进步和技术自主创新的角度。加大科研投入，发展高新技术产业能够带来技术的进步，提高资本回报率，有利于经济长远快速发展。

3. 注重对人力资本的投入，着重提高劳动者的技术水平。企业在增加投资的时候，还要注重对人力资本的投资，没有一定程度的人力资本积累，再多的物质资本也是徒劳的（姚先国，2008）。企业对员工的投资应是一项长期战略，虽然在短期可能会降低企业的利润，但在长期会取得较大的收益。另外，企业提高利润的主要动力应是技术工人，而非无技术工人。企业在对人力进行投资时，不应单纯增加人员的数量，而应该注重员工技术水平的培训，提高企业整体的人力资本水平。

4. 制定相关政策和法律，降低人力资本的溢出效应，或使这种效应内部化。人力资本溢出效应的存在，会降低人力资本对资本回报率的促进作用。短期内，人力资本的溢出效应能够促进资本回报率的提升，长期却会导致资本回报率的下降，且这种负面效应持续时间较长。因此政策制定者应出台相关政策，使这种外部效应内部化，从而提高企业和员工提升自身素质的积极性，以提高资本的回报率，保障经济运行的效率。只有激励机制完善了，员工的潜能才会被充分激发，人力资本才能转化为现实的生产率。

第三节　进一步的研究方向

本书在以往学者研究的基础上，对世界 46 个国家和中国的资本回报率进行了测度，从理论上分析了资本回报率提升的机理，并从实证上进行了检验，在理论和实证上都进了新的尝试。由于现有理论、研究方法和数据的限制，本书的研究还存在改进的空间，以下几个方面还需进一步改善：

第一，本书测度资本回报率的模型是基于完全竞争的假设，但现实的经济中，完全竞争假设一般是无法满足的，因此如何将垄断势力加入模型并准确测度垄断势力，仍需进一步努力，以使得资本回报率的测度更为精准。

第二，本书主要从两个视角分析资本回报率的提升机制，如何将这两个视角纳入到一个统一的模型中，有待进一步研究。

第三，本书仅分析了技术进步和人力资本的影响机理，对其他的影响因素研究较少涉及。因此，在后续的研究中尝试将资本回报率的影响因素扩展到其他方面，以进一步完善该领域的研究。

参 考 文 献

[1] Andrew. Kliman. The Persistent Fall in Profitability Underlying the Current Crisis. New Temporality Evidence. http: //akliman. squarcspace. com, October 17. 2009.

[2] Bihr, Alain. A propos d'un exces do plus – value. Carre Rouge, vol. 40, 2009.

[3] Aaron, H. J. The Social Insurance Paradox. Canadian Journal of Economics, 1966, Vol. 32.

[4] Abel, AndrewB. , Mankiw, N. Gregory, Summers, Lawrence H. Assessing Dynamic Efficiency: Theory and Evidence. Review of Economic Studies; Jan1989, Vol. 56 Issue 185, pp. 1 – 20.

[5] Alderson, Michael J. ; Betker, Brian L. Additional Evidence on the Corporate Cost of Capital and the Return to Corporate Investment. Journal of Applied Finance, Spring/Summer2009, Vol. 19 Issue 1/2, pp. 91 – 102.

[6] Allen Franklin, Jun Qian, Meijun Qian. Law, Finance, and Economic Growth in China. Journal of Financial Economics, 2005, 77 (1): 57 – 116.

[7] Abramovitz, M. The Search for the Sources of Growth: Area of Ignorance, Old and New. Journal of Economic History, vol. 53 (June), 1993, pp. 217 – 43.

[8] Arellano M. , Bover O. Another look at the instrumental variable estimation of error – components models. Journal of Econometrics, Volume 68, Number 1, July 1995, pp. 29 – 51 (23).

[9] Bai Chong – En; Hsieh Chang – Tai and Qian Ying – yi. The Return to

Capital in China. Brookings Papers on Economic Activity, 2006, 2. 61 – 88.

[10] Bain, Joe S. Relation of Profit Rate to Industry Concentration: American Manufacturing 1936—1940. Quarterly Journal of Economics, 65 (3), 1951, pp. 293 – 323.

[11] Baumol. Contestable Markets: An Uprising in the Theory of Industry Structure. The American Economic Review. Vol. 72 (1), 1982.

[12] Brauw, Alan de and Rozell, Scott. Reconciling the Returns to Education in Rural China. Review of Development Economics, January 21, 2006.

[13] Baumol W. J; Heim, P. ; Malkie, l B. and Quandt, R. Earnings Retention, New Capital and the Growth of the Firm. Review of Economics and Statistics, 1970, 52 (4), pp. 345 – 355.

[14] Becker, G. S. Human Capital. 2nd ed. , New York, NBER, 1975.

[15] Becker, G. S. &B. R. Chiswick. Education and the Distribution of Earnings. American Economic Review, 56, 1966, pp. 358 – 369.

[16] Brealey, R. ; Hodges, S. and Capron, D. The Return on Alternative Sources of Finance. Review of Economics and Statistics, 58 (4), 1976, pp. 469 – 477.

[17] C. Harman. Not all Marxism is dogmatism: A reply to Michcl Husson. International Socialism, Vol. 125, 2010.

[18] Card, David. The Causal Effect of Education on Earnings. In: Handbook of Labor Economics, chapter 30, pages 1801 – 1863, 1999.

[19] Caselli, Francesco; Feyrer, James. The Marginal Product of Capital. Quarterly Journal of Economics, May, 2007, Vol. 122 Issue 2, pp. 535 – 568.

[20] Chang – Tai, Hsieh, Peter J. Klenow. Misallocation and Manufacturing TFP in China and India. Quarterly Journal of Economics, 2009, 25: 45 – 68.

[21] ChristopherM. James. RAROC Based Capitald Budgeting and Performance Evaluation: A Case Study of Bank Capital Allocation, Financial Institutions CenterWorkingPaper, TheWharton School, 1996.

[22] David, Dollar, Shang – Jin Wei. Das (Wasted) Capital: Firm Owner-

ship and Investment Efficiency in China. NBER Working Papers, No. 13103, 2007.

[23] Duméni, 1 Gérard et Dominique Lévy. The Profit Rate: Where and How Much DidIt Fal? Did It Recover? (USA 1948—1997). http: //www. jourdan. ens. fr/levy/dle2002f. pdf, 2005.

[24] Edward N. Wolff. Recent Trends in Household Wealth in the United States—Rising Debt and the Middle - Class Squeeze—An Update to 2007. Economics Working Paper Archive wp_ 589, Levy Economics Institute, 2010.

[25] Fama, E. F. , and K. French, 1999, The Corporate Cost of Capital and the Return on Corporate Investment. Journal of Finance 54, 1939 - 67.

[26] Fleisher, Belton M. and Xiaojun Wang. Skill Differentials, Return to Schooling and Market Segmentation in a Transition Economy: The Case of Mainland China. Journal of Development Economics. 73 (2004), 1 (February), pp. 315 - 328.

[27] Friend, I. and Husic, F. Efficiency of Corporate Investment. Review of Economics and Statistics, 1973, 55 (1), pp. 122 - 127.

[28] Gereffi, G. Humphrey, J. and Sturgeon, T. : The Governance of Global Value Chain [J], Review of International Political Economy, 2005. Vol. 12: 78 - 104.

[29] Gordon, Robert J. Economic Growth since 1870: What We Know and Still Need to Know. American Economic Review, 89 (2): 320 - 352. 1999a.

[30] Gordon, Robert J. , Has the New Economy Rendered the Productivity Slowdown Obsolete?. Manuscript Northwestern University, 12 (6). 1999b.

[31] Gugler Klaus, Mueller Dennis C. , Yurtoglu, B. Burcin. The Impact of Corporate Governance on Investment Returns In Developed and Developing Countries. Economic Journal, Nov2003, Vol. 113 Issue 491, pp. F511 - F539.

[32] Gugler Klaus, Mueller Dennis C. , Yurtoglu, B. Burcin, Coporate Governance and the Returns on Investment. Journal of Law & Economics,

Oct2004, Vol. 47 Issue 2, pp. 589 – 633, 45.

[33] Guill, GeneD. On Economic Capital and Capital Management. RMA Journal, Mar2004. 86 (3), pp. 18 – 19.

[34] Haizheng Li, Aselia Urmanbetova. The Effect of Education and Wage Determination in China's Rural industry. Working Papers. School of Economies, Georgia Institute of Technology, 2002. 05.

[35] Hak, K. Pyo. A Test of the Convergence Hypothesis by Rates of Return to Capital: Evidence from OECD Countries. CIRJE, 6, 1999.

[36] Holz, C. The Quantity and Quality of Labor in China 1978 – 2000 – 2025. Working Paper, 2005.

[37] Humphrey, J., 2004, Upgrading in Global Value Chains [J], International Labor Office Working Paper, No. 28.

[38] Husson M. La hausse tendancielle du taux de profit, document de travail, janvier. Http: //hussonet. free. fr/tprofbis. pdf, 2010.

[39] Husson M. Le débat sur le taux de profit, mercredi, Inprecor n°562—563. Juin juillet 2010.

[40] Husson. M. Miscrc du Capital. Paris Syros, 1996.

[41] I. Singh, D. Latha, and G. Xiao. Non – State Enterprises as an Engine of Growth: Analysis of Provincial Industrial Growth in Post Reform China. Working Paper, the World Bank, 1993.

[42] Jamison, D. and J. V. Gaag. Education and Earnings in the People's Republic Of China. Economics of Education Review, Vol. 6, 1987, No. 2. pp. 161 – 166.

[43] James M. Poterba. The Rate of Return to Cooperate Capital and Factor Shares: New Estimates Using Revised National Income Accounts and Capital Stock Data. NBER Working paper, 1997, No. 6263.

[44] Jorgenson, D. W. Capital Theory and Investment Behavior. American Economic Review, 1963, 53 (2), pp. 247 – 259.

[45] Kaldor, N. Capital Accumulation and Economic Growth. In F. A. Lutz and D. C. Hague, editors, The Theory of Capital, New York: St. Martin's Press, 1961.

[46] Kaplinsky Rapha e l. Globalization and Unequalisation: What Can Be

Learned from Value Chain Analysis. Journa l of Development Studies, 2000, (2).

[47] Klaus Peter, Mueller, Dennis C. and Yurtoglu, B. Burcin, Corporate Governance and the Determinants of Investment (May 2007). http: //ssrn. com/abstract = 1020317 or http: //dx. doi. org/10. 2139/ssrn. 1020317.

[48] Klmian A. The Persistent Fall in Profitability Underlying the Current Crisis: New Temporalist Evidence. 2nd (incomplete) draft, October 17, 2009.

[49] Koji Nomura and Tadao Futakam. i. Measuring Capital in Japan – Challenges and Future Directions. OECD Working Party for National Account, 2005.

[50] Krugman P. A model of innovation, technology transfer, and the world distribution of income. Journal of Political Economy, 1979, 87 (2); 253 – 266.

[51] Kuijs, L. Investment and Saving in China. World Bank Policy Research Working Paper 3636, June 2005.

[52] Kuijs, L. , and B. Hofman. Profits drive China's boom. Far East Economic Review, 2006, 169 (8), pp. 39 – 43.

[53] Kurt Dew. RAROC Evidence of Agency Problems in the Banking Systems of Mexico, Thailand, and Turkey, Working Paper, 2006. http: //ssrn. com/abstract = 897404

[54] Lall, S. Weiss, J. and J. K. Zhang, 2005, Regional and Country Sophistication Performance, Asian Development Bank Institute Discussion Paper, No. 23.

[55] Li, Haizheng and Luo, Li, Reporting Errors, Ability Heterogeneity, and Returns to Schooling in China. Pacific Economic Review, 2004, 3 (October), pp. 191 – 207.

[56] Mann and Michae, l. Seller Concentration, Barriers to Entry, and Rates of Return in Thirty Industries, 1950 – 1960. The Review of Economics and Statistics, 48 (8), 1966, pp. 290 – 307.

[57] Marcel Prokopczuk, Svetlozar T. Rachev, Quantifying Risk in the Elec-

tricity Business—A RAROC – Based Approach. Energy Economics, 2007, 29 (9), pp. 1033 – 1049.

[58] Martin Feldstein. Does the United States Save Too Littie?. American Economics Review, 1977, 67 (May), pp. 116 – 121.

[59] Martin Feldstein, James M. Poterba, State and Local Taxes and the Rate of Return on Nonfinancial Corporate Capital. NBER Working Paper, 1980, No. 508R.

[60] Martin Feldstein, J. Poterba, L. Diek – Mireanx, The Effective Tax Rate and the Pretax of Return. Journal of Public Economics, 1983, No. 508R.

[61] Poterba, J. M. , 1997, "Do Budget Rules Work", Fiscal Policy: Lessonsfrom Economic Research, A. Auerbach, eds, MIT Press.

[62] Martin Feldstein, The missing piece in policy analysis: Social Security reform. American Economic Review, May96, Vol. 1986, Issue 2, pp. 1 – 14.

[63] Mayer, Jorg, 2002, The Fallacy of Composition: A Review of the Literature, The World Economy Vol. 25, Issue 6, 875 – 894.

[64] McFetridge, D. The Efficiency Implications of Earnings Retentions. Review of Economics and Statistics, 1978, 60 (2), pp. 218 – 224.

[65] Merton, R. C. , and A. F. Perold. Theory of Risk Capital in Financial Firms. Journal of Applied CorporateFinance, 1993, 6 (3), pp. 16 – 32.

[66] Moszkowska, N. Das Marxsche System. Berlin: H. R. Engelmann, 1929.

[67] Mueller, D. and Reardon, E. Rates of Return on Corporate Investment. Southern Economic Journal, 1993, 60 (2), pp. 430 – 453.

[68] Mueller, D. and Yurtoglu, B. Country Legal Environments and Corporate Investment Performance. German Economic Review, 2000, 1 (2), pp. 187 – 220.

[69] Okishio, N. Technical changes and the rate of profit. Kobe University Economic Review, Vol. 7, 1961, pp. 85 – 99.

[70] Peterson, M. A. Estimating Standard Errors in Finance Panel Data Sets:

Comparing Approaches. Review of Financial Studies, 2009, (22): 435 – 482.

[71] Psacharopoulos, G. Returns to Investment in Education: A Global Update. World Development, 1994. 22 (9), pp. 1325 – 1343.

[72] Restuccia, D., Richard Rogerson. Policy Distortions and Aggregate Productivity with Heterogeneous Plants. NBER Working Paper 13018, 2007.

[73] Roach, Stephen S. The Great Chinese Profits Debate. (2006 – 10 – 10) [2010 – 11 – 3], http://www.morganstanley.com/views/gef/archive/2006/20061006 – Fri. html.

[74] Robert J. Gordon. Has the "New Economy" Rendered the Productivity Slowdown Obsolete?. Mimeo, Northwestern University, 1999.

[75] Rodrik D. Goodbye Washington consensus, hello Washington confusion? A review of the World Bank's economic growth in the 1990s: Learning from a decade of reform. Journal of Economic Literature, 2006, 44 (4): 973 – 987.

[76] Roemer, J. E. Continuing controversy on the falling rate of profit: fixed capital and other issues. Cambridge Journal of Economics, Vol. 3, 1979, pp. 379 – 398.

[77] Romer, P. M. Increasing Returns and Long – run Growth. Journal of Political Economy. Vol. 1994, pp. 37 – 1002.

[78] Samuelson, P. A. Wages and interest: a modern dissection of Marxian economic models. American Economic Review, Vol. 47, Dec. 1957, pp. 884 – 912

[79] Schultz, T. W. Capital Formation by Education. Journal of Political Economy, Vol. 68, 1960, pp. 571 – 583.

[80] Schultz, T. Reflections on Investment in Man. Journal ofPolitical Economy, 70, 1962, pp. 1 – 8.

[81] Shaikh, A. Political economy and capitalism: notes on Dobb's theory of crisis. Cambridge Journal of Economics, Vol. 2, 1978, pp. 233 – 251.

[82] Shang – jinWei. Pitfalls of State – Dominated Financial System: The Case of China. NBER Woriking Paper, No. 11214. March, 2005, pp. 1 – 20.

[83] Shibata, H. Cordierite Pegmatites in Kai – doshimura. J. Geol. Sco. Ja-

pan, 1934.41, pp. 388 – 389.

[84] Solow, R. M. A Contribution to the Theory of Economic Growth. Quarterly Journal of Economics, Vol. 70, No. 2, 1956, pp. 65 – 94.

[85] Song, Zheng, Storesletten, Kjetil, Zilibotti, Fabrizio. Growing Like China. American Economic Review; Mar2011, Vol. 101 Issue 1, pp. 196 – 233.

[86] Swan, T. W. Economic Growth and Capital Accumulation. Economic Record, Vol. 32, 1956, pp. 61 – 334.

[87] Thomas, R. Mich, l. Wage – Profit Curves in US Manufacturing. Cambridge Journal of Economics, Sep1991, Vol. 15 Issue 3, pp. 271 – 287.

[88] Timmer M. and Bart van Ark. Capital Formation and Productivity Growth in South Korea and Taiwan: Realising the Catch – Up Potential in a World of Diminishing Returns. Groningen Growth and Development Centre Faculty of Economics University of Groningen. 2000.

[89] Trostel, Philip, Walker, Ian, Woodlley, Paul. Estimates of the Economic Return to Schooling for 28 Countries. Labor Economics, 2002, pp. 9: 1 – 16.

[90] V. V. Chari, Patrick, J. K, Ellen R. McGrattan. Business Cylce Accounting. Econometric, Vol. 75, No. 3, May 2007, pp. 781 – 836.

[91] Walter, John S. Economic Capital, Performance Evaluation and Capital Adequacy at Bank of America. RMA Journal, 2004. 86 (3), pp. 20 – 26.

[92] Whittington. G. The Profitability of Retained Earnings. The Review of Economics and Statistics 54, 1972, pp. 152 – 160.

[93] William Byrd. Chinese State Enterprises: A Regional Property Rights Analysis. Comparative Economic Studies, 1992, 34 (4), pp. 105 – 108.

[94] Wu, Xiaogang and Xie, Yu. Does the Market Pay Off? Earnings Inequality and Returns to Education in Urban China. William Davidson Institute Working Papers Series, No. 454, 2002.

[95] Yang, DennisTao. Determinants of Schooling Returns during Transition:

Evidence from Chinese Cities. Journal of Comparative Economics，Vol. 33，2005.06，pp. 244 – 264.

[96] Zaik. E，Walter，Kelling J. G. RAROC at Bank of America：From Theory to Practice. Journal of Applied Corporate Finance，Summer，1996.9，pp. 83 – 93.

[97] Zhang Junsen and Yaohui Zhao. Economic Returns to Schooling in China，1988 – 1999. World Bank Discussion Draft，2002.

[98] 白重恩、谢长泰等：《中国的资本回报率》，《比较》2007 年第 28 期。

[99] 白重恩、张琼：《中国资本回报率及其影响因素分析》，《世界经济》2014 年第 10 期。

[100] 包旭：《我国金融市场化与资本回报率关系的实证研究》，《中国城市经济》2011 年第 6 期。

[101] 北京大学中国经济研究中心（CCER）：《我国资本回报率估测：1978—2006》，《经济学（季刊）》2007 年第 4 期。

[102] 曹亮、汪海粟、陈硕颖：《论模块化生产网络的二重性——兼论其对中国企业的影响》，《中国工业经济》2008 年第 10 期。

[103] 曹跃群、张祖妞等：《服务业资本利润率变动趋势及成因》，《产业经济研究》2009 年第 5 期。

[104] 陈立泰、叶长华等：《农业资本利润率变动趋势及其成因的实证研究》，《产业经济研究》2010 年第 2 期。

[105] 陈晓华、刘慧：《国际分散化生产约束了我国出口技术?》，《科学学研究》2013 年第 8 期。

[106] 陈志广：《是垄断还是效率——基于中国制造业的实证研究》，《管理世界》2004 年第 12 期。

[107] 大卫·李嘉图：《政治经济学及赋税原理》，周洁译，华夏出版社 2005 年版。

[108] 杜大伟：《中国 120 个城市竞争力的提升》，中国投资环境论坛 2006 年 11 月 11 日。

[109] 秦朵、宋海岩：《改革中的过度投资需求和效率损失——中国分省固定资产投资案例分析》，《经济学（季刊）》2003 年第 3 期。

[110] 樊明：《中国高投资率、低消费率的政治因素——基于中美政治制

度比较的一种解释》，《经济经纬》2009 年第 2 期。

[111] 付文林、赵永辉：《价值链分工劳动力市场分割与国民收入分配结构》，《财经研究》2014 年第 1 期。

[112] 高敬峰：《中国出口价值链演化及其内在机理剖析》，《财贸经济》2013 年第 4 期。

[113] 韩燕、曾令波：《资本市场投资回报率与我国养老金体系改革》，《证券市场导报》2007 年第 9 期。

[114] 侯风云：《中国农村人力资本收益率研究》，《经济研究》2004 年第 12 期。

[115] 胡玫、黄卫平：《美国次贷危机看社会生产按比例发展与平均利润率规律》，《高校理论战线》2010 年第 6 期。

[116] 胡学勤：《我国高投资率问题的若干思考》，《现代经济探讨》2007 年第 9 期。

[117] 胡一帆、宋敏、郑红亮：《所有制结构改革对中国企业绩效的影响》，《中国社会科学》2006 年第 4 期。

[118] 黄德春、刘志彪：《环境规制与企业自主创新——基于波特假说的企业竞争优势构建》，《中国工业经济》2006 年第 3 期。

[119] 黄肖琦、柴敏：《新经济地理学视角下的 FDI 区位选择——基于中国省际面板数据的实证分析》，《管理世界》2006 年第 10 期。

[120] 黄先海、杨君：《资本形成和流动对我国东部地区经济影响的实证分析》，《浙江大学学报（人文社会科学版）》2011 年第 4 期。

[121] 黄先海、杨君、肖明月：《中国资本回报率变动的动因分析——基于资本深化和技术进步的视角》，《经济理论与经济管理》2011 年第 11 期。

[122] 黄先海、杨君：《中国工业资本回报率的地区差异及其影响因素分析》，《社会科学战线》2012 年第 3 期。

[123] 黄先海、杨君、肖明月：《资本深化、技术进步与资本回报率：基于美国的实证分析》，《世界经济》2012 年第 9 期。

[124] 黄伟力：《中国资本利润率的变动趋势及其影响因素》，《山西财经大学学报》2007 年第 8 期。

[125] 贾利军、王之润：《行业利润率对贫富差距和通货膨胀影响的经济学分析》，《现代财经》2010 年第 11 期。

［126］蒋云赟、任若恩：《中国工业的资本收益率测算》，《经济学（季刊）》2004 年第 7 期。

［127］克里斯·哈曼：《利润率和当前世界经济危机》，丁为民等译，收入刘元琪主编：《资本主义金融化与国际金融危机》，经济科学出版社 2009 年版。

［128］赖德胜：《教育与收入分配》，北京师范大学出版社 2001 年版。

［129］李克强：《关于调整经济结构促进持续发展的几个问题》，《求是》2010 年第 1 期。

［130］李青原、潘雅敏、陈晓：《国有经济比重与我国地区实体经济资本配置效率——来自省级工业行业数据的证据》，《经济学家》2010 年第 1 期。

［131］李青原、赵奇伟、李江冰等：《外商直接投资、金融发展与地区资本配置效率——来自省级工业行业数据的证据》，《金融研究》2010 年第 3 期。

［132］李琴：《FDI 流入与我国对外贸易关系的实证分析》，《世界经济研究》2004 年第 9 期。

［133］李如鹏：《分层探索低消费率之源》，《江苏商论》2007 年第 5 期。

［134］李雪松、赫克曼：《选择偏差，比较优势与教育的异质性回报：基于中国微观数据的实证研究》，《经济研究》2004 年第 4 期。

［135］林亚桢：《人力资本的重要性》，《中国西部科技（学术）》2007 年第 10 期。

［136］刘红梅、王克强：《我国工业企业资金利润率的影响因素理论与实证研究》，《中国软科学》2000 年第 7 期。

［137］刘仕国、吴海英：《全球价值链和增加值贸易：经济影响、政策启示和统计挑战》，《国际经济评论》2013 年第 7 期。

［138］刘小玄：《中国工业企业的所有制结构对效率差异的影响——1995 年全国工业企业普查数据的实证分析》，《经济研究》2000 年第 2 期。

［139］刘小玄、李利英：《企业产权变革的效率分析》，《中国社会科学》2005 年第 2 期。

［140］刘志彪：《国际外包视角下我国产业升级问题的思考》，《中国经济问题》2009 年第 1 期。

[141] 卢锋：《我国资本回报率估测：1978—2006》，《经济学（季刊）》2007年第4期。

[142] 卢锋、姚洋：《金融压抑下的法治、金融发展和经济增长》，《中国社会科学》2004年第1期。

[143] 卢福财、胡平波：《全球价值网络下中国企业低端锁定的博弈分析》，《中国工业经济》2008年第10期。

[144] 罗朝晖：《利润率平均化问题探讨》，《消费导刊》2007年第13期。

[145] 罗知：《中国FDI流入的决定因素：基于国际面板数据的实证研究》，《南方经济》2009年第1期。

[146] 马涛、刘仕国：《全球价值链下的增加值贸易核算及其影响》，《国际经济评论》2013年第7期。

[147] 齐良书：《国有部门劳动工资制度改革对教育收益率的影响——对1988—1999年中国城市教育收益率的实证研究》，《教育与经济》2005年第4期。

[148] ［美］乔根森：《生产率》，李京文等译，中国发展出版社2001年版。

[149] 钱学锋、陈勇兵：《国际分散化生产导致了集聚吗?》，《世界经济》2009年第12期。

[150] 邵挺：《金融错配、所有制结构与资本回报率：来自1999—2007年我国工业企业的研究》，《金融研究》2010年第9期。

[151] 单豪杰、师博：《中国工业部门的资本回报率：1978—2006》，《产业经济研究》2008年第6期。

[152] 沈坤荣、田源：《人力资本与外商直接投资的区位选择》，《管理世界》2002年第11期。

[153] 宋国青、卢锋：《中国资本回报率知多高》，http：//finance.sina.com.cn/stock/stockptd/2007 - 0115/07263245658.shtml，2007.01.15.

[154] 孙文凯、肖耿等：《资本回报率对投资率的影响：中美日对比研究》，《世界经济》2010年第6期。

[155] 孙晓飞：《"中国制造"产业升级的对策研究——基于"微笑曲线"视角的探讨》，《内蒙古科技与经济》2010年第2期。

［156］孙志军：《中国教育个人收益率研究：一个文献综述及其政策含义》，《中国人口科学》2004 年第 5 期。

［157］舒元、徐现祥：《中国经济增长模型的设定：1952—1998》，《经济研究》2002 年第 11 期。

［158］唐海燕、张会清：《产品内国际分工与发展中国家的价值链提升》，《经济研究》2009 年第 9 期。

［159］唐要家：《中国工业产业绩效影响因素的实证分析》，《中国经济问题》2004 年第 4 期。

［160］碗正一、自筱玲：《马克思的经济学说》，时事出版社 1990 年版。

［161］王茜：《中国制造业是否应向"微笑曲线"两端攀爬》，《财贸经济》2013 年第 8 期。

［162］王益煊、吴优：《中国国有经济固定资本存量初步测算》，《统计研究》2003 年第 5 期。

［163］王宇：《收入、健康与资本回报对农户投资的影响因素研究》，《农业技术经济》2009 年第 1 期。

［164］魏楚、沈满洪：《能源效率及其影响因素：基于 DEA 的实证分》，《管理世界》2007 年第 8 期。

［165］文婧、张生丛：《价值链各环节市场结构对利润分布的影响》，《中国工业经济》2009 年第 5 期。

［166］辛清泉、林斌等：《中国资本投资回报率的估算和影响因素分析》，《经济学（季刊）》2007 年第 4 期。

［167］徐康宁、王剑：《美国对华直接投资决定性因素分析（1983—2000）》，《中国社会科学》2002 年第 5 期。

［168］亚当·斯密：《国富论》，唐日松等译，华夏出版社 2008 年版。

［169］闫国庆、孙琪、仲鸿生等：《我国加工贸易战略转型及政策调整》，《经济研究》2009 年第 5 期。

［170］姚先国、张海峰：《中国教育回报率估计及其城乡差异分析——以浙江、广东、湖南、安徽等省的调查数据为基础》，《财经论丛》2004 年第 6 期。

［171］姚先国：《教育、人力资本与地区经济差异》，《经济研究》2008 年第 5 期。

［172］姚洋、张晔：《中国出口品国内技术含量升级的动态研究：来自全

国及江苏省、广东省的证据》，《中国社会科学》2008 年第 2 期。

[173] 于健：《对我国高投资率的思考》，《山西财经大学学报》2008 年第 1 期。

[174] 羽良：《谁错了？——中国企业投资回报率之争》，《董事会》2007 年第 2 期。

[175] 余明桂、潘红波：《政府干预，法治，金融发展与国有企业银行贷款》，《金融研究》2008 年第 9 期。

[176] 于学军：《中国城市转型时期劳动力市场中的人力资本回报率研究》，载于王裕国等主编：《中国劳动力市场与就业问题》，西南财经大学出版社 2000 年版。

[177] 袁志刚、邵挺：《国有企业的历史地位，功能及其进一步改革》，《学术月刊》2010 年第 1 期。

[178] 约翰·穆勒：《政治经济学原理及其在社会哲学上的若干应用》，胡企林、朱泱、赵荣潜等译，商务印书馆 2009 年版。

[179] 张车伟：《人力资本回报率变化与收入差距："马太效应"及其政策含义》，《经济研究》2006 年第 12 期。

[180] 张军：《资本形成、工业化与经济增长：中国的转轨特征》，《经济研究》2002 年第 6 期。

[181] 张少军、刘志彪：《国内价值链是否对接了全球价值链——基于联立方程模型的经验分析》，《国际贸易问题》2013 年第 2 期。

[182] 张峥、孟晓静、刘力：《A 股上市公司的综合资本成本与投资回报》，《经济研究》2004 年第 8 期。

[183] 张勋、徐建国：《中国资本回报率的在测度》，《世界经济》2014 年第 8 期。

[184] 赵红、扈晓影：《环境规制对企业利润率的影响》，《山东财政学院学报》2010 年第 2 期。

[185] 郑江淮、高彦彦、胡小文：《企业"扎堆"、技术升级与经济绩效——开发区集聚效应的实证分析》，《经济研究》2008 年第 5 期。

[186] 郑志国：《析利润率平均化与非平均化趋势》，《经济学家》2001 年第 2 期。

[187] 钟山、郑志海：《淡化所有制形态——中国加入 WTO 后外贸经营

主体发展问题研究》,《国际贸易》2009 年第 9 期。

[188] 卓越、张珉:《全球价值链中的收益分配与"悲惨增长"》,《中国工业经济》2008 年第 7 期。

[189] 邹升平:《我国贫富差距扩大的成因及对策》,《生产力研究》2009 年第 2 期。

后 记

时光荏苒，转眼间到浙江理工大学经济管理学院任教已两年多了。再回首，发现三年多的博士研究生涯和两年多的任教时光留下的不仅仅是回忆，还沉淀下宝贵的财富和太多值得感谢的人与事。

本书是我攻读博士和博士毕业后两年多时间内的研究成果，本书部分成果发表在《世界经济》、《经济理论与经济管理》、《国际贸易问题》、《社会科学战线》、《浙江大学学报》和《浙江理工大学学报》等期刊。我的博士研究生导师黄先海教授是我最尊敬的教授之一，也是我要首先感谢的。本书的写作得到了黄教授的悉心指导，从最初的选题，到之后的写作过程，以及初稿的完成，全都离不开黄教授的启迪、建议与批评指正，从而使文章得以不断完善。黄教授待人热情随和、对工作认真负责以及对学术饱含热情地追求，为我今后的人生树立了积极的榜样。另外我还要感谢我的硕士研究生导师吕品教授，是他悉心的培养与引导，让我走上了学习与研究经济学的道路，也是他的引荐，让我进入到浙江大学师从黄先海教授，最终完成了博士论文的写作，也感谢吕品教授在我读博期间给予的鼓励与支持，以及在工作期间给予的指导与帮助。在此向两位导师表示我最崇敬的感激之情！

感谢经济学院的授课教师们，是他们让我学习并积累了丰富的知识，为论文写作打下了坚实的基础。感谢杨高举、徐圣、周俊子、陈晓华、刘毅群、卓浩、蒋墨冰、胡馨月、宋学印、张小梦、蔡婉婷、杨媛、石旭东、毛海丹、贾曼、喻璐等同门好友，感谢2009级秋博班的楼东伟、曾少龙、周强、冯含、薛斌峰、卢学法、袁凯、孙维峰、韩媛媛、姚瑶、樊文静等同学，他们的支持与帮助是我读博期间最大的动力之一！

特别感谢给予我最大支持与鼓励的家人。是父母的极力支持与鼓励，我才得以下定读博的决心，也是父母的辛苦操劳让我少了份经济上的担忧，在此致于父母我心中最真切的感谢！感谢姐姐、弟弟给予的支持，姐姐对父母的无私照顾是我能够安心离家读博的重要保障，也感谢姐姐一直以来对我的关爱与照顾！特别感谢我的妻子肖明月，在我最困难的日子里，一直与我不离不弃，不断在精神上支持我，在经济上支援我，在生活上帮助我，她是我能够坚持并最终完成本书写作的精神与物质保障。谨此向我的家人说声辛苦了，谢谢！

祝愿浙江理工大学、浙江大学和所有帮助过我的人明天更美好！

2015 年 6 月于杭州